Nationally Planned Textbook for Digital Marketing Communication Colleges and Universities

高等院校广告专业数字营销传播规划教材

丛书主编：张金海　姚　曦

数字营销传播经典案例教程

A Course of Classic Case for Digital Marketing Communication

程　明　钱广贵　编著

中国建筑工业出版社

图书在版编目(CIP)数据

数字营销传播经典案例教程/程明，钱广贵编著. —北京：中国建筑工业出版社，2016.6（2022.2重印）

高等院校广告专业数字营销传播规划教材

ISBN 978-7-112-19402-5

Ⅰ.①数…　Ⅱ.①程…②钱…　Ⅲ.①网络营销—高等学校—教材　Ⅳ.①F713.36

中国版本图书馆CIP数据核字（2016）第088216号

责任编辑：李成成　李东禧
责任校对：王宇枢　张　颖

教材赠课件下载说明：

本书赠送配套资源PPT课件，获取步骤：登录并注册中国建筑工业出版社官网www.cabp.com.cn→输入书名或征订号查询→点选图书→点击配套资源即可下载。

（重要提示：下载配套资源需注册网站用户并登录）

客服电话：4008-188-688（周一至周五8：30-17：00）。

高等院校广告专业数字营销传播规划教材
丛书主编：张金海　姚　曦

数字营销传播经典案例教程

程　明　钱广贵　编著

*

中国建筑工业出版社出版、发行（北京西郊百万庄）
各地新华书店、建筑书店经销
北京京点图文设计有限公司制版
北京建筑工业印刷厂印刷

*

开本：787×1092毫米　1/16　印张：12　字数：235千字
2016年9月第一版　2022年2月第三次印刷
定价：**39.00**元（赠课件）
ISBN 978-7-112-19402-5
（28676）

总 序 ▎Foreword

在探索中前行

　　自现代广告制度确定以来,广告在其前行的路上,一直顺风顺水,一片坦途。然而,广告终于逃脱不了产业生命周期定律带来的厄运。自 20 世纪 90 年代以来,现代广告接二连三遭遇到严重挑战,从而引发一次又一次的生存危机。

　　挑战首先来自"整合营销传播"。在营销环境与传播环境日益复杂的状况下,任何单一的营销推广手段都不足以成功执行营销。于是,有了"广告消亡"的惊呼,也有了拯救者的"整合营销传播"之论。此次挑战造成的后果,并非如"广告消亡"论者所预示的那般严重。广告固有的生存形态与传播形态并未发生根本性的改变,只是促进广告与其他营销传播方式的有效"整合",从而造成广告运作形态从单纯的广告传播进一步走向以广告为工具的整合营销传播的某种转型,但此次挑战却为传统广告的现代生存敲响了警钟。

　　进入21世纪之后,最为严重的挑战终于来临。在互联网与数字传播的背景下,现代广告最严重的生存危机终于发生。

　　在互联网与数字传播的背景下,广告"泛形态化"与"资讯化"发展,消解着传统广告固有的生存形态,传者与受者之间的"交互式"传播,受者的"参与式"传播,线上的"立体化"传播与线上线下的"互动式"传播,消解着传统广告固有的传播形态,作为互联网传播与数字传播产物的"大数据"及其分析技术,将颠覆性地改变营销与传播的决策程序,促使营销传播管理从以"目标"为驱动走向以"数据"为驱动;将严重拷问基于有限资讯分析的广告策划与创意的传统广告核心状态与广告人智慧,甚至有可能发生数据专家与大数据分析技术的智能光芒,掩盖住广告人的智慧光辉。在互联网与数字传播的背景下,传统广告发生着从生存形态到传播形态到运作形态的全面解构,传统广告已经不可能完全按照传统的方式继续生存。传统广告的此番生存危机,是广告发展历史进程中从未遭遇过的,紧迫而深重。

　　新旧事物的更替,并不是在顷刻间完成的,往往在较长一段时间仍处于"共同生存"的空间,这是事物演进的共同规律,广告的发展演进也不例外。旧的广告形态依存,但其生存空间却越来越迅速地被新的营销传播形态所挤占。当此之际，自觉的创新发展变得越来越必要。古人云："若无新变，则不能代雄。"发展百余年的现代广告，百余年一直无大变。号称最富创意的广告，从产业发展的角度来考量，竟是最保守的行业。当传统广告遭遇互联网与数字传播严重挑战而发生深重的危机时，若再不思新变，从迅速衰落而走向逐渐消亡将无可避免，"代雄"只能是广告的一种过去时，而仅存于苦涩的反思与回忆之中。

危机迅速唤醒着广告新变的自觉意识，迅速激活着广告人新变的智慧。从一点一滴开始，全球广告人不断积累着数字营销传播的智慧与经验，中国广告人也在不断积累着数字营销传播的中国智慧与经验。广告人痛苦着并快乐着，他们与传统广告一道，正经受着炼狱般的煎熬，并充满期待地祈盼着浴火后的再生、蜕变与涅槃。

教科书的编纂是一桩庄严而神圣的事。教科书所容纳的往往是一个学科或专业成熟而系统的科学知识体系。也许到目前为止，广告人所积累的数字营销传播的经验知识，尚未充分成熟而系统化，但数字营销传播神速的发展现实，却无时无刻不在呼唤经验知识的学理化与科学化。中国的广告教育，似乎真到了应该编纂一部数字营销传播教材的时候了。

当中国建筑工业出版社提出这一构想，并真诚发出出版邀约时，尽管我们惶恐忐忑，却依然欣然作出了承允。于是，由武汉大学牵头，组织全国 10 余所高校，共同编纂了这套"全国高等院校数字营销传播规划教材"。将业界数字营销传播的经验与智慧作出科学化的总结与提升，乃我们所愿，却非我们所尽能。编纂的过程充满艰难，我们同样痛苦着并快乐着，同样经受着炼狱般的煎熬，同样期待着知识的蜕变与涅槃。

中国建筑工业出版社为本套教材的编纂所作出的投入和所付出的耐心，让我感动，也让我们惭愧，你们的眼光、胆识与信任，更让我们钦佩。姚曦教授的付出是巨大的，从智慧到心力。感谢参与本套教材编纂的所有作者、同仁。

谨以此作呈献并致敬于读者诸君。

张金海

于武昌珞珈山

2016.7.24

前 言 ▎Preface

今天移动互联网这股浪潮以势不可挡之势正在快速"颠覆"现有的生活状态和商业生态，人们周围的一切发生着剧烈的变化。未来早已到来，只是还没有普及。所谓的趋势，已经成为事实，更是现实。

我们经常把工业化时代称为"原子时代"，把信息化时代称为"比特时代"。原子代表着物质的简洁精巧，网络展示了世界的错综复杂。在不在线和在线时长成为衡量我们的新尺度。任何人，任何物，任何时间，任何地点，永远在线，随时互动，成为当下的"新常态"。

互联网技术、数字技术以及数字传播的发展，对于社会的政治、经济、文化、生活等诸多领域都产生了巨大而深远的影响。对于营销传播而言，其受到的影响更是颠覆性的。在全新的经济生态和传播生态的推动下，营销传播的转型、升级和创新成为必然。数字营销传播的现实发展显得如此迅猛、生机勃勃且异彩纷呈。作为国内第一套数字营销传播丛书中的《数字营销传播经典案例教程》，我们希望在多方面有所创新，包括前沿理论与具体实践的融汇性与贯通性、案例的多元性与代表性、框架与结构的系统性和完整性。

理论是灰色的，而生命之树常青。结合理论与实践的关系而言，我们也可以说理论是灰色的，而实践之树常青。毕竟，作为抽象的理论，本身是对具象的超越和总结，必定具备一定的形而上的特性。在这样一种观念的指导下，很多广告学、营销学和管理学的案例类理论书籍，就纯粹成了案例的汇编累积。而没有一定的理论支撑与解释的案例汇编，既无法体现其现象背后的本质性规律，也无法体现其诸多实践现象之间的内在的关联性；这样对于时间上的更后来的阅读者而言，其价值是不断被稀释的。反之，实践是灰色的，而理论之树常青也是成立的。因为从长时间考虑，在现实的市场运行和经济运作过程中，任何场域当然包括数字营销传播场域，碎片化个案性与具体场景依赖性的实践案例层出不穷，其生命力不断随着时间的流逝而消失，即"实践是灰色的"；但本质性、抽象性的理论却具有持续的解释力与生命力，即"理论之树常青"。所以，为了避免以往的案例类书籍的弊端，本书突破以往案例类书籍的藩篱，努力追求和实现前沿理论与经典实践的融合。具体到每一章的写作和论述，均分为三个板块：作为前言理论的"专业导航"、作为案例过程性描述的"经典案例"、作为对案例理论结合实践评述的"案例点评"。这三个板块，追求将理论与案例融合起来，实现有理论导引的实践案例评析和有实践案例支撑的理论阐释。

在数字营销传播的案例选择方面，本书尽量做到了案例的多元性和代表性的结合。所谓多元性，是指本书的 32 个案例，在营销传播的运作环节、碎片化的数字媒体类型、传统品牌与新兴品牌、活动型与表现型的营销传播，都选取了相关的案例，尽量做到一定的覆盖。所谓代表性，是指在浩如烟海、层出不穷的实践案例中，我们尽量选择具有典型性、影响力的数字营销传播实践案例。

知识和理论的创新，不仅只是片段式、观点式的创新，对于学者而言，更要追求的是思维能力、逻辑能力、系统知识架构能力的凸显。就本书的框架和结构的系统性与完整性而言，本书十四章内容具备完整的逻辑性和完整性。作为基础篇的第一章互联网思维与数字营销传播和第二章社会化媒体与数字营销传播，是总体性和导论性的。所谓数字营销传播，总是在一定的观念和理论的指导下进行的；同时，在数字传播的 Web3.0 时代，对于任何数字媒体而言，其实多少都必须具备社会化媒体的特性才能生存和发展。所以，我们认为当下的数字营销传播，都是在互联网思维指导下的借助社会化媒体的营销传播。第二篇的"运用篇"，从"'互联网思维'的产品"到"跨媒体沟通和数字营销传播"，其实是根据经济市场运行和品牌传播运行的一般过程而开展论述的。从互联网思维的产品，到消费者洞察，到创意"引爆"，到多元媒体的开发和利用，一直到跨媒体沟通，就是对品牌数字营销传播运作的程序性解读。"趋势篇"中的三章内容，包括大数据与数字营销传播、消费者驱动的数字营销传播时代和新品牌观下的数字营销传播，既是对于前面两篇的呼应和总结，更是对于未来数字营销传播发展的展望和预测。大数据是数字营销传播任何一个环节都必须应用的工具和方法，消费者驱动和生产型消费者是数字时代的经济和营销传播活动对比传统经济时代的根本性区别之一，而品牌传播以及品牌关系建立成为所有营销传播活动的本质属性和价值追求，在一个符号性消费越来越占主导地位的时代，品牌型数字营销传播是大势所趋。基础、运作和趋势，三篇内容构成了一个严整的系统结构。对于学习者而言，掌握具体的知识和理论固然重要，而通过具体的知识和理论的学习，不断地训练和实现思维的严密性和系统知识的结构性才更为重要。

作为国内第一本数字营销传播案例评析类的书，肯定会有不少的疏漏和缺点，作者希望能够通过与时俱进不断的修订而加以完善。知识的获取，永远是"取法乎上，得乎其中；取法乎中，得乎其下"，殷切地期待读者在阅读之后，通过自身的思想与实践，实现对既往经典案例的超越而实现学习上的超越和创新。

目 录 █ Content

∧　第二篇　应用篇

∧ 第三篇　趋势篇

第一篇
基础篇

第一章　互联网思维与数字营销传播

↘ 第一节　专业导航

一、蜻蜓效应

你知道吗？蜻蜓可以通过它四只翅膀的巧妙配合，在不影响飞行速度和力量的情况下完成任何转向的动作，它是自然界中唯一一种可以在不改变身体飞行姿态的情况下朝任意方向飞行的昆虫。美国市场营销专家与社会心理学家珍妮弗·阿科尔与安迪·史密斯从中得到启发，把蜻蜓的这种特性创造性地运用到营销传播中，提出运营社会化媒体的制胜秘诀，并由此提出了"蜻蜓效应"。❶

"蜻蜓效应"的核心模型是"Focus+GET"：专注（Focus）＋赢得关注（Grab Attraction）＋吸引人们参与（Engage）＋采取行动（Take Action）。第一只翅膀是专注，即找到单一、具体且可衡量的目标，这个目标应该可以随着时间的推移不断进行衡量，从而知道离自己的目标还有多远。第二只翅膀是赢得关注，即吸引别人的注意力，要想尽办法，让自己独一无二、出人意料、发自肺腑且真实可见的内容从社会媒体中脱颖而出，直接传递给受众。这与更传统的营销手段非常相似。第三只翅膀是吸引人们参与，即建立自己的人脉，通过换位思考、真实的事实以及讲故事的方法触动人们的心灵深处。这个过程就是要让观众将被动的关注变为主动的参与。第四只翅膀是采取行动，即让其他人通过实际行动实现你的目标。要让行动变得简单，你必须建立原型、配置资源并随时调整工具、修正模式和变换流程。换句话说，就是让观众能主动地参与到营销传播中来。

协作是蜻蜓效应实现的关键，如同蜻蜓的四只翅膀必须同时扇动，配合得天衣无缝，蜻蜓才能朝着既定的方向快速飞行。蜻蜓效应的四部曲尽管是针对社会化媒体运营提出的，但从数字营销传播的角度来看，蜻蜓效应也非常有借鉴意义。任何的数字营销传播活动都必须是为企业提供切实可行的落地解决方

---

❶　（美）珍妮弗·阿科尔，安迪·史密斯.蜻蜓效应：运用社会化媒体的制胜秘诀[M].刁海鹏，赵俐，刘霞译.北京：机械工业出版社，2011：1.

案，必须专注于最终的目标，通过独特的创意让自己的内容从纷繁复杂的营销信息中脱颖而出，触动消费者的心灵深处，最终引导目标受众采取实际行动参与到活动之中，从而实现营销的目的。

二、互联网思维

蜻蜓效应的提出是互联网思维下的产物。何谓互联网思维呢？

随着互联网对生活和商业影响的不断增大，其本身已经远远超越了工具的范畴，成为一种商业运作的思维方式。互联网思维是因为互联网的发展和新技术的运用，使得一些传统思维如用户思维、极致思维、简约思维、平台思维、社会化思维、跨界思维等得以集中性爆发。"互联网思维的本质，是商业回归人性，更注重人的价值"[1]。互联网思维的发展以及商业形态的变迁，使得"以人为本"的商业理念凸显不同寻常的价值，互联网经济是真正的以人为本的经济。互联网思维更应该是一种方法论，它把传统的商业思维变成了现实的商业规则，其本质是让商业真正回归人性。因而，互联网思维既不是单纯的营销思维，也不是简单的传播思维，而是一种以用户为中心的系统性的商业思维。

在互联网时代，企业将直接面对用户，用户拥有了消费主权，企业必须以更好的产品与服务、更快的速度来满足用户的需求。互联网时代的用户不再是产品的被动接受者，用户已经从企业价值链的底端走到了最前端，企业与用户之间建立起了一种全新的、平等的伙伴关系。"一些最了不起的产品正是出自用户之手"[2]。"用户创造产品"有助于产品和品牌获得更高的用户黏性。借助于社交网络平台，用户的意见和反馈变得更有分量和影响力，企业的产品和服务质量也变得更加公开和透明，这一切为用户参与产品创造提供了前所未有的条件。用户通过网络表达自身的需求，充分发挥自身的创造力，为企业更好地完善产品和开发产品献计献策，而正因为用户参与了产品的创造，他们更容易从产品的消费中获得满足感和成就感。

互联网思维是基于对互联网本质特征和新型消费形态的把握。在互联网时代，传统的购买行为发生了改变，从过去"认识需求、产生购买欲望、强化欲望、最后做出购买决定"，到现在的"认识需求、信息搜索、购买决定、信息分享"，这种消费行为模式的变化，要求企业的产品必须以用户需求和用户体验为核心，提供满足用户需求和超越用户期望的产品与服务。用户思维是互联网思维中最为重要的思维，被称为互联网思维的"总诀式"。用户体验是基于产品之上的，如何做好产品将极大地影响着企业的生存和发展。"互联网思维"的产品需要带有"互联网"的属性：首先，产品本身就适合用互联网传播；其次，产品有引爆点，

[1] 赵大伟.互联网思维独孤九剑[M].北京：机械工业出版社，2015:9.
[2] （美）凯文.凯利.新经济，新规则：网络经济的十种策略.刘仲涛、康欣叶、候煜译.北京：电子工业出版社，2014：162.

能引发消费者尖叫和自发传播；最后，产品要给消费者良好的感受和体验。如可口可乐在2013年夏天推出的"昵称瓶"营销战役，其最大的成功之处在于昵称瓶的包装设计上选用的是消费者十分熟知的网络热词，具有引爆点，好玩又有趣，能吸引消费者自发的、主动的二次传播，因而引爆社交媒体。

三、营销传播的变革与数字营销传播

在大众媒介传播时代，企业了解消费者的途径大多笨拙且费力，比如发放问卷、电话调研等。互联网时代与大众媒介传播时代一个很大的区别在于，互联网时代的消费者得以在网络上打造自己的第二生活空间，而这也是消费者真实生活的一部分。在线下生活中难以展示的一面，比如爱好、价值观和意识形态、立场等，在社会化媒体中得以自主展现。企业无需费尽周折便可根据消费者的表达了解他们的态度和兴趣。在大众媒介传播时代，企业揣度消费者心理的方法是曲折而局限的，而在互联网时代的社会化媒体平台上，消费者则"主动交代"了自己的行为和态度。消费者的"主动交代"中蕴含着与品牌营销密切相关的各类消费者信息，包括消费者身份、行为、社交关系及产品的使用体验等，甚至是品牌的知名度与美誉度。比如，不可否认一个品牌在社会化媒体中被提及的频率真实地反映了品牌的知名度。消费者对于品牌的偏好与质疑，对于产品广告的理解，以及消费者的购买意愿，这些信息都会在社会化媒体中得到零碎的体现，然而这些零碎的体现中所蕴含的丰富信息，对于品牌来说极为珍贵。互联网时代的社会化消费者帮助企业清除了企业和消费者之间的沟通障碍。

新一代互联网的特征是"万物皆可互联"，也就是我们说的"物联网时代"，就是一种"任何人、任何物、任何时间、任何地点，永远在线、随时互动"的存在形式。消费者同时成为媒介信息和内容的生产者和传播者，生产者和消费者的权利发生了转变。社交网络创造出全新的思维模式，查克·布莱默将具有这种思维模式的人称为"People2.0"。

"Web2.0所编织出的社交网络创造了一个全新的人类思维模式，我将具有这种思维模式的人称为'People2.0'"[1]。这样的People2.0成为当下品牌与企业最重要的目标消费群。归根结底，消费者生活形态决定了数字营销的传播手段。每一次技术的变革都带来了大众生活形态的变化，随之而来的是营销传播方式的变革。互联网给品牌创造了一个与受众沟通的绝佳平台，即时的沟通和反馈成为现实和必须。

互联网的发展促使企业和品牌不再局限于传统的营销传播方式，数字营销传播成为营销传播的新趋势，企业与品牌必须以互联网思维去运营，才能得到消费者的认同。大众信息传播时代，品牌塑造以企业为主，消费者是旁观者；而

[1] （美）查克.布莱默.互联网营销的本质——点亮社群［M］.曾虎翼译.北京：东方出版社，2010：33.

在自主信息传播时代，消费者参与品牌建设有了可能性，参与意识在增强，主动性和能动性都不断提高，此时，消费者充当的是参与者的角色。消费者地位水平化的提升使得企业的营销和营销传播必然要发生变化，必须在尊重消费者的基础上洞察目标群体的内心需求，吸引消费者参与到企业的发展和品牌的构建之中。

在数字营销传播时代，互联网思维成为企业制胜的关键秘诀。不仅是将互联网思维运用到企业的营销传播中，还要将其融入企业的各个环节之中。从产品设计、产品改进、产品生产到企业运营以及营销传播等，企业要运用互联网思维进行管理，尊重消费者的利益，满足消费者的需求，让消费者成为企业和品牌真正的拥有者。互联网思维贯穿于企业与品牌的整个发展过程之中，通过数字营销传播拉近与消费者的距离，让消费者融入企业发展之中，从而推动企业与品牌的发展。

第二节　经典案例

一、案例1　可口可乐"快乐昵称瓶"

可口可乐是目前全球范围内最大的饮料厂商，旗下拥有可口可乐、雪碧等多种产品。进入中国市场之初，可口可乐以典型的美国化风格和品牌个性来吸引消费者。随着市场潜力的不断发掘，可口可乐在中国市场开启本土化进程。近年来，可口可乐在应对数字营销传播转变的过程中表现出非常积极的态度。不断致力于为消费者提供全方位的品牌互动体验，通过数字营销传播的新方式拉近消费者与品牌间的距离，实现品牌与消费者的深度沟通。

（一）可口可乐的营销传播转型

面对数字营销传播兴起的大趋势，传统的广告营销传播方式已经无法满足消费者的需求，可口可乐公司也开始向数字营销传播转型。

在整个营销传播大环境发生转变的背景下，可口可乐主动承认这种改变，也开始基于这种趋势考虑整个品牌未来的发展。除传统电视广告、卖场POP广告和促销活动外，可口可乐开始注重网络平台的运用。2006年，可口可乐注册icoke.cn成为企业的中国大陆官网，采用独特的积分奖励方式，在短时间内吸引了近3000万会员。2008年北京奥运会，可口可乐与腾讯合作，开启了全方位的数字营销传播新模式，推出一系列极具创意的活动。在可口可乐看来，数字营销传播的新世界是十分具有吸引力的，品牌必须通过与消费者心灵的深度沟通来吸引消费者。

（二）充满"萌点"的"快乐昵称瓶"活动

图1-1　可口可乐换包装卖萌

（来源：info.hhczy.com）

图1-2　可口可乐"快乐昵称瓶"

（图片来源：新浪微博@可口可乐中国http：//weibo.com/icokeclub?is_all=1#feedtop）

2013 年 5 月，可口可乐公司在中国大陆推出 24 款印有当下网络流行昵称的"快乐昵称瓶"。"吃货、天然呆、纯爷们、喵星人、小萝莉、技术男"等一系列网络流行语出现在可口可乐的新包装上（图 1-1、图 1-2）。这款充满了"萌点"的可口可乐席卷了 2013 年的整个夏天。

类似的营销活动在国外已有先例。2011 年，可口可乐在澳大利亚和英国市场发起"ShareaCoke"活动。不同于国外市场中直接用人名来定制产品，在国内可口可乐采用昵称定制的方式。

"快乐昵称瓶"活动针对充满活力的年轻消费群体。年轻人对于新鲜事物的接受能力更强，并且也更乐于尝试。在中国，社交网络上的用户多以年轻群体为主，与可口可乐的目标消费者重合。本次可口可乐的主要目的就是迎合年轻消费者。

通过前期大规模地对消费者的调查，可口可乐发现，对于个人来说，中国人更注重家庭与群体的观念。流行网络昵称与年轻人的文化贴近，辨识度高，传播范围广。中国人往往喜爱拥有自己的标签，通过标签寻找与自己特点、爱好相似的朋友和群体。可口可乐选择当下流行的网络昵称，激活具有不同标签的消费者群体，引发圈层效应，最终达到营销目的。

瓶身上的 24 个昵称源自大数据，通过数据分析挑选出最受网民喜爱、热度最高的 24 个网络流行语。在昵称选取过程中，可口可乐与国内领先的第三方大数据公司 AdMaster（精硕科技）合作，通过收集社交媒体中海量数据，分析使用最频繁的词汇，经过多方面的定量比较，最后由可口可乐公司的品牌部、公关部进行二次筛选，最终确定了具有正能量、含义积极向上与可口可乐品牌内涵相契合的 24 个词汇。

（三）"快乐昵称瓶"上市的"悬念"与曝光后的互动

2013 年 5 月 28 日（"昵称瓶"上市的前一天），可口可乐预先定制了 22 款十分具有悬念的海报，邀请新浪微博上 68 位草根大号，如"@冷笑话精选"等，发布快乐帝悬念海报。海报内容与社会热点紧密相关。一经发布，在微博平台上迅速聚集众多网民的目光与讨论。稍后，可口可乐新浪官方微博发布了所有定制瓶带有马赛克的照片，将悬念推向高潮。

可口可乐事先为 1000 多位微博上的明星"大V"、各路意见领袖以及忠实粉丝定制专属于他们的"昵称瓶"，并且鼓励他们在 5 月 29 日上市当天在微博上晒出。当天，298 位名人和超过 300 位粉丝在新浪微博上晒出自己的定制瓶，顿时掀起一股"晒瓶"风潮。

"快乐昵称瓶"在网络上曝光后，社会各界的目光都聚焦在即将推出的新包装上。可口可乐随即在社交媒体上发起一系列活动，持续打造热度。新浪微博平台上推出各种微话题与微活动，如 # 可口可乐昵称瓶 # 等，积极与粉丝互动，并为幸运粉丝定制专属"昵称瓶"。

另外，可口可乐鼓励老用户重回人人网，寻找失散的同学。用户登录后，进入可口可乐品牌的主页，即可参与到"那些年，我们的同学会"活动中。用户可发起线上同学会，参与者即可获得一个特别的昵称。参与到这个活动中的用户可以在线上指定某个同学一起回忆旧时光。在同学会中的每一位成员获得专属昵称后，会自动加入自己所在班级的同学时光轴。每位参与者都可以在时光轴中的特定时间上传回忆，也可以将"线上同学会"的新内容更新在时光轴上，由所有参与者一起维护时光轴。同时设有"同学会排行榜"，将大家共同维护的同学会按影响力高低进行排行，激发用户的活跃度，可口可乐赞助优胜的团队在线下举行真正的同学会。

（四）KOL（Key Opinion Leader）：关键意见领袖

2013 年 6 月 9 日，五月天举行可口可乐"爽动红PA"歌迷会，正式宣布成为可口可乐新的一季代言人，并且发布首支广告片。同时，还专门为可口可乐创作主题歌曲《伤心的人别听慢歌（贯彻快乐）》。活动宣传中，五月天成员都拥有一款专属的"快乐昵称瓶"。本次活动吸引了大量五月天的歌迷参加。作为新一季代言人，五月天在新浪微博上进行直播，现场录制演出盛况，并热情与场内观众互动。在手机 APP 啪啪上，将新歌的现场版分享给线上所有粉丝。

活动期间，可口可乐新浪官方微博抓住网络流行动态，进行内容营销，积极与网友互动。与微博著名网络书法家"@王左中右"（微博名）合作，以昵称瓶为对象进行书法创作，不定期将作品以图片的形式发布在网络中。通过"明星大V"的主动宣传和可口可乐官方微博的内容营销，在活动期间冠以"快乐昵称瓶"的微博讨论量已超过49万条。

（五）社会化电商与APP平台的营销传播

本次营销活动可口可乐还大胆尝试与社会化电商合作，通过社会化电商进行昵称瓶的"高级订制"，用多渠道进行传播与销售。

可口可乐在微博平台上推出订制版昵称瓶。微博用户可通过微钱包订制可乐，可口可乐不收取任何费用，用户只需要自己承担邮费即可，每天限量抢购。在订制版昵称瓶推出当日，第一天300瓶订制可口可乐在1小时内被抢购一空；第二天500瓶，在30分钟内就告罄。接下来的几天，订制的数额基本都在一分钟内被"秒杀"。

活动后期，可口可乐选择与360搜索合作。2013年8月，360搜索正式成为可口可乐私人订制瓶的官方获取渠道，并且在主页上线可口可乐昵称瓶的专题页面。用户只需在360搜索的主页上输入关键字"昵称瓶"，即可进入活动页面。

"可口可乐圈"APP与HTML5移动网站中的昵称瓶活动同步上线，通过手机移动端即可参与。摇一摇手机，屏幕上的可口可乐瓶身上就会随机出现昵称，用户可根据喜好选择昵称制成专属昵称瓶，订制结果可一键分享给自己的SNS好友，并在线上可以收听和下载五月天的新歌。

可口可乐还与手机APP啪啪进行互动营销。在啪啪平台上，推出"昵称瓶之恋"的主题活动。通过不同声音的演绎在啪啪上上演了12对情侣间的昵称瓶故事。每一个参与的网友都可以自主创作与可口可乐相关的内容，并且通过啪啪分享到QQ空间、微博、微信等社交平台。在为期两周的活动期间，啪啪站内网友自发创作的有效内容超过2万条，总播放次数超过110万，产生评论2万5千条，同时有超过1万条使用了可口可乐昵称瓶水印的内容被分享到各大社交平台，在第三方SNS平台上再次得到有效传播。

可口可乐还选择与易到用车进行跨界合作。易到用车是智能交通和汽车分享理念的引领者，用户可通过手机APP与网站在线预定用车，是国内第一家在线预定乘约租车服务的电子商务网站。在活动期间，所有通过易到用车网站上预定的乘客都可在乘坐时由司机送上昵称瓶可口可乐。

经过三个月的"快乐昵称瓶"系列营销活动，可口可乐昵称瓶在社交网络上覆盖的传播量大增。2013年夏季可口可乐在中国大陆的销售量比同期增长20%，并且"快乐昵称瓶"凭借个性化的创意和执行，获得2013年中国艾菲奖、中国最佳国际品牌建设案例、GMIC最佳移动营销创意金奖等多项业内大奖。

二、案例2　杜蕾斯"大胆谈性，像我一样"

杜蕾斯（Durex）是全球知名的两性健康品牌，诞生于1929年，已有80多年的历史。品牌名称源自耐久（Durability）、可靠（Reliability）和优良（Excellence）三个英文单词的组合。杜蕾斯无论在品质还是品牌理念方面都以消费者为中心，致力于为使用者提供更优质的产品。事实证明，杜蕾斯现在已经成为卓越品质的代名词，深受全球消费者的喜爱。20世纪末，杜蕾斯进入中国市场，成为国内安全套品牌中的佼佼者，占据30%～40%的市场份额。进入互联网时代，杜蕾斯在公关和营销传播方面大放异彩，举办许多极具创意的营销传播活动，深受消费者好评。

（一）"小杜杜"——幽默风趣又具有个性的定位

由于产品的特殊性，杜蕾斯在传统媒体的平台上很难大展拳脚。新媒体的崛起为杜蕾斯提供了与消费者沟通的平台和渠道。在面对数字营销传播的整个营销背景的变化中，杜蕾斯迅速适应，并且在社交媒体平台上（特别是微博）"如鱼得水"。

在不同的营销传播平台中，杜蕾斯致力于向消费者传递品牌一致的声音。通过调查分析，杜蕾斯将自己定位为幽默风趣、具有个性的"小杜杜"。同时，杜蕾斯非常善于抓住社会热点话题进行微博营销传播。第一时间将热点话题与产品、品牌相结合，通过图片、文字、视频等多种方式传递给消费者。"小杜杜"经常在微博上与消费者进行互动调侃，时刻传递杜蕾斯品牌的个性。在微信平台上，开发以娱乐为主的订阅号和以微信陪聊打动用户购买产品的服务号，首次尝试数字化销售渠道，开通微信商城。

应对数字营销传播瞬息万变的市场环境，杜蕾斯开始大胆尝试，营销传播开始逐渐走向整合与精准。除了注重微信、微博等SNS平台上的社会化营销传播外，杜蕾斯近年来也开始着眼于注重整合营销。营销传播活动不再单纯局限于线上，逐渐走向线上、线下整合。

（二）"大胆谈性，像我一样"，话题引爆参与

受到中国传统文化和思想观念的影响，与性相关的话题在中国似乎是一个禁忌。中国部分年轻人在成长过程中很少接受到专业的性教育，因此在认识与预防艾滋病方面还存在很多误区。随着社会的发展，这些年轻人不再像父辈那样羞于谈性，但仍然对于性安全知之甚少。针对这一情况，为了帮助中国年轻人建立理性的性态度，普及性安全知识与了解如何预防艾滋病，杜蕾斯在2013年12月1日（世界艾滋病日前夕）在社交网络上发起的"大胆谈性，像我一样（Some one like me）"的公益互动活动。本次活动为期3年，是与MTV STAYING

ALIV 基金会携手打造的"大胆谈性，像我一样（Some one like me）"全球项目的一部分，并且一直延续至今天还在进行中。

杜蕾斯的主要目标消费群体是年轻消费者，他们渴望得到社会认同，追求时尚，拥有积极的生活态度。本次营销传播活动的目的是为了在年轻群体中宣传正确、健康的性安全知识，远离艾滋病的传染。

在全球范围内，杜蕾斯对近 30000 位受访者进行详细调查后发现：年轻群体中，性安全教育水平情况并不乐观。其中，接近 55% 的受访者主要是通过网络来获取与性相关的知识。但网络中的信息良莠不齐，难以甄别，用户很容易在网上被错误信息误导。因此，在性安全知识传播方面，需要一个权威且值得信赖的声源向受众传递相关知识。杜蕾斯选择了以人人网为主的社交媒体平台作为本次活动的主战场。人人网是实名制的社交网站，聚集大量年轻网友，并且实名制给人一种信任感与安全感。

活动伊始，杜蕾斯新浪官方微博连续发起一系列 # 大胆谈性，像我一样 # 的话题，鼓励粉丝参与其中。主题多围绕"性（sex）"展开，内容本身具有话题性且吸引网友眼球。杜蕾斯微博长期以来营造的幽默风趣的形象，辅以图片、视频、声音等多种形式，吸引了大量网友参与到话题讨论中。活动期间，杜蕾斯官方微博共发出 37 条相关话题，# 大胆谈性，像我一样 # 的微博话题下共有 1.6 万条网友的自发讨论。

（三）人人网社交平台与微博交互扩散

人人网是本次活动的主战场，杜蕾斯在人人网品牌主页搭建了"大胆谈性，像我一样（Some one like me）"的活动站（图 1-3）来宣传预防艾滋病的常识和性安全理念。杜蕾斯人人网品牌主页本身拥有 33 万的品牌好友，通过粉丝分享到自己的好友圈，吸引更多用户加入其中。

图1-3 杜蕾斯"大胆谈性，像我一样"人人网官方页面

（图片来源：人人网杜蕾斯活动主页

http://durex.renren.com/index.html?goto=2）

首先，杜蕾斯收集了世界各地不同的年轻人对于性的经历和看法，将素材制作成视频投放在各大视频网站和人人主页上。通过不同国家同龄人分享真实的故事经验和看法，鼓励人人网上的用户大胆说出自己的心声。

另外，杜蕾斯整理许多与性相关的热门话题，邀请用户参与投票。开设秘密树洞，参与到活动中的用户可以以匿名的形式告诉树洞自己的观点或者小秘密，"谈性宣言"会直接同步到主页状态栏中，与自己的真实好友分享。参与的用户会得到一个红丝带的标志，证明其成为防"艾"抗"艾"大使。同时，杜蕾斯还将微博话题讨论中的热门评论整理出来，发布在人人网的活动页面，形成二次传播。

杜蕾斯还将宣传网络覆盖至移动端，开辟了本次活动的另一个主战场。与微信合作，杜蕾斯在微信公共号中向广大粉丝语音征集观点，再将突出的观点集中整理分享给粉丝。在易信上，杜蕾斯则发布与话题相关的线上采访录音，与粉丝分享不同的声音。

（四）O2O 增强粉丝互动

杜蕾斯还携手全球最大的音乐电视网 MTV，在上海举行"MTV×Durex 大胆谈性，像我一样 Party"的线下活动。用户通过新浪微博参与到 #大胆谈性，像我一样# 的话题讨论当中，爆出自己关于"性"的一些小秘密，即有可能获得活动的门票两张以及杜蕾斯提供的小礼品。在奖励机制的驱动下，更多的微博用户参与到话题讨论之中。

除了在各种社交平台进行线上宣传，杜蕾斯在 2013 年 11 月 28 日，向中国预防性病艾滋病基金会捐赠了 100 万只安全套。同时，在世界上其他国家，杜蕾斯也在做类似的捐赠活动，为向全球预防性病和艾滋病宣传活动做出贡献。在 2014 年世界艾滋病日（12 月 1 日），杜蕾斯再次向中国预防性病艾滋病基金会捐赠了 100 万只安全套，三年如一日地将预防艾滋病的公益活动做到底。杜蕾斯还承诺，在社交平台上的年轻人每发出一条关于"#大胆谈性，像我一样#"的内容时，杜蕾斯都会向社会公益组织捐出一只安全套。

另外，杜蕾斯还在广州大学、复旦大学等高校中赞助开展了一系列的宣传活动来宣传相关的性健康知识，鼓励年轻大学生正确看待性问题，敢于与身边的朋友和家人"大胆谈性"。

2013 年度的"大胆谈性，像我一样（Some one like me）"的活动上线仅 24 天，在人人网上就有超过 310 万的用户积极参与到话题讨论当中，大胆抒发自己对于"性"的观点和看法。"大胆谈性，像我一样"视频分享达到 85 万次，触发人人网中的新鲜事曝光超过 5653 万次，激发了年轻群体敢于谈性的勇气，通过社交网络向"千禧一代"提供科学的性健康、性教育和预防艾滋病的信息。

第三节　案例点评

可口可乐和杜蕾斯都是世界知名品牌，在传统营销传播面临转型的今天，它们率先迈出了数字营销传播的第一步，成为互联网时代的"弄潮儿"。

一、以人为本，互联网思维贯穿营销传播全过程

可口可乐"快乐昵称瓶"与杜蕾斯"大胆谈性，像我一样"两个经典案例最大的特点，就是贯穿营销传播活动全程的互联网思维。通过对于用户物质与心理需求的双重满足，立足于人性的视角对目标群体进行营销传播，最终达到营销目的。在数字营销传播时代，互联网思维已经成为营销传播成功的关键因素。只有实现思维的转变，从宏观和微观两个角度去把握营销传播大方向，深入洞察消费者的内心需求，才能走进目标消费者的内心，激发他们的购买欲望，产生购买行为。

互联网思维的根本就是"以人为本"。不同于传统媒体环境下，新媒体时代中消费者与企业不再是单纯的买卖关系，消费者的观念更多地上升为"生活者"的概念。买卖双方地位的平等化使得用户需求上升到企业考虑的第一要务，这种需求既包括产品提供的物质属性或服务，同时也必须涵盖用户在消费时所产生的情感需求。这一变化使得企业需要立足于"人性"的视角进行营销传播，基于对用户需求的精准把握，为其提供全方位的"人性关怀"。互联网思维的运用要求企业学会换位思考，设身处地去洞察用户真正的需求，发挥自身的创造力与能动性，提升产品性能，增强用户体验，同时优化营销传播的方式与内容，建立品牌到达消费者心智的最直接路径，塑造品牌忠诚度。

二、与时俱进，掌握新型营销传播方式

本章中可口可乐与杜蕾斯的两个经典案例均借助了当下时兴的社会化媒体平台开展营销传播活动。二者在结合了品牌特色、产品特点与目标用户特征的基础上，通过利用目标消费者偏爱的信息传播渠道对其进行驱动。精心设计过的传播内容与新型营销方式的有机结合对消费者产生了微妙的"化学反应"，使其主动参与到营销活动之中，形成自发式的二次分享。

互联网的飞速发展催生出一大批新兴的媒介，实现真实生活与虚拟网络的无缝衔接，消费者的媒介接触行为与购买行为也发生了颠覆性的改变，企业的营销传播方式也须因时制宜做出调整。营销传播方式的革新使消费者与企业之间的沟通壁垒不复存在，消费者能够通过各种线上渠道与企业直接沟通对话，参与到营销传播的全过程中，影响品牌的塑造与传播。消费者生活形体的改变催生出一大批新型的营销传播方式，新方式的产生也意味着市场主流发展趋势

的变化。在数字营销传播时代，企业要取得营销上的胜利，就必须快速学习与掌握这一类新生事物，结合自身特点运用到实践当中。当下，社会化媒体营销、大数据营销、基于 LBS 技术进行的精准定位投放等营销方式已经成为市场中的主流趋势，营销人需要持续保持对于市场的敏锐度，准确捕捉目标消费者信息接收行为的变化，快速学习并掌握新生的营销传播方式，使之与品牌有机结合。通过新型营销传播方式，企业要搭建消费者对话沟通的平台，为消费者开放参与路径，让其参与到品牌塑造之中，开展行之有效的营销活动。

三、协同联动，多平台发挥整合效应

传统媒体时代，企业的营销活动多是基于某个单一的媒介开展的，通过报纸、电视、杂志等传统渠道进行传播，各个平台之间的互动较少，基本都是"单打独斗"。进入数字营销传播时代，互联网"万物皆可互联"的特性使得营销传播平台之间的可连接性更强，企业的营销活动不再局限于某一媒介上的传播，而是多种平台协同联动，编织成一个完备的"营销网"，全面覆盖目标消费者。本章中可口可乐与杜蕾斯在进行数字营销传播的过程中均采用了多种营销渠道进行组合，使用多种社会化媒体平台进行内容营销，同时将影响力延伸至线下，形成完整的 O2O 闭环，引爆目标消费群体。

移动互联网的发展使得消费者在接受信息时不再收到地域和时空的限制。通过智能手机、平板电脑等各种移动化的终端，消费者能够随时随地利用各种应用获取自己需要的内容，消费者的注意力开始分散到各个平台之上。企业在营销传播的过程也必须适应这一转变，学会发挥不同营销平台的特点，协同联动，多个平台共同发力，进行整合式的营销传播。不同平台之间还可以相互引流，实现优势互补，最大程度上将信息送达目标消费者处，以传递有效的营销信息。正如蜻蜓效应中，发挥协作的关键作用，通过各个方面的配合协作，共同扇动翅膀，蜻蜓才能飞得更高更远。在数字营销传播中也是如此，通过对不同营销方式的协同联动，运用独特的创意激活目标消费群体，形成全方位的营销网络，对消费者实现全面覆盖。

四、创新参与，基于用户需求实现自发式分享

进入互联网时代，消费者能够通过各种数字化的媒介实现与企业的直接对话沟通，消费者有机会参与到品牌构建中，充分发挥自身的创造力去影响品牌的发展。激发消费者的参与热情成为当下数字营销传播的关键一环。本章可口可乐与杜蕾斯的案例都引爆了目标消费者去主动参与到营销活动中，实现了消费者自发式的分享，形成巨大的二次传播效果。

企业在进行数字营销传播时，需要有意识地塑造目标消费群体的参与感，使其主动参与到产品设计、产品销售、营销推广等各个环节，使消费者成为品

牌的"员工"，消费者的意见和需求能够真正得到满足，实现企业与消费者共赢。营销人应当洞察用户的内心需求，为其量身定制营销传播内容，发挥自身的创意，吸引消费者的注意力。在内容设计上，将产品与目标群体的需求相结合，提供用户想看到的内容。同时，还需要在最大程度上降低用户参与的成本，为其提供便捷的参与方式与渠道，为用户能够获得可以进行简单创造且乐于分享的高质量传播内容。通过创意引导目标用户产生参与行动，增强用户的归属感与成就感，不断加深企业与用户之间的情感关联，让用户主导品牌的发展，从而保持企业和品牌的无限活力。

数字营销传播时代对于营销传播的最大影响就是营销思维与理念的转变，互联网思维取代传统的营销思维模式。报纸、电视等传统媒体已经被或正在被互联网和移动互联网取代，消费者的生活逐渐被社交网络、移动终端影响，思维方式与行为习惯也发生变化。因此，品牌与企业的营销策略与方式必然随之改变，这一切的变化都是互联网思维的影响导致的。可口可乐与杜蕾斯迅速适应营销模式的转变，以互联网思维主导营销，站在消费者的角度去洞察他们真正的需求。通过社会化媒体与其他多种平台资源整合，以优秀的创意为引爆点，激发目标消费者的参与热情，最终达到营销目的。随着新媒体的发展与新的消费群体的崛起，企业与品牌必须学会因时而变，拥抱日新月异的互联网。

互联网已经不再仅仅是一种技术，一种工具，而是一种全新的思维模式与商业理念。

第二章　社会化媒体与数字营销传播

↘ 第一节　专业导航

一、社会化媒体的特征

"社会化媒体"一词来源于英文"Social Media"一词，最早出现在 2007 年出版的《什么是社会化媒体（What is Social Media）》一书中。社会化媒体本质上是技术发展对于社会公众的一种赋权，是公众现实社会关系的网络延伸和网络社会关系的现实连接。社会化媒体的发展本身意味着媒体的社会化和社会的媒体化。社会化媒体是人们彼此分享见解、信息并建立关系的传播平台。社会化媒体与"传统媒体"最大的区别在于，这个平台充分赋予了网民自主创造和传播的权利与可能。通过这个平台，每个人都可以创建、评论和添加社会媒体内容，成为信息的制造者和传播者。社会媒体的信息可以以多种形式呈现，包括文本、音频、视频图片和社区，网民之间实现了前所未有的交流、互动。同时社会化媒体也实现了网民与品牌、网民与机器以及网民与社会的充分沟通和互动。

社会化媒体主要有以下六个基本特征：第一是公众自由自主参与，社会化媒体可以激发感兴趣的人主动地生产内容，积极参与传播贡献和反馈，它模糊了专业媒体和受众之间的界限，使得受众可以主动地参与到整个传播过程中去，甚至可以从根本上主导传播的内容生产和传播发生；第二是公开，大部分的社会化媒体公众都可以免费参与其中，参与和利用社会化媒体中的内容几乎没有任何障碍，所有的内容和渠道对于社会化媒体的使用者而言都是完全公开的；第三是交互沟通，与传统媒体的单向传播相比，社会化媒体的传播优势在于公众与公众之间、公众与品牌之间和公众与媒体之间实现了多元的双向传播，形成了一种互动交流；第四是对话，社会化媒体的双向传播使得媒体和用户之间可以形成对话，加强了媒体和用户、用户和用户之间的互动和反馈；第五是社区化，在社会化媒体中，人们可以很快形成一个社区，并以共同感兴趣的内容为话题组成多个各种类似社区的团体，进行充分交流，社区化是对公众兴趣的充分尊重和满足，同时提升了公众的认可和传播黏性；第六是连通性，大部分的社会化媒体都具有强大的连通性，不仅体现在多种社会化媒体应用之间，也体现在社会化媒体与传统的网络媒体之间，社会化媒体可以实现复合多维的系统网络构建，通过链接可以将多种媒体融合到一起。

二、社会化媒体形态

目前我国的社会化媒体呈现多样化的形态。根据 2014 年 CIC 发布的中国社会化媒体格局概览图（图 2-1），可以大概将我国的社会化媒体分为基础功能网络（包括在线问答、在线百科、播客、博客聚合、文档分享、签到位置服务）、核心网络（包括微博、社交网站、即时通信、移动社交、视频＆音乐、论坛、消费评论、电子商务）、增值衍生网络（包括社会化电子商务、社会化内容聚合、社交游戏、社会化搜索）和新兴／细分网络（包括社会化电视、图片分享、商业社交、商务社交、婚恋交友网站、轻博客、在线旅游）四大类。现在最具代表性的社会化媒体主要是微信和微博。

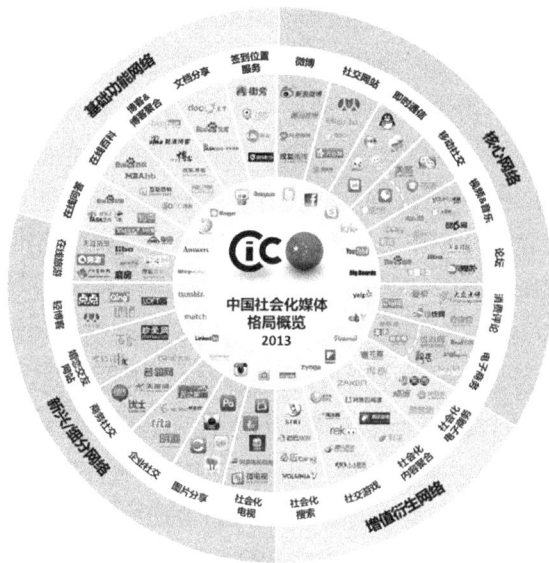

图2-1　2013中国社会化媒体格局概览图

（图片来源：SocialBeta网http://socialbeta.com）

上面的格局概览图也显示出，中国社会化媒体随着技术的进步和竞争的激烈导致的细分发展和对现实社会的深度渗透，其发展格局和态势会进一步呈现出移动、细分、服务、交易、数据整合等趋势，这将为社会化媒体营销传播和社会化商业带来更多机遇。社会化媒体营销传播是一种利用社会化网络、在线社区、博客、百科或者其他互联网协作平台和媒体来传播和发布资讯，从而形成营销、销售、公共关系处理和客户关系服务维护及开拓的实践。这种实践基于不同的社会化网络在线平台以及其他一些相关的 web2.0 技术。例如，陈坤的微信公众号，本质是基于移动端的闭环社区，并辅以移动支付和 CRM 管理功能。这种创新可以为品牌的"移动优先"策略以及如何在社会化平台开展服务和交易带来灵感。与此同时，微博依然是一个企业品牌进行快速传播和广泛讨论的重要营销平台。诸多成功的案例告诉我们，成功的营销传播必须要实现与时俱进，紧随社会化媒体平台与营销传播的实践的变革而不断创新。

三、口碑营销5个模型

社会化媒体营销传播是数字营销传播的主要平台、形态和方式之一。在社会化媒体网站上进行营销传播，最重要的是与品牌的目标用户和利益相关者实现有效互动，从而建立品牌知名度，在口碑病毒式传播中提升品牌资产和丰富品牌个性。美国口碑营销协会的口碑营销大师安迪·塞诺威兹（Andy Semovitz）在《做口碑》（Word of Mouth Marketing—How Smart Companies Get People Talking）一书中提出口碑营销的"5T"模型（图 2-2），为我们总结出了数字营销传播的口碑运作的基本流程，即成功的数字化的口碑营销传播应包括以下五个部分：Talkers（谈论者）、Topics（话题）、Tools（工具）、TakingPart（参与）以及Tracking（追踪）。

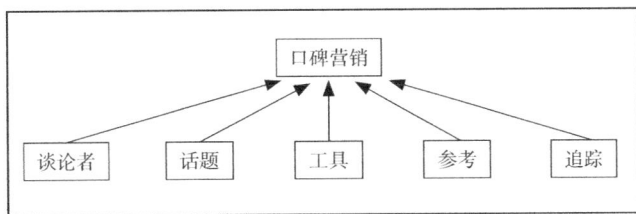

图2-2　口碑营销5T模型

（图片来源：Sernovit A.Word of mouth marketing: how Smart Companies get people talking [M]. Kaplan, 2009: 71-189.）

Talkers，即发起话题、参与谈话的人。在社会化媒体营销传播中，官方网站、微博、微信公共账号等都成为企业的门户，企业成为可以发起话题、参与谈话的一员，并通过社会化媒体平台向网络用户以及他们的粉丝等目标受众主动传播话题，从而掌握更多的主动权。

Topics，即谈话的内容。企业可以利用社会化媒体平台发布有吸引力的话题来抓住消费者的眼球和激发消费者的兴趣。尽管不能直接控制谈话的参与者，但是企业可以引领受众话题的走向，使谈话的内容既丰富有趣而生动，又与企业的产品服务和品牌息息相关。社会化媒体的开放性与互动性使好的话题可以实现裂变性的传播，杜蕾斯微博平台的一系列的热门微博内容的流行和引发热议就是很杰出的案例。

17

Tools，即谈话借助的平台。社会化媒体本身即是一个功能强大的信息传播平台与资源库，且自身拥有强大的即时搜索引擎。以微博为例，新浪的微博企业版具有展板设置、舆情监控、粉丝属性分析、链接统计、营销活动等为企业量身打造的专业功能。对企业而言，微博不仅仅是即时的信息传播工具，更是珍贵的数据分析来源。这为企业和品牌实现基于大数据资源和技术下的精准数字营销传播和互动数字营销传播提供了可能。

TakingPart，即对有吸引力的谈话的介入。由于社会化媒体具有高度的双向互动性，改变了以往官方广告发布或者新闻发言人式的单向传播，使企业成为一个富有感情色彩的"人"，与消费者通过社会化媒体平台进行对话、沟通和交流，拉近与消费者之间的距离，使品牌更具有亲和力，同时企业和品牌可以从与消费者的沟通交流中得到第一手的反馈信息，从而在这个基础上提高服务满意度，巩固用户群体，达到更好的营销传播效果。

Tracking，即对数字营销传播活动的监测和分析。利用社会化媒体本身具有的记录功能，数字营销传播效果的数据获取与分析过程都变得电子化、智能化、延续化、实时化和结构化，每一个回馈、数据都有据可依，从而实现了数字营销传播的动态调整、系统管控和多维协同。

第二节　经典案例

一、案例 3　微信与支付宝的"红包大战"

在中国，每到春节，特别是在除夕夜，晚辈们就会得到长辈给的压岁钱，小小的红包里寄托了亲人和朋友间的祝福，红包是中华民族源远流长而意味深长的传统礼仪和文化形态之一。随着通信公司和智能手机的普及和发展，人们相互之间拜年的方式从面对面拜访祝福，到电话、短信和微信，新时代拜年的方式和内涵也在不断演变。2015 年春节，手机"红包大战"成了一大亮点，战斗主力军为支付宝和微信。腾讯和阿里支付宝两大互联网巨头以"红包"这种传统文化习俗为切入点，联合各大品牌和各路明星在各种社交平台上给全国网民和手机用户发送红包来制造参与热潮，创造使用场景，从而使自身的支付工具成为网民熟悉的使用对象。通过"红包大战"，争夺数字移动商务和消费时代的在线支付入口是两大网络巨头的鏖战之地和根本目标。

（一）融汇情感与娱乐的电子"红包"狂潮

最早推出"电子红包"这一业务的是 2004 年的湖南长沙某银行。该电子红包依托于网上银行，实际上是卡与卡之间转账服务的延伸。该银行的客户一登陆网上银行，便可选择送红包的方式进行卡与卡之间转账。此外，送红包者还可以把想说的话或祝福语写在电子红包上，一并送出去，十分方便、快捷。电子红包送出后，对方只要登录网上银行，就可进行账户查询、银行卡明细查询和网银转账明细查询。该银行除了推出中秋、国庆两个节日的电子红包外，还推出了生日、婚庆、升迁、贺寿和祝福等电子红包，几乎概括了需要送红包的机会与场合。但是，由于种种原因，该银行对这一推出的新业务并没有做过多宣传。

随着电子商务网络消费的普及，一种基于网络的"电子红包"正在成为新时尚。这种"电子红包"是通过网络第三方平台送出，成为各大商家吸纳会员、进行营销传播的利器。作为移动支付巨头，支付宝反应十分迅速，率先在支付宝的主页上，专门设置了"送礼金"功能，用户只需输入收礼人的账户以及红包金额，提交后输入支付密码就能即时完成红包发送。支付宝红包分为现金红包和商家优惠券，用户抢到的现金红包将进入用户的支付宝账户，通过余额可显示具体数额，可以在支持支付宝消费的地方使用，也支持提现到银行卡；用户抢到的商户优惠券，在相应的商户消费时可以使用。

2014年1月27日，微信推出"微信红包"，这是一款功能上可以实现发红包、查收发记录和提现的应用。2014年4月14日，安卓手机用户只要用微信扫描身边出现的红色二维码，通过腾讯应用宝成功安装其他应用软件，即可领取微信红包。微信推出"电子红包"的游戏，极大提高了微信支付的绑卡率，使得微信支付更加流畅并为电子商务打通了最后一个环节。措手不及的阿里马云将2014年的微信红包形容为"偷袭珍珠港"。

图2-3 微信红包与支付宝红包使用界面

（图片来源：手机微信截图）

（二）抢占消费者的银行卡和电子商务支付入口

从2015年2月11日开始，借助喜庆的新年、传统的礼仪和特殊节日期间的联系频繁和关系密度提升，以微信和支付宝为代表的两大网络巨头，借春节祝福大潮，带领诸多品牌和明星，拉开"红包大战"的序幕。整体数据如下（表2-1）：

2015年春节红包大战数据汇总   表2-1

	腾讯系		阿里巴巴系			
	手机QQ	微信	支付宝钱包	新浪微博	陌陌	快的
红包 （金额+来源）	30亿 （明星+企业）	35亿	6亿	10亿 （明星+企业）	400万	5亿
现金红包		5亿	1.56亿	不详	400万	
非现金红包 （金额+形式）	代金券	30亿卡券	4.3亿代金券	实物优惠券		5亿代金券

　　具体战况：为了挽回2014年面对微信红包大战的劣势，马云旗下的支付宝把发放6亿"红包+代金券"的活动命名为"中途岛战役"。2015年1月26日，支付宝钱包8.5版本更新上线，其App图标上赫然出现"亿万红包"的字样，加之应用首页中央醒目的"新春红包"图标，显示出支付宝钱包对此次"红包大战"志在必得的信心。2015年2月11日上午10点，支付宝钱包的第一轮红包开抢。打开支付宝钱包就能看到类似于"打地鼠"的游戏，带着"快来嘛"、"戳我呀"字样的钱包在屏幕上"闪躲着"，击中即可获得红包。从2月11日到2月19日，支付宝将和品牌商户一同派发6亿元的红包，其中现金超过1.56亿元，购物消费红包约为4.3亿元。支付宝的红包发放也在继续，而且出现了"支付宝口令+图片"的新的模式，包括小米手机、魅族、百事可乐、TheNorthFace、阿迪达斯在内的多家知名品牌，率先尝鲜，通过支付宝口令图片的方式给自己的粉丝发放品牌红包。用户通过品牌广告图片看到红包口令并记下，在支付宝钱包首页输入口令，即可领取相关品牌企业发放的现金红包。根据支付宝公布的数据，2015年除夕夜的红包大战，支付宝红包活动有近7亿人次参与，红包总数达到2.4亿个，总金额40亿元。鉴于支付宝钱包的活跃用户为1.9亿左右，每人近3.5次的参与量显示互动感十分高。

　　腾讯方当然也对电子支付平台和入口不甘示弱、志在必得，将红包大战项目代号定位为"诺曼底登陆"。2015年2月11日9点，微信春节红包正式开启，用户通过微信"摇一摇"的方式可以抢到总数量为2500万个的现金红包。据了解，在春节期间微信将联合各类商家推出春节"摇红包"活动，共送出金额超过5亿的现金红包（单个最大红包为4999元），以及超过30亿卡券红包。2015年2月15日晚上7时50分，微信春节红包的第二次暖场红包开抢。此次微信投放的红包数量为1200万个，计划投放时间为晚上7时50分至8时。但是，1200

万个红包只用了 1 分钟时间就被疯抢一空。随后，网民开始在微信朋友圈晒自己抢到的红包。

值得一提的是，微信借势中国人春节最为关注的观赏娱乐节目——"春晚"。微信联合 2015 年春节联欢晚会，邀请品牌给全国人民发放红包。主持人通过口播的形式引导全国人民使用微信"摇一摇"，进入春晚互动页面、抢到品牌专属红包，品牌信息也会通过水印 LOGO 和拜年信息的方式被二次曝光。这一活动让微信红包成为年夜饭的主菜单。微信官方公布的数据显示，2015 年除夕当日微信红包收发总量达 10.1 亿次；参与红包活动的总人数达到 482 万人次；18 日 20：00 至 19 日 00：48，春晚微信摇一摇互动总量达 110 亿次。其中最高峰出现在零点，瞬间峰值达到每分钟 2.5 万个红包被拆开，被领取的红包总计超过 2000 万个，平均每分钟被领取的红包达到 9412 个。通过羊年红包大战，微信支付在短时间成功地实现了新增绑定 2 亿张银行卡。

（三）各大品牌"怒刷"存在感，明星个人和普罗大众纷纷参与模仿

除了微信、支付宝两种红包之外，QQ、新浪微博、优酷、陌陌、快的打车、无秘、京东、猫眼电影、百度、国美等公司也纷纷加入战局。2015 年 2 月 11 日晚上，QQ 红包的"战火"也开始打响（图 2-4）。QQ 在春节期间一共派发总价值 30 亿的红包，发放时间从小年夜持续到除夕。QQ 红包分为明星红包和企业红包，每个明星红包有 1 小时的开抢时间，前半小时用户要给明星点赞，后半小时正式开抢。2 月 18 日晚，QQ 还联合企业一起为所有用户发福利。每个账号每个时段整点可以抢一次企业红包，机会不可积累。

2015 年 2 月 3 日，新浪微博上线了"让红包飞 2015"粉丝红包功能，百位明星为粉丝发红包，粉丝也可以给明星充红包，还能和明星发联名红包，这一活动颇具吸引力。官方数据显示，借助春晚，2015 年 2 月 18 日零点到春晚结束，微博日活跃用户超过 1.02 亿，比去年春晚同期增长 46%。春晚直播期间，有 3470 万微博网友参与春晚互动，讨论春晚的微博达到了 4505 万条，相关话题总阅读量更达到了 41.5 亿。社交应用陌陌也在新版应用中加入红包功能，联合支付宝钱包给用户发新春红包。2015 年 2 月 5 日，陌陌上线红包功能，用户可向群组或好友发放红包；优酷在除夕夜联合支付宝钱包在优酷客户端上线现金红包活动，用户登录优酷首页，就可参与现金红包活动；快的打车春节期间将发放总价值超过 10 亿元的红包，包括 1000 万个现金红包和数

图2-4　QQ红包界面

（图片来源：QQ红包活动主界面截图）

亿个打车红包;国美则在春节期间发放价值 10 亿元的红包,通过联手央视及微信等各大渠道,实现线上线下多场景联动派发红包;百度的现金红包则打出"用 1 分钱赌 10000 倍的回报"的旗号,称用户建立红包后,先支付 1 分钱,稍后会退回支付的 1 分钱,即可以发放红包给好友,好友可以拆红包抽奖,抽奖金额最高可得 100 元,同时也会返还给红包创建者不同金额的奖金;除了滴滴打车外,2015 年大众点评、京东也加入了"红包大战",通过支付宝红包的形式向用户发放一些红包,或者一些线下优惠券。

据统计,仅仅从小年夜到正月初一,各大互联网巨头以及商家通过微信、QQ、支付宝钱包、微博、百度、无秘等软件,社交平台送出上百亿元红包。借助"红包大战"的热潮,许多品牌都得以在广大的消费者面前"露脸"。

二、案例 4　宜家家居的"梦想空间"

宜家家居(IKEA)于 1943 年在瑞典创立,目前已经发展为世界上最大、最具影响力的家居用品零售商,在全球 38 个国家和地区拥有 311 个商场。其产品主推拼装式家具,以简洁、环保的设计知名,被粉丝们尊奉为家居行业的"苹果"。

宜家深谙口碑传播之道,让顾客成为品牌传播者,让消费者在体验的过程中成为品牌传播者。一直以来,宜家其开放式销售模式以及高品质、低价位的风格为人熟知,采用销售梦想而不是产品的策略,倡导和践行"为大多数人创造更加美好的日常生活"的品牌理念。

(一)宜家让"梦想"超越"空间"

为了让更多的顾客成为宜家的品牌布道者,宜家家居一直采用销售梦想的策略,始终秉承站在消费者的角度,积极调研了解消费者的居家需求,注重品牌的本土化。随着社交媒体的兴起,宜家把它在设计上的"灵感"移植到了新的数字营销传播上面,希望在线上虚拟空间中培育属于自己的目标消费群体的"社交圈儿",通过产品展示和话题引导加深消费者对品牌的认知,通过互动实现产品设计和生产的"众智""众筹",逐渐与粉丝建立一种平等的、平和的、朋友般的情感联系,并融入消费者的生活之中,从而激发消费者的参与感、互动感和认同感。

宜家家居的社会化媒体营销传播活动,根据不同国家消费者的特点进行了不同的大胆尝试。除了深化品牌已有亲和力、充满创意、能带给人惊喜与灵感的一贯形象外,宜家更加注重利用社会化媒体,通过线上互动与消费者进行贴近沟通,从而提供相应家居解决方案,帮助消费者筑造属于自己的梦想空间。

(二)小空间,大梦想

在中国,宜家定位的核心消费者群体是年龄在 25 ～ 35 岁的人群,有较高的学历和收入，通常更能接受西方现代简约而时尚的生活方式，同时也是中国房产市场的主力消费人群。特别是在一线城市，由于房价高，这群人的居家梦想与现实存在一定差距，常常感叹"家中竟然放不下属于自己的一张书桌或两排书架"。于是在 2011 年，一个主题为 "No dream is too big. No room is too small." 的社会化媒体的营销传播活动应运而生。

宜家首先在自己的官网和新浪官方微博、豆瓣社区的官方小站上向消费者发出邀请，收集大家因空间限制难以实现的居家梦想，引起消费者的关注和共鸣，挑起消费者的参与意识，鼓励他们自己动手实现自己的居家梦想。宜家想要告诉这些人，并不需要抛弃自己的梦想，再大的梦想通过宜家的巧妙设计和合理配置也能实现。

当消费者注册参与进来后，通过新浪微博或豆瓣社区上的一键同步功能，可以将自己的居家梦想分享到社交平台上的好友，吸引新一批梦想者参与进来，形成一种循环递增式的线上"病毒式"传播。同时，在线下通过新闻发布会、研究报告分享等传统传播方式让更多人知道可以让梦想超越空间，激励更多的人去线上注册参与。"在项目发起后的半个月内，注册参与人数超过了 2350 个，梦想收集总数 1268 个，其中有效梦想 1260，比例为 99.4%；活动期间，相关微博转发近 1.5 万条，宜家官方微博粉丝数增加 5387 个。

随后，宜家通过新浪微博找出了三个具有典型代表性的家庭梦想：一个来自单身贵族，一个来自新婚夫妇，一个来自三口之家。单身贵族希望可以在家里舒适地招待朋友，新婚夫妇希望有一个浪漫的二人世界，三口之家希望能给小朋友一个自由的游乐天地，但这三个家庭的现实中的住房空间都不能承载各自的梦想。于是，宜家为三个家庭各自租了一套公寓，并根据他们各自的梦想进行了软装和改造，然后邀请三个家庭到"梦想公寓"里住了一个星期，让他们真切地感到小空间也能实现自己的梦想，并从中得到很多设计上的灵感启发。同时，宜家邀请媒体来采访，并把三个梦想家庭的故事通过官方的新浪微博、豆瓣社区小站进行分享和推广。一周之后，三个家庭带着各自的 2 万元梦想基金和灵感回家做自己的改造，并通过新浪微博、豆瓣社区分享自己的改造进度和成果（图 2-5）。

图 2-5　宜家"小空间大梦想"活动报道

（图片来源：新商报 http://szb.dlxww.com）

（三）梦想在社区持续加温

在继续微博营销的同时，宜家也在豆瓣社区里精耕细作。2011年9~10月，宜家在豆瓣网举办"电影里的梦想空间"活动。网友只需上传电影、电视、MV等影视作品中自己喜欢的空间装饰风格的截图到活动相册，并添加描述，分享它出自哪里以及喜欢的理由，就有可能获取幸运礼物。此外，网友还可以通过微博、SNS等互动平台分享自己展示的"梦想空间"，充分发挥不同平台的优势。宜家这一活动形式虽然简单，但却与豆瓣网基于兴趣爱好的圈子、风格文艺、受众富有创造力的风格相当吻合，让网友发挥其对文艺作品熟知的特长，同时也与品牌理念吻合。短短一个月的时间内，豆瓣宜家小站访问量达5万多次，粉丝数增长到12000人之多，活动参与度也非常高。活动结束后，主办方将网友参与的770张活动截图整理成宜家家居日记，包括书房篇、卧室篇、厨房篇、客厅篇等，在豆瓣社区的浏览量也十分可观（图2-6）。

图2-6　宜家豆瓣"电影里的梦想空间"活动截图

（图片来源：豆瓣http://www.douban.com）

同时，为了让"小空间，大梦想"的活动取得更好的效果，让更多普通人参与到实现梦想的旅途中，宜家还启动了跨越一整年的"让梦想超越空间"系列活动。通过宜家社区网站，在消费者中征集"百万居家梦想"，并在微博、豆瓣、开心网等社会化媒体平台上进行传播，激发广大消费者发挥自己的"小创意"，实现居家"大梦想"，把巧妙的方法和创意分享给更多人。

这次征集过程中，宜家充分利用社会化媒体平台，在宜家官网、人人网、新浪微博、豆瓣等多个平台上征集中国消费者的"居家梦想"，很多消费者通过各种渠道表达了自己的家居看法。根据征集结果，宜家中国发布了《中国都市人居家梦想报告》，从全国8大城市征集到的1260个居家梦想出发，总结、归纳了"中国都市人十大居家梦想"。为了配合这一主题，宜家在全国9家商场同步推出充满巧妙利用空间灵感的全新展示间。与此同时，2012年宜家《家居指南》中，有70%以上的产品涉及小空间合理利用的灵感和解决方案，新推出的600多种新产品中，主要以"节省空间"、"移动方便"、"善用角落"等功能需求为重点，价格也更加低廉（图2-7）。

图2-7 台湾宜家温情广告微博截图

（图片来源：新浪微博http://weibo.com）

这次活动结束后，宜家的销售量比 2010 年同期增长 55%，远超当初 15% 的目标，销售额则增长 65%。宜家家居"小空间大梦想"整合营销案例获得 2011 年艾菲奖全场金奖。并且，"小空间大梦想"成为宜家家居持续进行社会化媒体营销的主题，传达宜家用设计给每个梦想实现空间的理念。

第三节　案例点评

在利用社会化媒体进行数字营销传播的过程中，用户参与是形成口碑的重要环节，这就需要谈论者围绕用户制造话题，同时利用社会化媒体的工具形成裂变传播，进而引发广泛参与，最终增强品牌的回声。无论是微信与支付宝的红包大战，还是宜家的梦想家居，都精准洞察了用户的关注点，同时利用多种有效工具明确分工，整合了辐射度与影响力，又与目标消费者深入交流，缩短品牌对客户需求的响应时间，形成了强大的口碑效应。

一、社会化媒体营销传播的"受众本位"与"消费者参与"

社会化文章中营销传播最核心的精髓是"分享和参与"，在"受众本位"的基础上实现品牌与消费者、消费者与消费者（围绕品牌）的充分沟通与联系。例如，网民之间利用社会化媒体来分享信息、观点。更为重要的是，借助社会化媒体，品牌建设可以真正地由消费者从下至上发起，而不是如以往一样自上而下进行品牌推广。社会化媒体无处不体现着"个性、自主、互动、体验"的特征，这也是社会化媒体与传统 WEB1.0 的在线媒体最大的不同之处。用户深度地参与社会性媒体，用户就是社会性媒体的一个根本组成要素。他们都是一个个活生生的个人，具有传播的能力和欲望，要求能够有机会参与互动和沟通，不再单纯地满足于被动地接收信息。当营销传播的战场拓展到社会化媒体上时，"用户主权"的意识更加凸显和需要得到尊重。在社会化媒体时代，品牌的营销传播仅以提高品牌知名度为目标是远远不够的。企业应当参与到社会化媒体营销传播中去，通过对话和互动，与消费者建立一种感情上的联系，使消费者与品牌产生个人情感上的认同，将品牌植入到消费者的心中，努力提高美誉度，让消费者喜欢你，在购买选择时将其品牌纳入考虑范围内。

无论是支付宝还是微信，抑或是其他品牌，在"红包大战"中都关注了社会化媒体营销需要注意的"用户至上"，为用户提供集娱乐性、互动性为一体的产品与体验。这种电子红包已经超出了传统红包的概念。传统意义上的红包，都是亲朋好友之间的行为，并且是单一关系链条中的行为，而红包金额大多也欠缺神秘感。电子红包则完全不同，由于采用了随机算法，大家在抢红包之前，没有人知道会拿到多少钱的红包，这无疑大大增加了活动的戏剧性，打造了一个娱乐场景，让参与者变得更兴奋，更乐于"晒单"，激发出用户更大的分享和传播热情。在今天这个无娱乐不营销的年代，电子红包的娱乐性无疑帮助商家吸引广大的人群参与其中。

宜家的"梦想空间"系列活动无不体现为用户着想的营销思维，同时也是宜家对于社会化媒体时代的"消费生产者"的珍视和尊重，所谓"消费生产者"，是指消费者不再只是品牌生产出来之后的选择者和评价者，而是参与到整体品牌构建和打造并且积极参与品牌体验生产和传递的"生产者"。宜家发现，分享是每个人生活中的重要组成部分，人们很愿意在社交媒体上分享自己的购物和使用体验，分享自己的家居理念。中国消费者很喜欢在宜家商场里拍照、上传微博，分享给朋友，这是一个在国外没有的非常独特的现象。但分享自己居家的巧思和用心则是所有国家和民族的消费者的共同特点。宜家就是站在消费者的角度，利用消费者的这种热情参与度，借助移动互联网上社交媒体把更多的活动信息告诉他们，让宜家的灵感得到更好的扩散，在社交媒体上引起更多的谈论。同时，整合社交圈让他们更积极地参与进来，主动告诉品牌自己的需求，品牌则根据消费者定位，将新浪微博、豆瓣网、开心网作为主要的社会化媒体传播平台，分别利用这三大平台在传播力、基于兴趣爱好的圈子文化、熟人间的口碑传播方面的特点展开营销。在不同的社会化媒体平台上，结合品牌活动的基本调性以某一平台为主，其他平台进行辅助传播，与粉丝展开互动，并及时收集社交媒体上消费者对产品、服务的反馈，更有助于企业及时做出相应的沟通和解释，理性地传播一些购物体验。

二、"互联网思维"指导下创新社会化媒体营销传播

微信红包的成功还在于腾讯在数字化营销传播时代精准的"互联网思维"。

不考虑微信是否借鉴了支付宝的创意，单拿微信红包这个产品本身来说，它是一次不折不扣的创新，它颠覆了传统的发红包方式，让中国人发红包的习惯借助微信这个关系平台（这也是支付宝先有创意，但却没能引爆的原因）更加便利地实现。微信红包的成功也正阐述了"信息在关系链中流动"的理论。腾讯对社交的深度了解以及对用户心理的精准把握，使其通过微信红包进行营销传播变为可能，在争夺移动电子商务支付入口中取得优异成绩。

由于微信本身是社交软件，因此微信红包也是基于微信现有的关系网络进行发放，这使得通过微信红包进行营销的商家可以更主动便捷地进行目标客户群体的发掘和锁定；与此同时，与其他宣传推广方式相比，通过微信红包进行营销的成本较低，仅为发放的红包金额，更节约了商家的品牌宣传推广成本。同时，微信红包比传统意义的红包发放形式更灵活，内容更丰富多样，红包的金额未知也具有神秘感，增加用户点开红包的兴趣，这为通过微信红包进行营销的商家带来了大量客流量；而且微信红包几乎零门槛，只要是微信用户都可以进行该功能的使用，用户不必再下载新的应用，这增加了用户的接受能力，方便通过微信红包进行营销的商家进行进一步的营销计划。

2015年春晚期间，微信与14家遍布各行各业的大中小微企业携手向用户发放红包，有效促进了移动商业模式扩张。一方面，微信红包的发放使许多企业或个人的公众号得到关注，有利于商家增加品牌知名度，挖掘潜在消费群；另一方面，微信用户由于收到的红包金额的增多以及对于微信支付的安全性信赖的增强，更多地选择通过微信支付进行网上购物。对于腾讯来说，通过微信春节红包的交易笔数和单位时间交易笔数的强度可以看出微信支付在饱和峰值下的运行能力，用量化可观的数据向公众表明了微信支付能够承受饱和冲击并保证系统的顺畅和安全。微信红包使微信支付的知名度进一步扩大，从而快速、低成本地增加了使用微信支付的人数，使微信支付强有力地占据了移动支付的市场份额。

三、激发和维系品牌与消费者，消费者与消费者之间的互动与联接

社会化媒体营销传播生态圈实现自循环的基础正是品牌与消费者的良性互动。在社会化媒体营销生态圈中，用户能够持续地关注与参与企业的互动营销活动，产生与企业、品牌相关的正面信息并形成积极分享，沉淀企业的良性口碑，用户与企业的直接沟通也是维护用户忠诚度的保障。企业要在这个生态圈内不断地聆听消费者的声音和反馈，了解消费者关注的焦点和讨论的内容，把这些有用的数据加以评估分析，从而改善服务以及产品质量、针对消费者的潜在需求创新服务、提供定制化的服务，为进一步的营销提供优化依据。将企业官网、自有媒体、触点媒体形成一个良性互动的生态圈，作为一个整体发出有力一致的声音，社会化媒体成就会成为企业的营销传播利器。

宜家"社交"的程式是通过在线下发现线索、策划活动，利用全媒体渠道进行推广，引起人们的兴趣和参与，然后把活动在线下运营到高潮，再运用社交媒体进行二次传播，让更多的人知晓和参与进来。宜家社交营销的目的之一就是让消费者与宜家品牌之间的故事更容易传播，更容易被大家记住。宜家是将社会化媒体营销放到一个战略协同层面来进行，社会化媒体更像是品牌与消费者沟通的一个桥梁，更倾向于播种口碑，通过产品展示和话题引导加深消费者对品牌的认知，与粉丝建立一种平等的、平和的、朋友般的情感联系。在不同的社会化媒体平台上，结合品牌活动的基本调性以某一平台为主，其他平台进行辅助传播，与粉丝展开互动。除了进行产品信息的曝光外，深化品牌有亲和力、充满创意、能带给人惊喜与灵感的一贯形象外，注重的是通过线上互动与消费者进行贴近沟通，从而提供相应家居解决方案，帮助消费者筑造属于自己的梦想空间。即通过社交圈来传达一种生活理念，提供一些家居储物的解决方案。

从开心网向新浪微博的迁移，折射出中国网络社交群体由娱乐、游戏主导，转向资讯的快速传播、意见领袖的"指引"；最后到豆瓣社区，则反映了由"达人"产生的内容为导向，到基于共同的兴趣、爱好和特长在豆瓣上汇聚成不同的社区和社群，各自生产各自专属和基于兴趣爱好特征的内容共享。宜家的"居家梦想"，则是激发不同消费群体的关于居家的空间梦想，再在不同的社交媒体上用这些内容辐射更多的人，再产生更多的内容，这样逐渐培育宜家的"社交圈"。从开心网的试水，到强调微博粉丝数量，再到后来强调互动性和粉丝的质量，重视社区内容的深度和传播广度，宜家在社交媒体营销中的营销诉求随着目标消费者的行为习惯一路变化，品牌与消费者间的关系也越来越紧密。一方面聚拢社区里的家居"达人"和宜家消费者，与他们一起做一些有趣的活动，加深他们对宜家品牌的认知。另外，宜家也在社区里寻找一些真正对家居有兴趣的人，把他们与宜家相关的故事在微博等社交媒体平台上更广泛地传播，并与这些人一起去推动消费者市场，提高消费者的兴趣度。

社会化媒体的口碑传播作用固然不可取代，但要想塑造良好的品牌形象，还要从本质抓起，宜家在进行社会化媒体营销的过程中，十分注重一次好的购物体验、一个耐用的产品和合适的价格，因为这些都是产生口碑的重要因素。宜家的体验式营销充分与消费者建立信任感。在宜家商场里，经常会看到顾客躺在床上、坐到沙发上、走到地毯上，或者拉开抽屉、打开柜门的情景。无论产品的功能性、整体设计方案的搭配，还是卖场的销售，包括社会化媒体平台的交流，宜家都从不同角度去加强"让大众的生活变得更美好"的体验感觉，让消费者在体验的过程中成为品牌传播者。

第二篇
应用篇

第三章 "互联网思维"的产品：数字营销传播的起点

第一节 专业导航

一、"互联网思维"下的产品设计

在传统时代，企业为了制造出契合消费者需求的产品，他们一般会通过市场营销调研、客户关系管理及整合营销手段来探知消费者的需求。在这个过程中，由于受到沟通方式和条件的约束，往往会出现信息的丢失和错误解码，企业的产品依然有可能无法精确匹配消费者的需求。存在于消费者心中的需求信息是具有黏性的，企业要将这些信息转移过来需要花费巨大的成本，同时还要承担信息失真的风险。❶

现如今，随着互联网技术的发展，企业得以将价值创造的各个环节模块化，以较低的成本引导消费者参与到价值链的各个环节中，这其中就包括消费者开始逐步参与到产品的设计过程中。因为互联网技术的发展，使得消费者参与企业产品设计的成本降低，参与的便利性增强。战略大师普拉哈拉德等人在《消费者王朝：与消费者共创价值》一书中提出共创价值思想，认为企业不能再像以往那样进行单边思考和采取单边行动，因为价值不再只是由企业创造，而是通过与消费者交换不断地实现，价值是消费者与企业共同创造的产物。共创价值的核心思想是如何使消费者成为对等的问题解决者，使其作为一个集体去创造和获取价值。❷

二、消费者参与的产品设计

社会经济和技术的发展让信息和产品日益丰富，消费者不再是被动等待满足的群体，消费者已经由过去的被动接受转变为现在的主动参与者，他们希望

---

❶ 童韵，黄静，杨漾. 用户创新工具箱与顾客参与创新意愿[J]. 营销科学学报，2007，（3）：86-103.

❷ （印）普拉哈拉德，V.拉马斯瓦米.消费者王朝：与消费者共创价值[J].哈佛商业评论，2000，（1-2）：79-87.

通过互动参与到企业产品价值创造的过程中。企业应鼓励消费者参与并充分利用消费者能力来创建企业的竞争优势。消费者参与到企业产品设计之中使得企业和消费者直接相互融合和渗透，这样的融合和渗透对于企业来说，不仅减少企业在产品开发阶段的调查成本，缩短新产品的开发周期，使新产品更快上市，而且也使得企业更精确地把握消费者的需求，生产出契合消费者需求的产品，进而促进产品的销售，获取利润。另外，企业与消费者的这种融合和渗透对于消费者来说，不仅可以降低购买成本和使用成本，而且还可以获得更好的产品体验。现在很多企业已经意识到了消费者参与价值创造的重要性，并且开始利用数字技术等手段协助消费者完成产品设计的过程。

过去企业通过营销人员与消费者建立产品交易关系，消费者获得的各种体验主要发生在产品的流通领域。而随着互联网技术的发展，消费者获得各种体验不仅发生在产品的流通领域，而且也发生在产品的生产领域。数字技术逐步成熟让消费者有机会参与到产品设计之中，消费者可以根据自己的需求偏好向企业提出要求，消费者的需求不仅包括物质层面的需求，如产品的质量、功能、环境等，还有情感和精神层面的需求，如服务、互动过程等。消费者通过参与产品设计来使得企业的产品满足自身的物质层面以及精神层面的需求，并在参与产品设计的过程中获得愉悦感、成就感或欢乐感。另外，消费者参与产品设计使得消费者有机会与企业开发和市场部门都建立不同程度的友善的人际关系，消费者参与产品的设计不仅可以认识到企业价值观及企业的文化，增加对企业及员工的认同感，而且还可以使消费者增加购买产品和使用产品的成就感和快乐感，这些都促进了消费者体验的进一步发展。

三、极致体验玩转数字营销

一项事物到了极致，可能会产生异乎寻常的结果，数字营销也是。极致产品即是能够满足用户需求，让用户尖叫的产品。制造业、服务业面临着巨大的"互联网 +"势能和空间，需要与互联网融合。怎么打造极致体验，这是当今行业的难题。在当下，很多人想让消费者成为自家产品的"粉丝"，但粉丝经济更多的是从全程极致体验展开的，而这种极致体验的起点就是产品端。

所谓极致，就是将产品的外观、性能、体验甚至更新换代的速度，都做到企业能力的极限。只有那些做到极致、超出用户预期的单品，才能让用户尖叫，并为之买单。商家要在深入研究用户的基础上，让消费者感觉非常"爽"，制定出符合消费习惯的流程。比如微信之所以让用户感觉用得"舒服"，背后是有工程师们夜以继日地在诸如菜单、页面、按钮等各种小细节上"较劲儿"。

产品端的极致还体现在产品设计、包装等方面。雕爷牛腩吃面的碗就是"雕爷"在细节上较劲儿的结果：接触嘴的部分很薄，很光滑，但是其他部分厚且相对粗糙，这样人喝汤时，嘴唇接触的部分会有好的触感，但端碗时，碗的粗糙、厚重会给人以安全感，面碗在 8 点半方向的位置开一个拇指槽，端的时候更稳固，而在 1 点 20 方向的位置也开了一个槽，可以把筷子和勺卡在那里，喝汤时筷子和勺不会打在脸上。但是这样的碗需要订做，"雕爷"认为，诸如此类的细节决定了用户体验，因此这个成本不能省。

这就是互联网思维带给我们的，不仅仅是销售，从理念，包括团队的设计，以及我们的激励机制，我们都要按照移动互联网思维去设置，而不是照搬传统思维习惯。

其实，什么是用户体验的极致，不是用户说了算，一味"惯着"用户，什么都是免费大餐；而是市场的引导者说了算，将用户想到的、没想到的，你都先想到并做到了，让用户觉得你很先进，跟着你能提升其使用心理感受，那才是真正的极致。

第二节　经典案例

一、案例5　小米手机的产品创新

小米公司成立于 2010 年 4 月，是由著名天使投资人雷军带领创建的。小米公司是一家专注于智能产品自主研发的移动互联网公司。小米公司除了拥有小米手机外还拥有其他核心产品（图 3-1）：基于 Android 开发的第三方操作系统 MIUI，小米盒子、小米电视、小米路由器和小米平板等。小米的 LOGO 是一个"MI"形，是 Mobile Internet 的缩写，代表小米是一家移动互联网公司。另外，小米的 LOGO 倒过来是一个心字，少一个点，意味着小米要"让消费者省一点心"。小米崇尚创新、快速的互联网文化，"为发烧而生"是小米的产品理念。

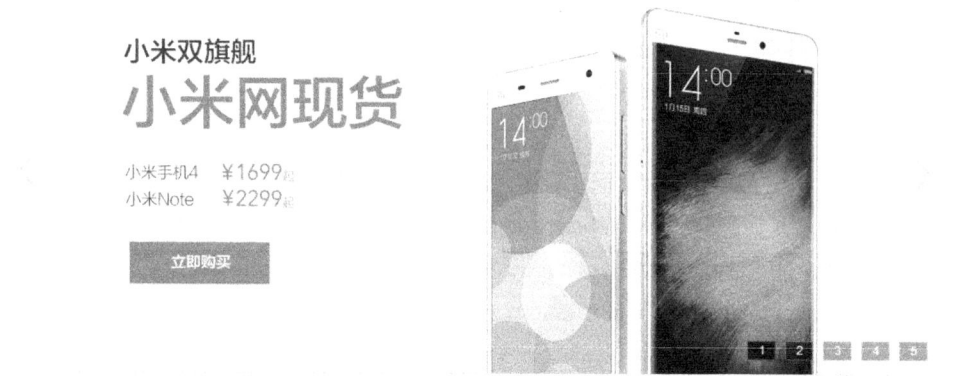

图3-1　小米官网截图

（来源：小米官网http://www.mi.com）

（一）有参与感的小米产品

从产品研发开始，小米就开放了 MIUI 系统和米聊论坛，让许多热爱科技的公众参与讨论，表达消费者对手机的需求和期望，这种"消费者参与产品研发"的互动，充分激发了消费者的兴趣，使消费者感受到小米对他们的尊重与重视。所以小米手机从最先开始的小米 M1 到现如今的小米 M5、小米 Max、小米 Note 等都很好地迎合了消费者的需求（图 3-2）。小米手机以高端的做工和舒适的手感，高性能的配置成功赢得了消费者的争相购买。另外，小米手机还自主研发了 MIUI 手机操作系统。这个系统是由 60 多万手机发烧友共同参与完成的，改进优化了 100 多处功能，同时 MIUI 还可以每周进行一次刷机，这样便让消费者可以更加便捷和顺畅地使用手机，大大提升了消费者的体验度。

图3-2　小米官网截图

（来源：小米官网http://www.mi.com）

（二）小米手机的不断创新

小米手机不断地通过微博、社区等方式听取消费者的需求与意见，从而让小米手机不断地根据消费者的需求和意见更新产品。小米手机从 M1 到 M5 都在不断创新，各种性能指标和硬件配置都在不断地提高以迎合消费者的需求。特别是小米 4，有了较大的创新，给消费者带来更为不一样的品质享受。小米手机 4 采用了高通骁龙 801 手机处理器，内含四个 Krait 400 2.5GHz 处理核心，运算速度提升 14%，性能更强大，能够出色地同时处理多个复杂任务。它的强大还体现在图像处理器速度较前代提升近一倍，这让拍照与录像都有了更多玩法和可能性。另外，它还内含一个 Hexagon DSP 核心，专门以超低功耗运行电影、音乐、拍照等任务。这意味着手机性能更强大的同时，手机续航能力的提升，即比以往更加持久耐用。

（三）互动沟通提升产品

小米在线上拥有自身的品牌社区——米聊社区。在小米社区中，每个小米手机消费者都拥有一个小米账号，从而有了新的身份——"米粉"。在小米社区，每天有数以千计的评价，有些是关于小米手机性能不够稳定、服务不够到位等问题。小米公司的相关人员每天都会认真查看这些评论，并一一把这些意见纳入到小米手机的产品设计之中，以求产品更好地满足消费者的需求，给消费者带来极致的体验。

小米公司有独立的微博账号，小米鼓励大家真正近距离地接触消费者，小米团队每天会花一个小时的时间回复微博上的评论。所有的工程师是否按时回复论坛上的帖子是工作考核的重要指标。小米通过微博互动了解消费者的所思所想，及时了解到小米手机存在的问题，从而更好地实现产品的设计与创新，给消费者带来更好的产品体验。

小米还开办了微信公众平台，使得消费者和企业能够一对一的沟通。小米通过微信平台探知消费者对小米手机的态度和需求，从而为小米手机的研制、创新、改进提供思路。

小米团队借助微博、微信、米聊社区等新媒体渠道与消费者进行沟通交流，这样一方面了解消费者的个性化需求，准确获取消费者的反馈，从而生产出个性化的产品与服务，以满足"米粉"们的需求。另一方面，可以提升消费者对小米品牌的参与感和认同感，维系和加强同消费者的情感纽带，使得双方的联系更紧密。

小米手机公司自2010年成立以来就不断地与消费者沟通，倾听消费者内心的声音，让消费者参与到产品的设计之中，不仅使得小米产品迎合消费者的需求，给消费者带来极致的体验，也使得小米的品牌知名度得到大大提升。现如今，小米手机发展势头越发猛烈，凭借着小米目前的发展速度，以及小米从手机到智能家居、智能可穿戴设备等领域的触及，未来两年小米将有可能超过百度成为中国第三家市值上千亿美元的互联网巨头。

二、案例6 不一样的餐馆——雕爷牛腩

雕爷牛腩第一家店于2012年在北京朝阳大悦城成立，主要经营新中式创意料理（图3-3），以牛腩菜品为主打菜，其烹饪牛腩的秘方是以500万元高价从周星驰电影《食神》中的原型人物——香港食神戴龙手中购得。雕爷牛腩是中国首家"轻奢餐"餐饮品牌，所谓"轻奢餐"，是介于快餐和正餐之间的用餐感受，比低价位的快餐要美味和优雅，又比豪华正餐节省金钱和时间。

（一）封测邀请尝美味

雕爷牛腩开业后没有像平常餐馆一样对外营业，而是用了半年的时间实行

"封测邀请制"。在"邀请制"期间，雕爷牛腩花费了1000万邀请了众多业界文化名人、微博大V、美食名家及演艺明星前来免费试吃，从饭前小菜到主菜再到甜品不一而足。雕爷牛腩利用"封测邀请制"把关于菜品的每一个BUG都一一解决掉，使得菜品不断升级优化。与此同时，也沉淀和挑选出比较优质的供应商。

（二）社交媒体找不足

雕爷牛腩把主菜、开胃小菜、沙拉、甜品看得一样重要，实时根据客户的需求更新菜品，每一样都做到精益求精。雕爷牛腩每天花大量的时间查看消费者在大众点评、微博、微信中的点评和建议。只要消费者在大众点评、微博、微信中有对菜品和服务不满的声音，雕爷牛腩就会马上回馈。比如，在菜品上，粉丝在社交媒体上反馈某道菜不好吃，这道菜可能从此从雕爷牛腩的餐桌上消失。

图3-3 雕爷牛腩官方网站截图

（来源：雕爷牛腩官网http://www.diaoye.net）

（三）让人尖叫的细节体验

雕爷牛腩为了迎合消费者的需求，提升消费者的用餐体验。在茶水和米饭上可谓是精益求精，雕爷牛腩餐厅为男性消费者专门提供西湖龙井、冻顶乌龙、茉莉香片、云南普洱四种茶水，味道从清到重，颜色从淡到浓，工艺从不发酵、半发酵到全发酵，这些全都是免费的。而女性消费者也可以在餐厅同时享受到薰衣草红茶、洋甘菊金莲花、洛神玫瑰三种花茶，它们分别有安神、舒缓和美容养颜之功效。口味从不甜到微甜，再到酸甜，这些茶同样可以不用付任何费用，而且可以无限续杯。就米饭来说，也很精致特别。三碗分别为：号称"世界米王"日本国宝级大米——日本越光稻。另一个是蟹田糙米——这种米，纯靠水田中的螃蟹形成生态循环，从不施人工肥，并且这种米还因为不深度加工，保留了更多营养物质，口感上粗犷豪迈。泰国香米——泰国五千年水稻种植史上的骄傲，这种长粒米拥有特殊的茉莉香气，和牛腩混合口味独特。和茶一样，米饭也可以无限量免费续添。

图3-4　雕爷牛腩（朝阳大悦城店）店面图片

（来源：大众点评网 http://www.dianping.com）

另外，雕爷牛腩餐厅在社交媒体上不断地与消费者形成互动，倾听他们内心的声音，根据消费者的需求来更换菜单，完善服务。雕爷牛腩给消费者带来极致的体验，使得其品牌产品在短时间内迅速地传播开来。

三、案例7　黄太吉煎饼果子的"酷"与"潮"

黄太吉煎饼是2012年7月创立的餐饮品牌，黄太吉卖的不只是普通的煎饼，更多的是消费者在购买煎饼过程中的体验。它用互联网思维改造了传统餐饮，大大地提升了消费者的体验。它在社交媒体上不断制造热门话题，如"开奔驰送煎饼外卖"、"外星人讲座"、"石头剪刀布"、"美女老板娘"等各种营销宣传，一时间把传统的煎饼果子变成了炙手可热的明星食品。自开业起仅半年内服务十几万人，销售了120万元的煎饼。

（一）丰富优质的产品

黄太吉煎饼（图3-5）为了迎合消费者需求，在品质上，坚持用无明矾现炸油条做馅，并开发了很多品种，不仅有东北卷饼、"麻辣个烫"和四川凉面，还有限量定时供应的秘制猪蹄，另外，黄太吉还为了迎合白领女孩的需求，特意开发了两款甜品：南瓜羹和紫薯芋头泥。整个产品系列中有主食、饮料、甜品，一应俱全。

（二）新潮时尚的环境与服务

黄太吉煎饼的目标消费者是白领阶层的消费者，为了使得产品迎合白领阶层消费者的需求，黄太吉煎饼让餐厅的环境和服务透出一番小资的情调。黄太吉煎饼在店面装潢上略带港式茶餐厅的格调（图3-6）；背景音乐包含了流行、爵士、蓝调等；店面陈设中除了盆景，还有来自世界各地的新奇玩意儿，比如来自华盛顿国家天文博物馆的阿波罗登月杯、来自巴黎的斑牛雕塑、来自日本的招财猫、来自纽约的爱因斯坦玩偶。此外店内还有各种接地气的文案宣传招贴，例如："所有汉堡、比萨都是纸老虎！""在这里，吃煎饼，喝豆腐脑思考人生。"另外还有一些招贴会提醒消费者怎么行车，怎样短停躲避罚款贴条等，而如果不幸停车被罚，老板会送上南瓜羹安慰。不仅如此，店内还提供无线上网服务，为消费者建立一个"分享"的环境和氛围，让消费者在用餐时就把自己"用餐经验"快速分享出去，传递给自己的朋友。另外，黄太吉将营业时间定为早上7点到夜里2点半，推出夜间同步外卖活动，并打出海报"夜的黑，我们懂"。黄太吉煎饼现在买了两台摩托和两辆跑车做送餐车用，他们把送餐箱子用各式各样有趣的贴纸贴上。种种这些体验让人们觉得在黄太吉吃煎饼果子和在星巴克喝咖啡一样有格调。

图3-5 黄太吉煎饼图片

（来源：石家庄黄太吉煎饼加盟 http://hot.36578.com）

图3-6 顾客在黄太吉吃煎饼喝豆腐脑

（来源：新浪博客 http://blog.sina.com.cn）

（三）互动出"真知"

消费者喜欢新奇有趣的玩意儿，为了迎合消费者的猎奇心理，每逢节假日，黄太吉都会用各种有趣的推广方式与消费者频繁互动：儿童节店员 Cosplay，"端午节不晴不快乐"的猪蹄广告，"爸气十足""父亲节带老爸来送煎饼"，这些都成为微博玩家分享新奇的"素材"，黄太吉让吃煎饼果子、喝豆腐脑、啃猪蹄成了一种时尚。

黄太吉在宣传上充分利用微信、微博等社交化媒体时不时抛出一些带有附着力的话题来，引发大家的讨论和围观，例如"煎饼店开进 CBD"、"老板开奔驰送煎饼"、"美女老板娘送餐"、"煎饼相对论公开课"等，这成为粉丝们津津乐道的话题。另外，从开业至今黄太吉共收到过7万多条微博评论，老板赫畅尽力做到在第一时间逐一回复每一条微博的评论，及时与消费者沟通互动，从而及时通过微博评论探知消费者对产品的看法与需求，进而对自身的产品进行优化。

黄太吉煎饼以优质的产品和新潮、酷炫的服务方式契合了白领消费者的需求，成功地赢得消费者的好感。另外，黄太吉煎饼利用社交媒体与消费者不断进行互动，从而探知出消费者的需求，进而根据消费者的需求制造出让消费者满意的产品。黄太吉把一件看起来很无聊的事情做得很有意思，把煎饼果子做成了一个品牌，把吃煎饼果子做成了一种时尚，让消费者感觉在黄太吉吃煎饼是一件很酷、很潮的事。黄太吉煎饼仅仅在半年时间内的销售额就达到了上百万元。

四、案例8　西少爷肉夹馍吃出好味道

西少爷肉夹馍是由数十名热爱西安美食的互联网、金融等领域从业者发起，主推西安美食，旨在让更多的人品尝到正宗的西安味道。西少爷肉夹馍的核心产品是陕西关中肉夹馍。其始终坚持"古法烤制"原则，保持关中肉夹馍的古老味道。西少爷的产品系列源于西安经典小吃，但又独具匠心，给顾客不一样的味觉体验。

（一）用机器创造优质产品

传统的肉夹馍都是炭火的工艺，加多少炭需要人工控制，温度要多少需要自己去感觉，这些人为的不可控因素很可能影响到食品的质量，这就是传统工作坊的缺陷了。为了解决这一问题，西少爷自主研发了工艺设备，用机器来制作食品，以使得食品可以标准化生产，避免不可控的人为因素的影响，保证产品的质量。西少爷在制作肉夹馍时，有一套标准化的制作程序，包括盐的多少、切肉碎度、馍的厚度与直径等，从而给消费者带来良好的味觉体验（图3-7）。根据新闻报道公布的数据显示，在开业前，西少爷肉夹馍用半年的时间进行了产品的研发，共用掉了5000斤面粉和2000斤肉料。

图3-7　西少爷肉夹馍店内一景

（来源：http://www.takefoto.cn）

（二）少而精的产品组合

西少爷肉夹馍制定了主食、单品、饮品三条产品线。每一条产品线短小精悍。

在开业之初，西少爷推出西少爷肉夹馍（图3-8）、健康蔬菜馍、岐山擀面皮和冰峰4款产品。后来在每个时间段推出少量新品来延伸产品线，西少爷现在在主食上主要有五款：西少爷夹馍、健康蔬菜馍、牛馍王、孜然肉夹馍，秘辣蔬菜馍，在单品上主要有三款：岐山擀面皮、西食堂小豆花和手打牛丸胡辣汤。饮品也主要有三种：冰峰、老西安酸梅汤和长安醇豆浆。西少爷将有限的资源进行了专一的聚焦，以少而精的产品的组合，集中力量开发最能满足消费者需求的产品。

图3-8　西少爷肉夹馍实物图片

（来源：http://www.91jm.com）

（三）快速更迭的产品

西少爷有一个体验消费者设计部门，他们每天会思考消费者的行为并改进产品体验。西少爷肉夹馍推出后，为了优化产品、提升口感，设计部门100天内完成了21次重要的改良。另外，西少爷还从销售到服务体验上不断地迭代优化。例如，在付款环节，为了让消费者更便捷的付款，西少爷开通了微信支付的服务。传统的支付方式需要消费者用手机对准商家提供的二维码，输入付款金额，再输入支付密码才能支付成功，西少爷与微信联合推出"免扫码＋免密码"的支付功能，消费者在打开微信钱包的刷卡界面，将刷卡二维码放置在收银台上的扫码上即可完成支付，很大程度上缩短了支付流程。后来，西少爷又将扫码枪换成了集多种功能于一身的智能POS机，这样便进一步优化了消费者的支付体验。又如，西少爷在每个桌子上都会放一个USB充电口，其实这样一个小小的改变，给白领消费者提供了极大的便利，因为到了吃中午饭时间，白领消费者开了一上午会手机很可能没电了，如果去西少爷就餐也就可以边吃饭边为手机充电，这样的改进给消费者带来了多一层的体验，自然贴近了消费者。

（四）小资情调的店面

西少爷肉夹馍的店铺都坐落在核心商业圈，分别在五道口、望京、中关村、朝阳大悦城等地。西少爷的店面以红色为主色调，装修华丽精致，带有时尚感，很有一番小资的情调。另外,西少爷的菜单不同于传统店铺的纸质菜单,而是依照西方快餐店的模式,以电子屏幕的形式悬挂在柜台的上头,方便消费者点餐,让消费者觉得在西少爷吃肉夹馍和在肯德基吃快餐是一样的感觉。

西少爷肉夹馍用互联网思维做产品,给消费者带来了极致的产品体验,成功实现了产品的销售与推广。西少爷开业不到一年的时间,累计销售了肉夹馍100多万份,店铺从一家扩展到五家,店面的面积也从10余平方米扩展到200余平方米,并且拥有将近一个亿的估值投资。

五、案例9 卓越的电动汽车——特斯拉

特斯拉汽车公司(Tesla Motors)成立于2003年,总部设在美国加州的硅谷地带。特斯拉致力于用最具创新力的技术,加速可持续交通的发展。特斯拉在技术上实现了可持续能源的供应,减少全球交通对石油的依赖;通过开放专利以及与其他汽车厂商合作,大力推动了纯电动汽车在全球的发展。与此同时,特斯拉电动汽车在质量、安全和性能方面均达到汽车行业的最高标准,并提供顶尖技术的空中升级等服务方式和完备的充电解决方案,为人们带来了极致的驾乘体验和完备的消费体验。

(一)优质完备的产品

特斯拉在全球无论是资本市场还是汽车界,都很火。经常有人将特斯拉跟苹果相比,确实,特斯拉产品做到了极简和极致。特斯拉汽车旗下的产品包含 TESLA Roadster、TESLA MODEL S 和 TESLA MODEL X。目前,特斯拉进入国内市场的 MODEL S,这款车可乘载 5 名成人,后备厢可乘载两名儿童。该车充满电可行驶 502 公里,而从 0 到 100 公里的加速时间仅为 5.6 秒,最高时速可达 200 公里,并且由于是电力驱动,得以实现零尾气排放。升级版 Model S Performance 加速到 100 公里时速仅需 4.4 秒,最高时速达 209 公里。MODEL S 这款车很好地迎合消费者的需求,给消费者带来极致的速度体验。而 Model X 这款车可坐 7 名成人,重心低于任何一款 SUV。如果配备 AWD,Model X Performance 从 0 到 60 英里(96.6 公里)的加速性能小于 5 秒。Model X 的"鸥翼门"(图 3-9)是其一大亮点,类似奔驰 SLSAMG。这种设计可显著减少车门开启时占

图3-9 特斯拉Model X "鸥翼门"设计

(来源:http://tech.hexun.com)

用的横向空间，给消费者带来便利的产品体验。不管是 MODEL S 还是 MODEL X 都很好地契合了消费者的需求，给消费者带来极致的产品体验。

（二）布局全面的充电网络

2014 年 9 月份，联通与特斯拉签署协议，在全国 20 个城市建设超级充电站，同时在 120 个城市的 400 个联通营业厅建立充电桩。目前特斯拉充电桩已经在上海松江、闵行等区域落地，未来计划在更多的营业厅网点部署该服务（图 3-10）。特斯拉的充电桩都是免费向特斯拉车主开放的，充电不用钱，也不需要办卡。特斯拉的充电桩站点在特拉斯官网和手机 APP 以及车载导航都能找到。另外，40 分钟就可以为一辆 P85 充 80% 的电量。不仅如此，目前每一辆在华销售的特斯拉汽车都搭载联通提供的车载通信 3G/4G 服务，像车载导航、多媒体娱乐服务都可以通过 3G 网络实现。另外，特斯拉还和仁恒置地、银泰集团、民生银行、香格里拉酒店集团等大型企业达成合作，计划共建充电桩、超级充电站等设施。这些企业线下实体网点资源丰富，而且大多数集中在市中心、CBD 商圈等核心区域。届时可以根据物业提供的建设条件，部署超级充电站或者小型充电桩，以便更快打通线下充电网络。

图3-10　特斯拉充电桩

（来源：http://www.niuche.com）

（三）让人"点赞"的售后

特斯拉为了迎合消费者的需求，更好地为消费者服务，采取直接更换部件的方式来维修。特斯拉的售后服务店更多是为车辆更换易损耗部件，比如雨刷器、刹车片、轮胎等。如果车辆零部件有损坏，售后服务中心全部选用更换新零部件的形式。另外，特斯拉 MODELS 整车质保是 4 年或 8 万公里，电池组质保期为 8 年或 16 万公里，其中电池组在使用过程中也不需要进行任何保养，出现质量问题特斯拉方面会直接采取更换方式。不仅如此，如果车辆在非官方售后服务点进行过保养或者更换如轮胎等部件，也不会影响整车和电池组的质保期。

特斯拉汽车自 2003 年上市以来，其优质的产品服务契合了消费者的需求，赢得了消费者好感，在短时间内引起了巨大的反响。电动汽车将成为中国汽车行业的发展方向，未来特斯拉在中国将进一步扩张。

第三节　案例点评

小米手机、雕爷牛腩、黄太吉煎饼、西少爷肉夹馍和特斯拉汽车都是新兴品牌。他们的产品都迎合了消费者的需求，给消费者带来极致的体验。于是，他们在短时间内迅速提升了销量，打开了市场。

一、高品质的产品开发与设计

小米公司作为一个只有六年发展历程的年轻互联网公司，在 2015 年的估值中达到了惊人的 460 亿美元，居世界第二，被称为为"全球最富的私人科技公司"。这背后，必然与其强大而高效的产品营销模式密不可分。

让我们从产品的源头说起，小米最早是从 MIUI 系统论坛累积口碑，从中选出 100 个人作为超级用户，参与 MIUI 的设计、研发、反馈等。这 100 人是 MIUI 操作系统的点火者，是小米粉丝文化的源头，也是其用户体验的"特别方法论"。纯靠口碑，第二个星期 200 人，第三个星期 400 人，第五个星期 800 人，一点点成长起来。在 2013 年 4 月 9 日的小米米粉节上，小米特别发布了一部专门为感谢那 100 个铁杆粉丝的微电影，名字就叫作《100 个梦想的赞助商》，把他们的名字一一投影到了大屏幕上，对他们表达了感谢。那一刻，他们中的很多人泪流满面。

小米构建了一个用户扭曲力场的"金字塔"，塔基是广大的用户。他们从微博、微信、事件营销等跟随参与小米的产品设计与开发活动，介入不深，但是一个强大的跟随者群体。金字塔的中间则是小米粉丝，这是一个关键的群体。小米能成功的另一大原因也有赖强悍又忠诚的米粉的支持。在小米成立之初，雷军制定了三条"军规"，其中最重要的一点就是"与米粉交朋友"。

"金字塔"的塔顶则是可以参与决策的发烧友。小米论坛里有一个神秘的组织——荣誉开发组，简称"荣组儿"，这是粉丝的最高级别。"荣组儿"可以提前试用未公布的开发版，然后对新系统进行评价，鉴别新版本是好的还是不好的，甚至有权力跟整个社区说："荣组儿"觉得这是一个烂板，大家不要升级。当荣组儿认定有些问题如果不改掉就判定为烂板时，小米的工程师们就会特别紧张，会尽快采取行动解决问题。

荣祖儿甚至会参与一些绝密型产品的开发，比如 MIUIV5。MIUI 负责人在"荣组儿"中选了 10 个用户，这些用户是久经考验的，他们是用户里面的"常委"。"荣组儿"这个组织自 2011 年下半年成立以来，并没有出现过任何泄密的情况。

可怕的米粉就是如此制造了一个强大的扭曲力场。但是，这个扭曲力场的源头还是产品。企业用极致思维进行产品设计及体验，即是不断地解决产品的痛点，不断地追求极致，让产品的体验超出用户的期待，让用户感到惊喜。正如雕爷牛腩的"天价配方"，名目上可能是一个噱头，但也正说明一个配方就值五百万，这个产品从这一点上就已经让部分消费者认为值得为它买单。

产品的品质决定消费者的感受。企业运用极致思维需要注意聚焦产品的"尖叫点"，保持对产品有关的核心功能的专注，不断地追求极致，适当做"减法"，减少产品中与核心功能联系不紧密的"尖叫点"，这样才能在用户心中形成一个独特鲜明的产品定位，从而实现企业的长远发展。企业用迭代思维进行产品设计及体验，在与用户不断地交互沟通中找出用户的需求点，然后快速根据用户需求点向市场推出产品，同时不断试错，从而不断完善和更新产品的设计及体验。

小米手机正是因为和用户处在平等的位置上，有用户参与手机的设计，才能不断满足需求又超出想象。迭代过程是一个创新的过程。企业运用迭代思维进行产品设计，更多的是从用户的细微需求出发，持续不断微创新，从而来实现企业的突破与发展。

二、极致的产品消费体验

高品质的产品开发与设计是追求极致，而极致的产品消费体验就是体验极致。

牛腩碗壁的厚薄虽不影响口感，但消费者体验到的感觉却大有不同。互联网的发展，让消费者有了表达自我需求的权利。企业和消费者的关系变得前所未有的密切。消费者与商家、企业之间构成了一种特殊、平等和自由的关系链，由此，"人"成了互联网时代的核心。❶

用户思维，简单来说，就是戳中用户心中的痛点，充分地满足用户的需求。❷简而言之，用户思维就是了解用户的人性化需求。现在用户的需求不仅仅是物质上的需求，还包括心理上的需求。用户思维要求企业在互动中了解并找准用户的痛点。

用户思维强调给予用户带来好的产品体验。好的用户体验是注重细节，能够让用户感知，并超出用户预期，给用户带来惊喜。这些细节指的是从消费者接触产品信息、到使用产品再到售后服务等每一个环节中的细节，简而言之，

❶ 金圣荣.颠覆世界的互联网思维[M].北京：中国经济出版社，2015:21.
❷ 赵大伟.互联网思维——独孤九剑[M].北京：机械工业出版社，2014:33.

就是企业与消费者的每一个品牌接触点。

品牌消费体验会很大程度地影响品牌社群的融入。有研究表明,体验、娱乐、表现欲、传递愉快及交流体验都会对消费者产生品牌认同、形成社群具有正向的影响作用。雕爷牛腩免费提供各种优质的茶水和来自各个国家的优质米饭,菜单也是根据顾客的需求每月一小换,每个季度一大换。这些服务都远远超出消费者的期待,好到让消费者想要"尖叫",给予顾客极致的产品体验。

极致思维是一种匠心精神,保持专注、追求极致,把产品和服务做到最好。超越用户的预期,给用户带来惊喜。在目标上专注极致,在资源上集中起来解决主要问题,在时间在花更多的精力,不断打磨,追求极致。最终不断地创造极致的产品,也就是让自己产品的消费体验做到无人可以超越的境界。企业运用极致思维需要企业找准消费者的"痛点"需求,力求解决用户"痛点",而后连续不断地解决在产品中存在的一个又一个"痛点",不断追求产品消费体验的极致。超出用户的期待和想象、给用户带来愉悦感受的消费体验,才是商家与用户之间的情感交流、维系的过程。

三、基于产品外延的社会体验

产品及其外延主要可以分为5个层次:第一,核心产品,即向消费者提供的产品基本效用和利益,是顾客真正要买的东西,也就是基本功能,是指设计的产品在达到其目的时的作用,即我们常说的"实用"。❶消费者购买某种产品,并不是为了占有或获得产品本身,而是为了获得能满足某种需要的效用或利益。不论是黄太吉煎饼果子,抑或西少爷肉夹馍,作为食品核心功能就在吃上。因而在产品整体概念中也是最基本、最主要的部分。

第二,有形产品,无论任何产品都是依靠一定的形式展现给消费者的,即核心产品的实现形式,向市场提供的产品的实体和形象,表现为产品的质量、材料、颜色、外观、造型以及包装等。

第三,期望产品,即企业提供的产品需要满足消费者在购买产品时期望产品所拥有的一切属性和条件,这种期望是企业对市场进行细分后的结果,也就是细分市场的消费者自身体验和经验总结的反映。比如消费者购买特斯拉时,期望该产品除了代步功能和一定的形式之外,还能够节能环保,可即时充电,企业所提供的产品能更换部分零件,有各种配置,从而满足消费者的期望。

第四,附加产品,消费者在购买有形产品时所获得的全部附加服务和利益,包括免费送货、产品保证、零配件供应、技术人员培训、安装、售后服务等。附加产品的概念来源于对市场需要的深入认识。比如小米"和米粉做朋友",小米给了一线客服很大的权利,在用户投诉或不爽的时候,客服有权根据自己的

---

❶ 张道一. 工业设计全书[M]. 南京:江苏科学技术出版社, 1997:1152.

判断，自行赠送贴膜或其他小配件。

第五，潜在产品，它预示着产品最终可能的所有增加和改变，这层含义既是指一个成熟产品在经过设计者和管理者的调查思考后有可能出现的任何变化而诞生的，同时也指另一个核心产品的新的理念和新的设想。比如每年特斯拉车展的概念车设计就是将原有产品可能出现的新的增加和改变进行可视化设计，同时也是提出新的概念、技术和功能，预示着下一个核心产品的可视化表现。

通过以上分析，我们不难发现，现代企业的产品竞争绝大部分都是围绕着产品外延进行的，往往是从一个层次为主或多个层次相结合进行的开发设计，以增加产品的竞争优势。比如：在核心功能趋同的情况下，手机类的 IT 产品主要是在有形产品、期望产品和附加产品的层面进行竞争，谁的形式更好，谁的设计更符合消费者的期望，谁的售后服务更有保障，谁就可以占领市场；而往往概念汽车类的交通工具产品则是在核心产品和潜在产品的层面上大做文章。

在正确认识产品的概念后，我们发现，通过对产品外延定义的解释已经将互联网时代企业竞争的核心内容揭示出来。实际上，现代企业的竞争就是在产品的核心功能趋同的情况下，不断地拓展产品的外延部分，更多、更合适地满足消费者在其自身体验、相互影响和文化积淀下的复杂利益整合的需要，谁能更好、更合适地拓展产品外延，谁就能拥有更多的消费者，占有市场，取得竞争优势。所以，拓展产品的外延已成为数字营销竞争的焦点所在，消费者对产品的期望价值也不再局限于产品本身，越来越多地包含了其所能提供的附加服务、品牌形象以及人文关怀等诸多方面。❶

四、极致的产品消费体验

互联网的发展让消费者有机会参与到产品设计之中，消费者可以根据自己的需求、偏好向企业提出要求，消费者的需求不仅包括产品本身，还包括产品的服务。消费者通过参与产品服务设计来满足自身的精神需求，以求获得更好的产品体验。

小米团队借助微博、微信、米聊社区等社交媒体与消费者进行互动沟通，在沟通中了解消费者对产品服务的需求。现如今，小米为了迎合消费者的需求，给消费者带来更好地体验，小米手机在全国都设立了维修点，并建立了一小时快修的服务，消费者可以在网上预约维修时间和提出相关的售后服务需求，这样便可以使得维修部提前为消费者准备详尽的处理方案，尽可能减少消费者的等待时间。另外，小米手机还有自己的电话人工客服，实现了与消费者一对一的沟通。种种产品服务给小米的消费者带来舒适、便利的体验感。

雕爷牛腩每天花大量的时间查看消费者在大众点评、微博和微信中的点评

---

❶ 王永贵.产品开发与管理[M].北京:清华大学出版社,2007:3.

和建议。在消费者的点评和建议中了解消费者对产品服务的需求，从而根据消费者的需求对自己的产品服务进行改善更新。雕爷牛腩为了迎合消费者的需求，给消费者带来极致的产品服务体验，在餐厅中为消费者免费提供优质的茶水。雕爷牛腩不仅有针对男性消费者的茶水，而且还有针对女性消费者的茶水，为男性提供的茶水味道从清到重，颜色从淡到浓，工艺从不发酵、半发酵到全发酵，为女性提供的茶水分别有安神、舒缓和美容养颜之功效，口味从不甜到微甜，再到酸甜。雕爷牛腩在服务上细节精益求精，给消费者带来了极致体验。

黄太吉煎饼在微博上与消费者进行互动，在互动中更加深刻地了解到消费者对黄太吉煎饼的服务需求。黄太吉煎饼为了迎合消费者的产品服务需求，在店内提供免费无线上网服务，消费者可以边吃煎饼边上网，还可以实时把自己"用餐经验"快速分享出去，传递给自己的朋友。另外，黄太吉推出夜间同步外卖活动，将营业时间定为早上7点到夜间两点半。不仅如此，黄太吉还买了两台摩托和两辆跑车做送餐车用，他们把送餐箱子用各式各样有趣的贴纸贴上。这些种种服务体验让消费者感到惊喜有趣，从而也提升了消费者对黄太吉煎饼的好感。

为了让消费者可以更为便捷地付款，迎合消费者服务上的需求，西少爷与微信联合推出"免扫码＋免密码"的支付功能，消费者打开微信钱包的刷卡界面，将刷卡二维码放置在收银台上的扫码仪枪上即可完成支付，很大程度上缩短了支付流程。后来，西少爷又将智能POS机来进一步优化支付环节，从而进一步提升消费者的体验。另外，西少爷在每个桌子上都会放一个USB充电口，这样就可以让消费者一边为手机充电，一边享受美食，这样的设置很好地迎合了消费者需求，给消费者带来了极致的享受和体验。

特斯拉汽车为了迎合消费者的服务需求，给消费者带来良好的产品服务体验，特斯拉汽车与联通、仁恒置地、银泰集团、民生银行、香格里拉酒店集团等大型企业达成合作，力图建立覆盖全国的充电桩网点，不仅让消费者可以随时随地免费充电，而且让每一辆在华销售的特斯拉汽车都搭载联通提供的车载通信3G/4G服务。另外，如果车辆部件有损坏，比如雨刷器、刹车片、轮胎等，售后服务中心全部选用更换新的部件，而不是维修。特斯拉汽车完善到位的服务契合了消费者的需求，给消费者带来极致的产品体验。

五、从产品的外延出发，做"产品＋"

产品的设施环境对消费者的体验有重要影响，所以企业也必须重视产品的设施环境给消费者带来的影响，让产品的设施环境迎合消费者的需求。互联网时代下，产品的设施环境不仅指包括产品的实体设施环境，还包括售卖产品的网站。良好的设施环境能给人带来良好的体验，让消费者对产品产生兴趣，最终促成对产品的购买。

小米手机为了满足充满活力、时尚、注重个性的目标消费者的需求，把小米官网的主色调设置为橘黄色，给人以活泼的感觉，与消费者的个性特征相对应，贴近消费者的需求。不仅如此，小米官网层次分明，便于操作，给人以良好的体验感。另外，高质量清晰的图片给网站又增添了一笔绚丽的色彩。消费者进入小米网站以后，可以感受到小米优质的网站环境，从而对小米手机产生信任感和好感，进而激发消费者的购买欲望。

雕爷牛腩为了迎合部分追求品质感的目标消费者的需求，把尤为重视餐厅的装修、照明、色彩、装饰物、音乐、陈列品相互配合、映衬，共同塑造出一种高档、古朴、神秘的就餐情调。另外，服务员都有蒙面，契合了雕爷牛腩神秘的气质。雕爷牛腩的环境给消费者带来良好的体验，让消费者对雕爷牛腩产生兴趣，进而促成菜品的销售。

黄太吉煎饼在店面装潢上略带港式茶餐厅的格调；背景音乐包含了流行、爵士、蓝调等；店面陈设中除了盆景，还有来自世界各地的新奇玩意儿和各种有趣的招贴，种种环境细节的巧妙设置让消费者的体验度得到大大提升，让消费者觉得在黄太吉吃煎饼如同星巴克喝咖啡一样有格调。

为了迎合白领消费者的需求，方便其购买，西少爷肉夹馍把店铺设置在了核心商业圈。西少爷的店面装修华丽精致，富有个性的同时不失时尚感，很有一番小资的情调。另外，西少爷的菜单像西方的快餐店一样以电子屏幕的形式悬挂在柜台的上面，在给消费者带来便利的同时也让消费者觉得在西少爷吃肉夹馍和在肯德基吃快餐一样有格调。环境和种种设施迎合了白领目标消费者的需求，提升了消费者的产品体验。

现今，特斯拉汽车在中国主要采取线上售卖的方式，特斯拉官网结构设置清晰，主要分为四个板块：超级充电站、咨询中心、MODELS 和 TESLAMODELX。网站结构简洁明了，便于操作，迎合了消费者的需求。另外，高清的汽车产品图片让人眼前一亮，仿如置身画面之中，给消费者带来身临其境的感觉。网站简洁明了的结构和高清的产品图片迎合了消费者的需求，给消费者带来极致的体验，让消费者产生购买产品的冲动。

消费者对产品的第一印象很大程度上是由设施和环境决定的，设施与环境就像有形的商品包装，可以方便或者阻碍产品的使用，也履行着对外传递信息的重要职能。互联网时代，产品的设施和环境更加需要迎合消费者的需求，给消费者带来良好的体验，才能让产品赢得市场。

第四章　消费者洞察：数字营销传播的关键节点

第一节　专业导航

一、消费者洞察

在新媒体时代里，由于市场经济的发展，商品与服务多品类化，买方市场已然在向卖方市场倾斜。消费者行为变得更复杂化，他们具备了更多的自主选择能力，有更多元的媒体消费行为。他们会通过多元化的途径获取自己想要的信息，这使得消费者逐渐掌握了主动权，而让习惯于掌控全局的营销人员变得无所适从。

于是，各大企业和营销人员都把消费者洞察当作在数字时代成功打动目标消费群体的关键。既通过对消费者心理和行为进行由表及里的研究后，发现消费者真实的需求与爱好，以找寻到最能解释消费者购买行为的深层因素。就像来自奥美公司的一句话："洞察是深入皮肤的，是深入了解事物背后的真相，从而创造灵感。"

消费者洞察是与消费行为相关的人性、文化、心理、情感态度的深刻认识，是对消费者行为和偏好的驱动力最为直接和有效的获取。在数字时代，消费者洞察不仅可以使数字营销的成本更加低廉，使信息的推送更为精准，同时能作用于人际传播和口碑传播，以病毒式传播的方式引起蝴蝶效应，为企业带来巨大的经济效益和社会效益。

然而，尽管不少营销专家和企业主们对消费者洞察高谈阔论，不少人对消费者洞察仍然存在误区：认为洞察就是观察，就是简单地观察消费者的所说所做。实际上这是错误的理解。真正的消费者洞察是不仅洞察消费者的实际需求，还要能挖掘隐藏需求。揭露表象背后的真实，通过潜移默化的方式在品牌和消费者之间建立起联系。同时最好的消费者洞察可以体现人性的真理，能够识别人的天性中那真挚淳朴的一面，以此发想和延伸，为产品的卖点塑造提供新鲜、独创、明确的方向。

通过对人性的洞察能够挖掘消费行为背后关键的因素，进而在消费者心智占据最佳的位置，推送更精准的信息。通过对人性的洞察，不断改进自己的产品和营销方式，使产品能够更加打动消费者，营销方式能够更加触动消费者的心灵。通过对人性的洞察也可以找到人性的共通，通过社群营销的方式打动一类人，激发社群内部进行分享和传播。这是一种发现新的市场机会、找到新的战略的战术，是一种提高营销成效和摆脱市场肉搏的有效途径。

二、人性的需求

那么如何对消费者进行人性的洞察？首先要研究不变的人性，即研究人性的普遍规律。美国广告大师霍普金斯说：人性是恒久的。在很多方面，今天的人性和凯撒时代的人性是一样的。人性中的固执和多变，人性中的美感和欲望，人性中的平淡和贪婪；人对荣誉和尊重的需要，人对安全和舒适的需要，人对地位和财富的期盼，人对未来和奇迹的期望。这些也都是消费者的共性。

其实很多时候，大多数人并不完全了解自己实际已经知道的东西，他们所表达的也并非完全是自己的真实意愿，因为很多思考和认知都是在无意识中进行的。因此，营销人员就是要挖掘出消费者这些潜在的无意识诉求，看到人的渴望期待和真正的自我，通过洞察消费者的科学方法和策略来实施，这样的营销才能更能中人下怀，动人心弦。

在数字营销传播时代，对人性的洞察无疑是强大的透镜。它帮助商家更加深刻地理解消费者，探索到消费行为的情感驱动因素。使产品同消费者更加关联，给消费者生活带来真正的意义，也让营销人员在营销战场上打出一场又一场漂亮的胜仗。

三、心灵的触动

如果说洞察人性的需求是作用在认知之前的，那么心灵的触动就是作用在认知之后。心灵的触动是消费者洞察的终极环节，它是在理性的调查研究之后，与消费者达到感性上的共振。

消费者洞察一定要达到心灵的触动，因为这不仅是产品在消费者心智上的有效定位，同时，还能通过触发消费者的心灵，来拉近品牌与消费者的距离。通过良性的互动，促使产品不断地改进，使产品更加贴合消费者的需求。

此外，品牌触发消费者心灵的触动还能有效触发消费者的二次传播，在消费者拥有产品的良好体验后，就使之自觉成为品牌的口碑传播者，为品牌推广达到了更好的效果。

第二节　经典案例

一、案例 10　桔子水晶酒店"把脉消费者"

桔子水晶酒店集团是专门服务于人们交通出行住宿的快捷酒店。根据大众

图4-1　桔子水晶酒店官网截图

（图片来源：http://www.juzijiudian.com）

需求的不同，桔子水晶酒店集团创建了两大品牌，分别是桔子酒店和桔子水晶酒店。桔子水晶酒店是桔子水晶酒店集团旗下的高端品牌，它的定位是另类五星级酒店，面向的是有一定消费能力的群体。桔子酒店则相当于三星级酒店的标准，是高性价比的中端品牌。2011年伊始，桔子水晶酒店进行了一系列的营销传播，打响了自己酒店的品牌，从诸多快捷酒店中脱颖而出。

（一）快捷酒店中的"优等生"

随着我国经济水平的不断发展，企业商务交流活动频繁，国内旅游市场日益火爆，一种新型的酒店业态——经济型酒店迎合了新的消费需求。经济型酒店是一种有限的服务酒店，与提供全面服务的高档次酒店形成鲜明的对照。它突出"小而专"的特色，常常把客房作为经营的绝对重点，目标消费群体一般是工薪阶层、商务人士、学生群体等，有极高的性价比。

不少商家看到了这块极具前景的市场，使经济型酒店在中国迅速扩张开来，如锦江之星、汉庭快捷酒店、七天连锁酒店等。此外，全球知名的经济型酒店品牌也开始进入中国市场，如温德姆集团的速8、洲际国际酒店集团的快捷假日、雅高集团的宜必思等。

桔子水晶酒店也觉察到了这种商机，衣食住行仍然是人们最基本的需求。根据马斯洛的需求理论可知，人们往往在满足了衣、食、住、行的基本需求后才会追求更高层次的需求。换而言之，这也是人们生活中必不可少的一部分，那么价格居中的酒店市场作为刚需，理应成为人们出门远行时的必要选择。于是在如此多的竞争者瓜分一块蛋糕的情况下，桔子水晶酒店仍然选择快捷酒店行业。

目前桔子水晶酒店已经遍布北京、南京、大连、杭州、青岛、连云港等18个城市。酒店的客房音响支持iPhone、iPod和iPad；设计上强调将经典和创新结合。隔音系统由清华大学声学所设计，保证安静睡眠，隔音超过大多数五星级酒店（图4-1）。

桔子水晶酒店以独特的洞见赢得了消费者的青睐，成为诸多快捷酒店中的"优等生"。

（二）窥探目标消费者的"隐喻源"。

人的行为像是暴露在海平面之上的冰山，一目了然。而人更多的行为意识隐藏在海平面之下，令人难以察觉。对人性的挖掘就像是发掘海平面之下冰山的特质，在无数的行为中找到有规律性的模式，看到人的渴望、期待和真正的自我，营销才能正中人下怀。

为此，萨尔特曼调查公司的两位总经理根据自己多年的从业经验提出了"隐喻源"的概念。他们认为来自世界各个角落、背景迥异的人们，都在使用相同且为数不多的隐喻进行思考，识别和了解这些隐喻源将能够有助于克服洞察缺失的问题，有助于挖掘消费者内心深处的诉求。

萨尔特曼调查公司指出有七大"隐喻源"：平衡、转变、旅程、容器、关联、资源和控制。其中平衡包含有均衡、调整、保持和抵消各种作用力，以及事物本应有的状态的意思。桔子水晶酒店成功窥探到了目标消费者的"隐喻源"，通过极致的体验，满足消费者对品质的"平衡"。

随着旅游行业的迅速发展，酒店作为人们出行住宿的必备。人们除了满足酒店给自己带来的实用需求之外，对品质的要求也越来越高。但是年轻一批的消费群体并没有足够的成本去星级酒店进行消费，又往往存在虚荣心理，看到周围的人有机会住高档酒店，体验高品质的服务，就会心理失衡。

桔子水晶酒店看到了年轻消费群体的需求，按照国际五星级酒店标准进行设计。虽然是快捷酒店，但它的环境、房间的布置完全是五星级的标准，有时候甚至比五星级酒店的布置更为精细。房间内有大屏幕的液晶电视，所有房间均可以和客房的高端音响系统、电视等直接相连，带给消费者最便捷完美的体验。

在提供完美的环境的基础上，桔子水晶酒店还能在住宿费用上做到最经济实惠。省去了大酒店的健身房、游泳池、大宴会厅、大餐厅等设施，将主要的费用放在房间环境的打造上，从而为顾客提供最高性价比的体验。

此外，桔子水晶酒店还通过产品个性化满足消费者对美的诉求。为了最大程度吸引顾客，桔子水晶的每家酒店均由两位美国设计师 Amy 和 Zen 精心设计。桔子水晶在选址上，经常选择一些旧建筑进行艺术改造，为每家桔子水晶打造出不一样的风格。从"后现代"到美国 20 世纪 60 年代的 Pop Culture 再到地中海风格，不一样的桔子水晶酒店带给人们的是完全不同的感受。不规矩的错层房间、房间内的榻榻米和带阳台伞的房间这些细节都是消费者所热爱的。

（三）六次微电影变法，洞察受众真正喜好

古话说"酒香不怕巷子深"，但是在数字时代，没有合理的营销推广方式，在众多产品和品牌中消费者难以注意到。但是一味叫嚣也只会增添消费者的厌烦感，于是桔子水晶酒店采取微电影的营销方式，给营销创造了奇迹。

近几年微电影广告作为互动的广告模式应运而生，它依托微电影的迅猛发展趋势，这种方式极大地满足了娱乐化、碎片化的受众需求，同时也大大改善了广告传播中受众的被动心态，营造了一种受众和广告积极互动的和谐画面。

然而，并不是每一个采取了微电影营销的企业都能成功，要真正把脉消费者，

制作消费者喜欢的内容才能获得成功。为此桔子水晶酒店先后进行了六次尝试，电影内容主题包括科学、经济、文艺、搞笑、暴力、流氓，最终找到了打动消费者的推广路线，得到了广泛的好评。

其实一开始并非是一帆风顺的。在尝试科学路线以及社交媒体的经济路线时，桔子水晶酒店发现常规的推广方式并不能很好地吸引消费者的关注，因为这两种方式都是想当然地从酒店产品本身的角度出发，而没有换位于消费者，然而消费者才是产品最终的使用者。因此，桔子水晶酒店准备从消费者出发，实行涉及一系列符合消费者需求的营销方式。

为了能制作真正打动消费者的内容，在准备拍摄微电影的时候，桔子水晶酒店特意对消费者感兴趣的话题进行了一个调查。发现80后、90后这部分群体对"星座"这样的话题感兴趣。

2011年，桔子水晶酒店结合星座话题推出"性与爱"系列的短视频。视频内容是根据每一个星座男的特点，刻画出了12个男人在酒店内发生的各种小故事。视频当中有一篇大量植入客房音响效果，以情带景，希望观众注意到音响营造的浪漫气氛。

事实证明，传播效果非常不错。从2011年5月31日开播第一季以来，每周一季，每周一上午10点播出，连续12周，让网友形成了强烈期待。最终视频传播超过5000万次，微博转发累计超过50万次，让经营了四年的桔子水晶酒店声名远扬。

这个视频得以成功，就是因为视频内容符合人性。人性当中普遍存在一种窥探欲，即越避讳如深的话题，人们越感兴趣。视频中的"性爱"话题具有这种神秘的吸引力，吸引大家窥探，同时加之星座这个富有社会普遍价值的话题，更容易吸引大家关注。

但值得注意的是，搞笑路线能够给产品带来高曝光率，但是由于商家没有把自己的诉求点精准地传达给用户，从而无法达到高转化率。但桔子水晶酒店的这次微电影的尝试，使桔子水晶酒店尝到了甜头。

于是桔子水晶酒店加入了品牌的特色，用重口味吸引人们的注意力。走"流氓美学"路线，强调"隔音，安静"。这样的一个尝试最终赢得了消费者的好评，给桔子水晶酒店带来了效益。

（四）展示企业元素，触发消费者感官体验欲望

传统的企业为了抓住消费者的关注，一味制造一些跟企业无关的恶搞或煽情内容。这样的内容不仅没有实现消费者的转化率，甚至不能真正向消费者展示自己的产品。桔子水晶酒店运用恰如其分的艺术手法给酒店塑造了另类美的气息。这样的方式既不会生硬地向消费者传递酒店的商业信息，让消费者产生厌倦感，又可以激发消费者的感官体验，吸引消费者的体验。

例如在星座的微电影中，观众可以直观地感觉到桔子水晶酒店的特点，例如大浴缸在落地窗前、设施的高科技感、环境的温馨等。催使消费者入住体验，同样在其他的平面广告中，酒店也会把自己的优势和特色告知给消费者。通过直观、动态的过程告知用户客房隔音、客房音响、蓝牙连接客房影院等酒店特色。

桔子水晶酒店通过洞察消费者真正的需求，使入住率达到 100% 的提升，房间从一开始的空闲变得开始紧张起来，很多消费者甚至抱怨没有空房。所有取得的成功都要归于桔子水晶酒店通过它不断的市场反馈和创意尝试，同时桔子水晶酒店对人性的洞察也是独到的，成为众多企业抓住消费者心理的成功范本。

二、案例 11　三只松鼠"互联网坚果的 NO.1"

三只松鼠是第一个互联网森林食品品牌，它隶属于安徽三只松鼠电子商务有限公司。该公司成立于 2012 年，是一家以坚果、干果、茶叶等森林食品的研发、分装及网络自有 B2C 品牌销售的现代化新型企业。"三只松鼠"品牌一经推出，立刻受到了风险投资机构的青睐，先后获得 IDG 的 150 万美金 A 轮天使投资和今日资本的 600 万美元 B 轮投资。

（一）新鲜优质的坚果仁

三只松鼠的主打产品是坚果类产品，定位于"森林系"，倡导"慢食快活"的生活方式，它的食品有着天然、新鲜以及非过度加工等特点。

以往许多消费者在食用坚果的时候常常会遇到这样的情况：很难剥开坚果，好不容易剥开的时候，放入嘴里，一股苦涩的味道涌上味蕾。但是这诸多细节都让消费者像是"哑巴吃黄连，有苦说不出"。有质量保证的坚果品牌成为一块待开发的市场。三只松鼠的创始人章燎原察觉到了消费者的需求，在淘宝上创立了自己的品牌。他所创立的品牌无论从口感还是细节上都极大地迎合现代人对优雅、精致、时尚的生活品质的追求（图 4-2）。

图4-2　三只松鼠品牌商标

（图片来源：三只松鼠食品官网http://www.3songshu.com）

为了保证产品质量，"三只松鼠"在全国范围内寻找产品的原产地，统一采取订单式合作，并提前支付预付款。原材料收购之后，委托当地企业生产加工成半成品，每一家厂商不生产超过两样产品，然后经过"三只松鼠"检测的半成品被送回封装工厂中，或存于冷库中，或保存在 20 度恒温的全封闭车间中。消费者要购买时再从冷库中拿出来，保证了商品从生产出来到卖给消费者的时间差不超过一个月，而以前厂家生产的产品先是被代理商放在仓库里，然后被二级代理商放到超市里，最后到顾客手上起码 3 个月。三只松鼠这样的做法大大减少了货架期，保证了食品的新鲜度。

另外，"三只松鼠"为了保证质量，还坚持拒绝分销，既不做线下分销，也不做线上分销。因为分销必然增加发货环节，从而会影响产品的新鲜度。这样的做法保证了"三只松鼠"产品的质量，也使消费者对产品口感体验过一次就产生好感。

（二）萌的无节操的"三只松鼠"

此外，"三只松鼠"所创立的品牌形象也是吸引消费者的关键。这个形象无疑成为"三只松鼠"能够成为消费者喜爱的关键。创立者章燎原表示，在创立品牌之初，就考虑到使用互联网购物的绝大多数还是年轻的消费群体，年轻的消费群体对什么感兴趣呢？无非是可爱的，能给生活中带来趣味的东西。章燎原首先想到了松鼠。因为松鼠是吃坚果的，而且松鼠是小动物，满足年轻消费者的需求。于是，章燎原打造了三只松鼠的形象，使"萌货"包装袋也是广告袋，包装袋上有三只松鼠的各种介绍，让消费者很容易认识到各种相关信息。

"无节操、求包养"成为三只松鼠的显著符号。

章燎原在包装袋上添加了三只松鼠的形象，并有着各种关于三只松鼠的信息。为使松鼠的形象更加活灵活现，章燎原还在客服上做足了功夫。当消费者打开服务窗口，首先看到客服给你发来的信息："主人小松鼠在的哦，欢迎您光临松鼠家呢，鼠闹闹知道主人要来了，就马上快马加鞭地赶来啦，有什么问题需要咨询的都可以先留言哦，么么哒"。客服以松鼠卖萌的口吻与顾客进行沟通，让顾客产生亲切感，仿佛真的和一只小松鼠在对话。"主人，您在松鼠家订购的森林食品，鼠小箱已穿戴整齐，快马加鞭向您狂奔而来了哦～耐心等下哟，满意记得给 5 分哦～嘻嘻～，退订回复 TD"每一个在三只松鼠家订购产品的消费者都能收到这样的信息。

为此，章燎原还特意撰写了一本一万多字的"松鼠客服秘籍"。在这本秘籍里客服人员被告知，他们的任务就是扮演一只讨主人喜欢的松鼠。这极大地迎合了都市消费人群的需求。他们在物资丰富的这几年，高压力生活节奏进入一种临界点，对能放松下情绪，会心一笑的应景故事是认可度很高的。

（三）超出预期的服务体验

在互联网时代下,商家给消费者带来的应该是极致的体验。尤其是食品行业,消费者有很多选择, 可以到实体店面购买, 也可以在网上选择其他的品牌。

三只松鼠致力于给消费者带来超出预期的服务体验。消费者在下单时,有大面积的店头广告, 各种促销展示, 价格比其他同类产品低很多;物流中, 有温馨的封口语, 有小纸条提醒送货的哥哥姐姐轻拿轻放;到顾客手里, 有配送的果壳袋和湿纸巾, 为消费者在吃的过程中随时提供方便;消费者开袋吃后,发现每个食品袋里都有一个封口夹, 吃不了可随时方便保留。令你想不到的还有袋子里备好的擦手湿巾, 使吃之前可以不用去洗手。当你收到产品的时候, 还有赠送的萌萌的松鼠卡片和发票单。包装袋也是广告袋, 包装袋上有三只松鼠的各种介绍, 让消费者很容易认识到各种相关信息。可以说是为消费者品尝过程的每一个环节都提供了恰到好处的服务。

这些细节都是帮助三只松鼠销售额增长的关键。有数据显示, 三只松鼠的重复购买率约为 30%, 口碑转化率超过 20%。在这个互联网时代, 打动消费者最好的办法就是让产品超过消费者的预期。

（四）售后服务的人性化

为了把人性化的服务坚持到底,“三只松鼠” 还利用技术手段跟进。三只松鼠有一套基于互联网技术的大数据系统。系统每天把顾客评价用关键词筛选出来, 得出一些结论, 哪些产品和服务不好、哪些产品和服务还有待改善, 然后传递到相应的部门进行改进。例如, 消费者说籽粒太小、口味不适合、椒盐味太重等, 他们就立刻针对消费者的反馈信息来改进产品;如果消费者说物流发货太慢, 他们就会调整快递公司。

“三只松鼠” 以互联网技术为依托, 利用 B2C 平台实行线上销售。凭借这种销售模式,“三只松鼠” 迅速开创了一个以食品产品的快速、新鲜的新型食品零售模式。这种特有的商业模式缩短了商家与客户的距离,确保让客户享受到新鲜、完美的食品。

“三只松鼠” 用新鲜优质的坚果赢得了用户的好感, 用体贴和超出预期的服务让顾客惊喜, 从而实现了品牌在短时间内的迅速传播和销售。

“三只松鼠” 在淘宝天猫仅仅上线 65 天, 其销售量在坚果行业跃居第一名。2012 年 11 月 11 日, 上线仅 4 个多月的三只松鼠旗舰店当日成交额近 800 万,一举夺得坚果零食类冠军的宝座, 并且成功在约定时间内发完近 10 万笔订单。它迅猛的发展速度创造了中国电子商务历史上的一个奇迹。2013 年 “三只松鼠” 的坚果销售额超过 3 亿元。三只松鼠正在成为一家实力雄厚的互联网电商食品领导品牌。

第三节　案例点评

不少人认为互联网时代营销的成功具有偶然性，桔子水晶酒店和三只松鼠的成功却以鲜活的事实告诉人们这种偶然性的背后一定存在着必然性，而洞察消费者的真实需求就是这种必然性的根本驱使动因，通过隐形科学的方式进行营销是数字营销真正的注脚。

一、深刻的洞察，人性的把握

营销的最高境界是在可持续的前提下对人性的洞见和包容，因此要对人性的特点有深刻的把握。人本主义和人文关怀式的营销是营销之下对人性的洞见。

现代人倡导的是一种轻奢式的生活方式。轻奢，顾名思义，即"轻度的奢侈"。在愈演愈烈的奢侈品风暴的洗礼下，人们都可以在其中轻松体会轻奢。消费能力虽不足以与一掷千金的富豪相提并论，但对于大牌的喜爱与忠诚却丝毫不逊于前者。

对于都市人来说，轻奢只是一种更尊重生活品质的生活方式，与财富多寡、地位高低无关，它代表着对高品质生活细节的追求。轻奢生活的现代意义在于可以提升品位、提升身份认同感。

桔子水晶酒店和三只松鼠在创立品牌的时候都察觉到了这部分目标消费群体的特征，因此打造的产品也是富有个性化却又不失品质的。桔子水晶酒店通过高配置和独特的外观设计给消费者营造了一种另类美的环境，这种差异化的定位恰恰迎合了都市人个性化的性格特征。三只松鼠则塑造了一个可爱的松鼠的品牌形象，这种新鲜时尚的品牌形象的确一上市就受到人们的追捧。即使打造了这样的品牌形象，高品质的产品也满足了年轻人对品质的追求。

二、缜密的分析，人性的洞见

除了做有人文情怀的营销外，科学缜密的市场分析也是关键。消费者即人，是世界上最复杂的动物，在进行市场调查的短暂的沟通过程中，尤其是在与陌生人的沟通中，他们往往表现出多变性和掩饰性，往往言不由衷。要探索他们真实的内心世界，并不是一件简单的事情。此时，对人性的观察、体味和把握则是消费者研究的最大支持。有效的调查以及缜密的市场分析也能使对人性的洞见更为科学。

桔子水晶酒店通过对市场精准的分析以及科学的数据分析，掌握了酒店行业的实质，把脉到目前消费者对快捷酒店的需求。紧接着从实用需求层面提炼出产品的特性——另类美，激发消费者的另类需求。用另类的营销方式向消费者展现了酒店的另类美，激发消费者对于美的诉求。这不仅满足了现代社会人们对于美的不同需求，也满足了人们对于夸张的需求。

三只松鼠在创立之初，"萌"并不在三只松鼠创立的字典里。创始人章燎原表示，最初是希望品牌能够高端一点，形象可爱，但不要过度可爱。可是在无数次你来我往的微博互动中，三只松鼠被改成今天的样子。每一个消费者都可以被称为"主人"，赤裸裸地将自己化身为小松鼠，于是这种萌得无节操得松鼠形象一上市，就受到广大消费者的喜爱。此外，三只松鼠还用微博和微信来征求消费者到底喜欢什么礼物，这使所送的礼物更能打动消费者。

三、优质的内容，人心的打动

除此之外，一个好的内容也是触动消费者心灵的关键。在互联网时代，内容仍然是至关重要的。要制造能够引起人性共鸣的东西，这样才能激发消费者的分享。

桔子水晶酒店从产品内容到微电影营销的内容都极具有吸引力。从微电影营销的内容上看，六次不断的尝试和摸索找到了能够引爆消费者分享的内容，使得桔子水晶酒店短时间从众多连锁酒店中脱颖而出。从刻板的科学路线和经济路线，到后来吸引消费者关注的文艺路线和搞笑路线，最后到真正触动消费者心灵的另类美学、流氓美学。经过不断的尝试，桔子水晶酒店制作了 12 星座微电影，成功"引爆"社交媒体。从产品内容上看，桔子水晶酒店的个性化定位和它的美学特征极大地满足了新一代消费群体的平衡诉求，成为酒店其立足的制胜法宝。

三只松鼠的成功之处也在于自己的产品符合了消费者的需求。从产品本身的口感来说，它迎合了网购一族的消费群体对于品质的追求。三只松鼠在创立之初为了保证产品质量，给消费者最完美的口感，精心甄选产品。此外，产品代言人的选择也十分重要。对于快消品行业来说，产品本身是支撑消费者持续购买的基础，但是一开始就拥有吸人眼球的品牌形象很重要。三只松鼠活泼可爱的形象符合年轻一代的消费群体对于青春时尚的追求，为年轻人所热爱。

四、灵活的传播，心灵的触动

一种触动人心灵的传播方式可以有效地建立品牌与受众之间的情感纽带，极大地满足消费者的感官享受，是后现代主义社会人们喜闻乐见的方式，这种方式是对现代人情感需求的洞察。

在新媒体时代下，传统的说教式的传播方式日渐式微，人们不再喜欢生硬的传播方式，而喜欢多元、缓和、亲切的传播方式。桔子水晶酒店洞察到了这一点，采取了微电影的营销方式，这样的方式有效地满足了现代人的碎片化、可视化的阅读习惯，于是桔子水晶酒店制作了 12 星座的微电影视频。这种微电影营销方式能巧妙地将酒店的产品功能和品牌理念与微电影的故事情节相结合，恰如其分地做到淡化酒店产品与服务，使观众形成对品牌的认同感，从而凸显企业的品牌形象。另一方面，让消费者不局限于产品曝光或产品本身炫目的体验，让观众萌生品牌向往，从而衍生对酒店品牌价值的认同。事实上，这种将酒店品牌体验从产品体验上升到情绪体验，甚至上升到精神高度正是酒店微电影营销模式的精髓所在。

三只松鼠采取的是故事营销的方式，塑造了一个三只松鼠的品牌形象，用活泼可爱的松鼠的形象向每一个体验的消费者讲述自己的品牌故事，这样一来既避免了生硬的文本方式带给消费者的厌烦感，又以一种新鲜的方式吸引消费者进行体验。

五、深度的参与，人性的回归

"参与感是用户思维最重要的体验"，小米创始人雷军这样认为。在人性中有一种被人认可和害怕孤立的心理特征，而参与感能够让人和人对话，让消费者深度参与，这是对人性的回归。桔子水晶酒店和三只松鼠都采用了合理的方式作为自己产品的推广点，使消费者深度参与，增加消费者的存在感。

桔子水晶酒店制作微电影，为增加消费者的参与感，采取了自我传播和联合传播的方法。在自我传播方面，将播出和发布时间固定化，让观众看到预告后产生一种期待心理，尤其是对自己感兴趣的内容，同时鼓励网友转发、评论，并设置相应的问题与网友互动，让网友们深度参与。联合传播方面，主要依靠微博上的意见领袖，通过意见领袖转发、评论，发动他们的大量粉丝，借助自己的言行间接吸引各自粉丝的参与，从而为自己的营销又加了一把火。

三只松鼠则在客服上下足了功夫，把自己化身为一只活泼可爱的小松鼠，与每一个购买产品的消费者进行沟通对话。消费者被亲切地称呼为"主人"。这样的方式，让消费者有一种真的养了一只小松鼠的感觉。有的消费者还称自己即使没有购买产品的时候，也习惯性地和客服进行对话，就是想要享受一下被小松鼠称为"主人"的感觉，这种极强的参与感使得三只松鼠从同类的坚果产品中脱颖而出。

因此在数字营销当中，要脱离由产品定位的桎梏转向消费者的"攻心为上"，把对消费者的人性研究当做数字营销的终极战场。因为，营销的未来是对人性的回归。

第五章 创意"引爆"数字营销传播

第一节 专业导航

一、创意的灵感

创意是一种对现实存在的理解以及认知，是一种通过创新思维意识，进一步挖掘和激活资源组合方式进而提升资源价值的方法。它一般不改变对象的本体存在，但可以改变其存在的方式以及人们的感知方式，在传播层面上强化利益感、美感和超越感。

在人们的本性当中，都有一种猎奇的心理。创意就是用奇来吸引大众的关注与参与，相对隐秘地传达了品牌信息，起到了润物细无声的效果，因而成为众多企业和品牌成功的捷径。尤其是我们已经处于一个物质和信息都极为丰富的时代：产品同质化、产能过剩、供求失衡、信息爆炸、注意力稀缺……人们已经没有时间去关注"深闺"的产品，创意赋予产品这种"吸睛"大法，使一个品牌在一夜之间家喻户晓。

在数字营销传播的过程中，创意的重要性超越了以往任何时期，因为它可以凸显产品的特质将偶然的客户变成一个忠实的拥护者。它也能使人们在一片混乱中注意到企业的产品，并帮助完成销售和交易。通过创意可以改变既有的观念、定义和形象，以拢聚人们的价值想象，使产品、品牌乃至产业的附加值得以提升。

就像马尔科姆格拉德威尔在其著作《引爆点》一书中所认为的，思想、行为、信息以及产品常常会像传染病暴发一样，迅速传播蔓延，它暴发的那一刻，即达到临界水平，就是一个引爆点。只要这个引爆点一触即发，就能使这个品牌产生摧枯拉朽的影响力。因此，创意引爆潮流成为商家和企业主在互联网背景下的取胜之道。

数字营销传播过程中的创意是一种具有创造性的思维活动，是业主根据内部条件与外部条件的联系，通过丰富的联想找出一个解决问题的契机，其主要特点是创造性。它能够在无意识的情况下，给人们意想不到的创造。然而，在人们大谈创意概念的时候，我们也要知道：即使是无意识的行为，创意的生成绝非偶然，而是一个循序渐进的过程。要掌握一系列的原则和方法才能够真正激发出"大创意"。

二、创意开启消费者"心智"

传统的创意法则认为创意的生成是查找旧元素的新组合，进行头脑消化的过程，然后持续思考就能产生创意。然而，在数字营销时代，更凸显工具的重要性。依靠社交媒体进行的创意，可以有效激发人们对于创意分享的欲望，引发病毒式传播，进而在短时间内达到很好的效益。

在激发创意的灵感的过程中，开启消费者的"心智"是第一要务。它是一种对消费者心理的洞察，"只有在消费者心智中占据了一个重要位置，品牌才可能拥有长久的生命力。品牌传播活动要在合适的时候，对合适的对象用合适的方式说出合适的话，要帮助品牌在消费者大脑中占据一个位置，要"在人们的大脑里留下不可磨灭的讯息"。

消费者选择自己大脑中的品牌阶梯的第一位或是前几位进行购买，他们对这样的品牌产生依赖，等到有需要时，就会自动联想起偏好品牌。因此，消费者的心智是品牌创意首先要解决的问题。

此外，创意不仅能短时间内吸引消费者的关注，对产品和服务产生巨大的作用，对于品牌的塑造和维护也同样起不可忽略的重要作用。就像智威汤逊广告公司的一名经理说的："创意能引导消费者以新的眼光去观察做广告的产品和服务。创意能使消费者停下来甚至目瞪口呆。在一百多年的公司历史中，我们一再地感受到，有创意的广告是真正起作用的，而且能经受住时间的考验"。

三、新媒体与创意发想

新媒体技术的发展与社会化媒体的崛起冲击了传统的大众媒体，大众信息传播时代逐步过渡到自主信息传播时代。与传统大众媒体的主导性传播不同，社会化媒体改变了从传播者到消费者的单向传播，改变了消费者被动接收的状态，水平化了消费者与传播者的传播地位。人们相互告知信息、分享信息成为一种新的传播形式。自主信息传播环境下，消费者正在成为社会化的消费者。对于品牌来说，这种变化是翻天覆地的：从独白到对白再到对话与交互传播和双向沟通，品牌同消费者的关系正在改变。❶

在这样的情境中，如何创新地应用新媒体，成为新媒体时代创意能否取得成功的关键。广告的创意通过新技术可以真正实现拉近品牌和消费者的距离，它可以将产品开发、品牌创意和用户体验更加有机地结合，也可以通过最新的

❶ 参见程明，张常国.品牌归于管理——新时代的战略品牌观与品牌运作法则[M].北京：人民出版社，2015：108.

数字技术,通过差异化的品牌信息传递带给受众独特的体验,展现品牌的独特个性。

越来越多的品牌推广也学会了运用新媒体,但是单纯运用传统媒体推广,抑或是将所有资源放在新媒体上都是不正确的。应该是有选择性地将传统媒体和新媒体结合起来,利用传统媒体引起消费者的注意,再巧妙地将消费者吸引到网络平台上来,在线上线下的互动中增加消费者对于品牌的了解。

第二节 经典案例

一、案例12 电影《老男孩之猛龙过江》的"洗脑神曲"

《老男孩之猛龙过江》是由北京儒意欣欣影业投资有限公司、乐视影业(北京)有限公司、优酷出品三方联袂打造,由肖央编剧、执导,香港导演李仁港监制,"筷子兄弟"肖央、王太利联手出演的电影。电影讲述的是肖大宝和王小帅勇闯美国追求音乐梦想,却意外遭遇了黑帮、追杀等一系列离奇事件,是前一部微电影《老男孩》从风格和故事上的延续。

(一)再创票房新神话

《老男孩》是优酷出品推出的"11度青春"系列微电影。2010年,该电影作为其中的一支,一经上线迅速席卷网络,在优酷创下了震惊互联网的7977万次播放量,全网播放量保守估计超过亿次,同时豆瓣网上近二十万网民投票,给出了国产电影少有的高分8.5分,它掀起了全民怀旧潮。经历五年的制作和沉淀,电影《老男孩猛龙过江》对《老男孩》品牌再开发,于2014年7月10日登陆全国院线。电影以荒诞而富有戏剧性的故事情节再次获得了好评(图5-1)。

但整个电影营销过程中,最吸引人的部分并不是内容本身,而是独具创意的营销。如今国内电影市场如火如荼,每年在影院上线的电影就高达3000多场。在这种情况下,传统的营销方式已经不再具有强大的吸引力。

传统电影的营销方式一般分为这几种:第一,制作电影的宣传片和广告,这是比较常见的宣传方式。通过宣传片和广告提前向受众传达电影的剧情,吸引受众走进电影院。

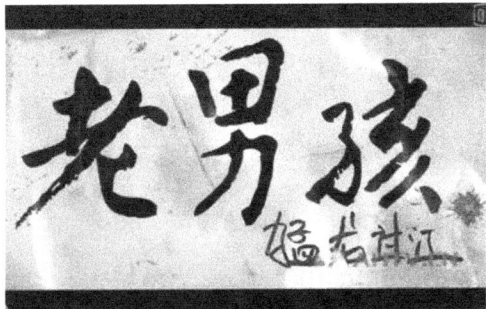

图5-1 老男孩之猛龙过江宣传海报

(图片来源:百度图片http://image.baidu.com)

但这种方式无法收到很好的效果。第二，根据同名漫画或者小说翻拍的电影。这类电影在还没有拍摄之前就有了一定的知名度，只需把观众感兴趣的话题找出来制造噱头，就能引起很大的反响。最后一种是通过首映礼和公映的方式，吸引一部分受众观看，再通过受众的口碑传播，为电影制造热度。电影《老男孩之猛龙过江》不走寻常路，以歌曲带动电影营销，别出心裁的方式再创了票房新神话。

2014 年夏季，一首名为《小苹果》的歌曲红遍大街小巷，仿佛走到哪里都可以听到这首歌曲，它给受众们带来律动的感官刺激。它不仅成为许多人在休闲娱乐时必唱的曲目，还成了广场舞曲目的"新宠"。直到电影《老男孩猛龙过江》开始宣传才发现，原来这首红得发紫的神曲，是其电影的宣传曲目，就是这样一个创意，用歌曲带动了该电影的票房。

（二）精准定位受众，有效引发创意

再好的创意也不可能打动所有的人。有效定位目标消费者，为目标消费者设计、制定创意，能够使营销本身达到事半功倍的效果。所以创意的起点，仍然是要把握消费者的真实需求，让创意真正起飞。电影《老男孩之猛龙过江》成功运用大数据营销对目标消费者进行了精准定位。

大数据营销是 2013 年提出来的概念，它是基于多平台的大量数据，在大数据技术的基础上，应用于互联网广告行业的营销方式。它作用于互联网行业，又作用于互联网行业。依托多平台的大数据采集，以及大数据技术的分析与预测能力，能够使广告更加精准有效，给品牌企业带来更高的投资回报率。它的核心在于让网络广告在合适的时间，通过合适的载体，以合适的方式，投给合适的人。大数据对于电影行业也至关重要，它可以通过对受众在社交媒体平台上搜索影片留下的数据进行分析，精准推送影片信息，同时通过受众观看电影的习惯确定影片上线的时间和电影推广的时间。

在电影《老男孩之猛龙过江》上映前，电影的营销团队通过数据进行有效分析，将主要观众锁定为 70 后和 80 后。电影深刻剖析为 70 后、80 后这个群体在理想与现实面前的差距和无奈，与众多定位人群产生精神共鸣。于是在电影宣传上，宣传团队召集了"中国老男孩"的活动，即每个参与的人对着镜头讲自己一段有关于梦想的故事。这样的一个富有创意的活动深深打动了那些徘徊于"不惑"与"而立"之间的 80 后，吸引没进电影院的受众进入电影院观看电影。

（三）神曲"小苹果"

在电影宣传刚刚启动的时候，《老男孩》团队作过一次市场调查，微电影《老男孩》给人们留下的最深刻的印象是什么？本以为结果会是青春或是梦想，没想到排在第一位的关键词是音乐，五年以来，观众记得最清晰的就是这首歌。

于是在电影开拍之前, 电影《老男孩之猛龙过江》团队就坚持把歌曲作为推广的重点, 希望通过 "引爆" 歌曲, 加深受众的印象。2014 年 5 月, 距离电影上映前两个月, 优酷网把电影主题曲《小苹果》放到了网站首页。

图5-2 小苹果神曲

(图片来源: 小苹果视频截图http://tv.sohu.com)

这样一种充满创意的营销方式的确到达了 "引爆" 的效果, 甚至《小苹果》蹿红速度和热度远远超出了人们的预期。大概 10 天之后, 来自全国各地网友自发分享的《小苹果》视频开始铺天盖地地袭来, 从大学校园、幼儿园, 到交警队、核电站……《小苹果》成了一首全民性的 "洗脑神曲"。

当然, "小苹果" 的走红也在于它独具创意的内容本身。

首先, 它有与众不同的音乐形式。其音乐旋律重复, 歌曲的押韵能够使 "耳朵虫" 发挥作用。旋律方面,《小苹果》的背景音乐从开始到结束一直是一种曲调、一段音乐反复出现, 没有任何变化, 其中 "你是我的小呀小苹果" 一句更是重复高达六次, 这是这首歌曲的旋律在结构上的最大特点 (图5-2)。同时, 该曲目中重复的旋律和简单的节奏很容易调动受众身心律动的积极性, 并强化受众对这首歌曲的记忆, 让受众踩步点跳起来。此外, 搞笑的歌词内容也是让大家关注和分享的关键。《小苹果》的歌词立意明确, 通俗易懂, 内容积极向上, 充满正能量, 符合大众对爱情的心理预期。

就是这样一首神曲使得这部没有大明星、没有豪华制作的电影, 仅凭借品质和口碑, 就获得了全国观众的支持。

(四) 搞笑视频引发病毒式传播

神曲 "小苹果" 的走红有它的必然性。除了歌曲本身节奏感强、易于传播之外, 在电影的推广上主办方也花了不少心思。

《老男孩之猛龙过江》团队为了推广歌曲, 特意安排筷子兄弟到韩国拍摄MV。这首由筷子兄弟演唱的歌曲, 在韩国的济州岛取景, 并由曾经炒红过鸟叔骑马舞的编舞者进行编舞, 还有性感女神裴涩琪的亲情加盟使电影一开始就抓人眼球。

但真正起到关键性作用是优酷在音乐推广上所作的努力, 优酷为配合《小苹果》推广, 制作了 48 条 "病毒" 视频, 这些 "病毒" 视频最终引发了病毒式传播。

"病毒式营销" 是指通过用户的口碑进行传播网络, 让信息像病毒一样传播和扩散, 利用快速复制的方式传向数以百万计的用户。它以传统的营销传播方式——口碑营销为基础, 借助网络这一新媒体进行营销。

这是一种常见的网络营销手段，以网络用户主动传播为方法，使品牌或者厂商要传达的营销信息像病毒一样扩散，使信息曝光率和影响力获得几何增长的一种推广方式。这种网络用户自发进行的高效信息传播方式大大降低了营销成本，从而得到品牌和厂商的青睐。

电影中的病毒式视频一部分由优酷自制，内容多是不同人在不同场合跳《小苹果》的舞蹈。可以大概分为女神版、广场舞版、方言版及改编版。每一个类型击中不同的人群。还有一部分，是来自《暴走大事件》《淮秀帮》《司文痞子》、《贱鸡行事》等专业内容合作伙伴。《暴走大事件》平均1000万播放量，既制作内容又提供渠道，用平台的影响力去影响精准定位过的那一部分受众。优酷团队认为制作这些视频能够起到一种"示范作用"，引导更多的人来参与，以此来提高《小苹果》的知名度，为电影宣传造势。

此外，《小苹果》强大的炒作团队也为电影造势作了贡献。在微博平台上，各路名人大"V"以及电视节目的官微都起到了引导推广的作用。浙江卫视《我不是明星》、江西卫视《家庭幽默录像》更是在微博中预告和节目中将大跳"苹果舞"，以博得受众的注意力。在《老男孩猛龙过江》的首映式上，柳岩、李艾、张瑶等明星现场演绎《小苹果》，可谓是赚足了眼球。同时在受众的目标选取上，《小苹果》将目光更多地放在了青年一代的身上，其中迪斯科舞曲的节奏，瞬间就可以把受众带回到那个年轻人集聚舞厅的年代。

事实证明，这种以歌曲的方式进行电影营销不仅不会给受众造成一种强制推销的反感，还可以营造一种清新愉快的感觉。同时，由于歌词的内容和MV的形式使得《小苹果》成为全民的"洗脑神曲"。这样的洗脑神曲能够吸引更多的受众关注，极容易通过口碑传播的方式，引发病毒式传播。

（五）线下"苹果送不停"活动的展开

之前微电影《老男孩》的怀旧调性使得很多观众都将这种感觉移植到对《老男孩猛龙过江》的预判里，而实际上这部电影是个喜剧片，甚至是有些疯狂的喜剧片。乐视影视为了影片能够继续在受众之间得到好的反响，想出了有趣的宣传方式。

在《老男孩》的发行期间，陈卓丽与乐视影业当地的志愿者们一起，在火星湖影城大厅里摆了一张大桌子，桌上摆满了苹果。用这样的方式来吸引观众的注意力。乐视在宣传影片的时候说跟观众打一个赌，说如果看完《老男孩》你不笑，这个苹果就送观众了，如果你笑了，苹果观众就送回来。这样一个强互动的游戏活动在影院里收到了异常热烈的效果，再加之观众们的好奇心加上"小苹果"与《老男孩》的强认知关联，轻松引爆了火星湖影院《老男孩》的票房。

因此不得不说，此次《老男孩之猛龙过江》是一次成功的营销，也是一次创意的胜利。

《老男孩之猛龙过江》于2014年夏季档上映。在上映第二周周末时，票房就累积超过1.81亿。最终在《变形金刚4》和《小时代3》的前后夹击下成功斩获2.1亿票房。

二、案例13　速8酒店"看了速7去速8"

速8隶属于世界最大经济连锁酒店之一的温德姆酒店集团的经济型酒店。该酒店于1974年成立于美国，如今在中国也开拓了市场。2015年4月，该酒店借助《速度与激情7》的上映，巧妙制造新闻事件，打响了名气，提升了自己的品牌知名度。

（一）抓准时机，借势营销

《速度与激情7》（Furious7，后文简称"速7"）是《速度与激情》系列的第7部电影，该电影是环球影业出品的一部赛车题材动作片，由詹姆斯·温执导，范·迪塞尔、保罗·沃克及杰森·斯坦森主演。《速度与激情》系列电影从2001年第一部诞生至今，培养了一大批陪伴剧中各位主角亡命狂奔十年之久的狂热粉丝。2009年上映的《速度与激情4》更是在全球席卷了3.5亿美元票房。导演林诣彬也凭借该系列的热卖成为好莱坞的新锐华裔导演。截至2015年4月，《速度与激情7》上映两周后获得20.06亿的票房成绩（图5-3）。

图5-3　速8酒店

（图片来源：速8酒店官网 http://www.super8.com.cn）

《速度与激情7》上映后，速8快捷酒店迅速察觉到了商机。由于《速度与激情7》的简称是"速7"，与速8仅仅一数字之差，这个关联点触发了速8进行事件营销的想法。于是酒店创造了一个广为流传的段子："温馨提示各位妹纸们：如男生邀请你12号凌晨看《速度与激情7》的首映千万不要去，看完都后半夜两点多了，他要是不睡你我都跟你姓！看完速7去速8!"

事件营销是指企业通过策划、组织和利用具有新闻价值、社会影响以及名人效应的人物或事件，吸引媒体、社会团体和消费者的兴趣与关注，以求提高企业或产品的知名度、美誉度，树立良好的品牌形象，并最终促成产品或服务的销售的手段、方式。它的本质是把企业想要传播的信息，植入经策划的、组织的有新闻价值的事件当中，以引起公众的自发关注，媒体的自发传播，从而达到传播广告信息的目的。

速8酒店的确因为这个段子，使得速7和速8八竿子这样打不到一起的两个事物一下子形成了绑定关系，并激发了消费者对话题的广泛参与和讨论。很多人也因为这个段子第一次知道原来速8还是个酒店。

（二）连理社交媒体，制造热门话题

4月11日11点51分，微友"@迟到狂魔J姨"在微博上发布了关于此话题的第一条微博："现在想想，说到速7第一个反应是'速7是什么，我只听过速8'的人肯定已经不纯洁了。"这样的一个带有言外之意的话题一下子吸引了人们的关注。

紧接着话题被进一步放大，更多普通人进行到了话题的参与中。于4月11日中午，相继有不同的人对该话题进行同类改变。如"速7to速8.Youknow"；"多少人，带妹子去看速7的目的是带她们去速8"；"周末一起去看速7么？"、"不了"；"速8去不去？"、"走！"、"速度与激情7零点上映，今晚凡是和妹子约速7的都是为了速8"；"周末有空吗？想约你看完速7去速8。"

经过话题的改编，越来越多的人参与到话题的讨论当中，一时间得到了广泛的关注，催生了更多的相关话题。"和我看完速7就和别人去了速8，这样的小伙伴可以不要再联系了"，"速度与激情7刷新国内午夜场票房记录。一部专为约会打造的好莱坞大片。因为：看完速7去速8"；"今晚如果男生邀请你凌晨看《速度与激情7》首映，千万不要去。看完都后半夜两点多了，看完速7就速8，别说我没提醒你。"4月11日22点左右，与话题相关的图片相继推出（图5-4）。

这个话题越来越热，引发了大家纷纷猜测，有人猜测这是一次公关事件。4月11日当晚，速8酒店的官方微博终于发了一条微博。

速8快捷酒店利用社交媒体，借助《速度与激情7》的热映使酒店短时间内名声大噪。随后，也有其他商家效仿速8快捷酒店对自己进行话题营销。例如"看完速7中的豪车再去速8也不迟，340万美元的超跑亮瞎眼"、"看完速7去速8？不如把9款TCL智能空调带回家"。

图5-4 "看了速7去速8"事件营销

（图片来源：http://newasp.net）

（三）关联营销，顺势添火

大众点评在《速度与激情7》首映时，推出了14.9元先人一步在线选座抢票活动，反响热烈。而此次抢票活动，也顺势带火了"速8"。

为此，大众点评酒店频道向电影频道发了一封感谢信："感谢电影频道的《速7》抢票活动，凌晨3点速8酒店的搜索量和订房量都达到历史最高值。"并称"你好我也好，么么哒！"

事实上，大众点评希望做到的，并不局限于"你好我也好"的双赢，作为国内吃喝玩乐本地生活的主入口,大众点评希望实现用户由电影转向"吃、喝、玩、乐"全方位的多赢,持续帮助片方做票房的增量市场,成就"大家好才是真的好"的局面。

"吃喝玩乐"一直能促发人们进行关联消费。有数据统计显示,在大众点评,电影用户与吃喝玩乐用户之间有极强的消费关联性,50%的消费者会在享用美食前后,去KTV唱歌或去做足疗按摩前后去观看电影。速8酒店也借着《速度与激情7》电影的上映有意炒作自己,把自己的营销和电影的销售关联在一起,打响了酒店的名气,提高了酒店的入住率。

结合现在流行的"互联网+"大潮流,可以认为大众点评能做的或许就是这样一个几乎能周全所有人的"电影+"。用电影产业的消费去拉动其他产业的发展是速8酒店在互联网时代中的变法。

"看了速7去速8"这个段子对速8的品牌提升不言而喻。在众多快捷酒店品牌当中,速8第一次被单独提及,并在短短24小时内在新浪微博产生近1万条UGC内容,其百度指数一下从10日的"976"上升到11日的"5119",翻了5倍多,该举使速8快捷酒店成为名副其实引爆创意的代名词。

第三节　案例点评

提到品牌,很多人都不会相信这是可以一夜之间建立的。可是在数字营销时代,创意有这种摧枯拉朽的力量。它可以催发人们分享,进而引发病毒式的传播。电影《老男孩之猛龙过江》和速8快捷酒店是创意引爆很好的印证。

一、创新的理念与创意的灵感

在新媒体时代,消费者的注意力是营销最关键的要素,而要争得消费者的注意力的捷径就是创意。随着网络的出现和普及,这一点已经越来越显得重要。创意给营销赋予了生命,一个好的创意能使营销产生效益。而成功创意首先是理念的创新,即无论从产品本身还是经营方式上,要有推陈出新的意识。一个好的概念是决定产品能够脱颖而出的关键,用与众不同的思想赋予品牌个性化的特征。

有一个创新的理念才会激发创意的灵感,有创意的灵感才会不断想出新的招法给品牌注入新的活力。电影《老男孩之猛龙过江》的制作团队,从制作电影开始就立志给电影宣传不一样的开场,因而突发奇想制作了红遍大江南北的神曲《小苹果》,也就是这首红得发紫的《小苹果》使电影最终得到票房的大卖。速8酒店则创造性地在电影《速度与激情7》当中找到了相关性,给电影赋予了全新的含义，使酒店一炮而红。

同时，有一个创意的理念可以确立自己需要做什么，即如何进行科学有效的创意。就是明白自己是要从产品定位、产品经营还是从推广上进行创意。这样以来，就使创意有了方向，能使自己的创意更符合受众的内心。

二、寻找结合点，融入创意元素

在互联网＋的时代，要找到的是自己的产品能与时代结合的关键点，然后把新的元素融入进来，而不是一味复制制造噱头。现在不少企业为了吸引消费者，不断采用各种推广方式，制造噱头，以为这样抓人眼球的方式才是最契合这个"注意力经济"时代。但实际上即使是信息过剩的时代，需要的仍然是高质量的创意内容。

就电影《老男孩之猛龙过江》来说，无论是电影本身的内容还是神曲《小苹果》和后来流传于互联网的搞笑视频，都无可比拟。电影的内容是以荒诞搞笑的方式讲述一个"梦想"的主题，这与同期上映的《小时代》《后会无期》有所不同，使得内容在同时间上映的电影中脱颖而出。神曲《小苹果》被称为是一首"洗脑神曲"，它搞笑的歌词和极强节奏感的节拍都符合现代年轻人对于后现代主义流行文化的创意诉求，再配上恶搞的视频，迅速让电影走红。

对于速8酒店，其所创作的内容也是颇具创意。其实想借新闻事件炒作自己的企业不占少数，而速8酒店能够成功抓人眼球离不开创意本身。话题内容具有让人浮想联翩的意味，触发消费者对隐秘话题的窥探欲，易引起消费者的联想，进而吸引更多人参与。所以在创意过程中，消费者仍然是关键。策划出一个让消费者接受的创意内容很关键。

三、借势借力，寻求创意突破点

"犹可凭借东风力，扶摇直上青云端"。在很早的时候，古人就知道借东风的重要性，而在营销中更是如此，借势营销是经营方式的一种创新，它不仅能帮助企业寻找新的盈利增长点，而不仅限于单一的产业经营，还能不断尝试增加新的产业投资，能使企业一直处于不败之地。

在电影《老男孩之猛龙过江》中，电影从一个轻产品入手去推广一个重产品是电影独具前瞻的经营创意。这在电影界大手笔砸钱做广告营销的今天是一个营销创意的突破口。

其实《小苹果》在整部电影里只出现了一次而已，却被作为这部电影宣传重点的预热环节。为了使《小苹果》能真正深入人心，优酷团队还配合《小苹果》制作了48条病毒式视频。视频的播出的确对歌曲的走红有了推波助澜的作用。在电影真正上映的前期，电影发行方告知电影的宣传歌曲是神曲《小苹果》。这样能够及时调动受众的记忆，促使受众去电影院观看。

同样，速8快捷酒店借用《速度与激情7》的上映，制造话题营销，吸引消费者的关注。当所谈论的话题和自身所关注的事物相关时，人们在好奇心驱使下会不自觉地去关注和搜索其他相关内容。电影《速度与激情7》有庞大的粉丝群，速8酒店针对这部分人群进行创意投放，不自觉会带动这部分消费群体的关注并进行消费。

四、巧用社交媒体，引发病毒传播

巧用社交媒体是引爆创意的关键，是引发病毒式传播的渠道。因为网络具有双向性、共享性、快捷性和广泛性的传播特点。因此，在如今的媒介环境下，社交媒体这种虚拟交互的传播特点可以促使一个事件成为焦点，引起大量人的关注。同时，企业也可以依托社交媒体制造新闻事件迅速得到大量关注，提升品牌影响力。一个富有创意的内容能够在社交媒体上聚集数以万计的粉丝，让内容以病毒式的方式传播开来。这样的方式不仅能够提高曝光率，也能在一定程度上提高转化率。

电影《老男孩之猛龙过江》的成功之处在于进行了两次病毒式营销。首先创造神曲《小苹果》，使歌曲广为传唱。其次，它所制作的病毒式视频也成功引爆了社交媒体，这两大因素都是吸引大家进影院的关键。速8快捷酒店也是如此，它利用社交媒体制造话题激发消费者对话题的兴趣，紧接着制造更多的类似话题吸引更多人关注，并让他们评论转发以引发裂变式的传播，有效地推出了自己的品牌。

在新媒体时代，一个好的创意不被人所知，也不能真正称为是一个好的创意。在数字营销中，社交媒体助推了创意，联系了品牌和消费者，这就是社交媒体带来的"红利"。

在新媒体时代，数字营销的创意已经不再仅仅拘泥于创意本身，而是包括了理念创意、内容创意、经营方式的创意等更广的概念。但无论如何，一个好的创意都是非常重要的，因为"营销的关键是创意，有创意的石头比没有创意的珍珠好卖"。

第六章　微博与微博营销传播

↘ 第一节　专业导航

（一）微博与微博平台传播的特点

微博（Weibo），即微型博客（MicroBlog）的简称，是一个基于用户关系的信息分享、传播以及获取的平台，用户以140字（包括标点符号）的文字更新信息，并实现即时分享。

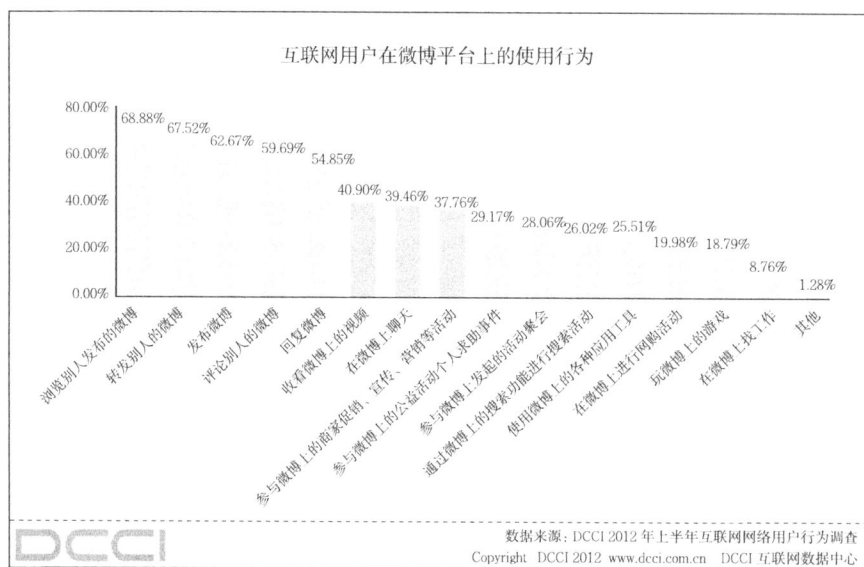

图6-1　2012互联网用户在微博平台上的使用行为统计

（来源：DCCI）

与之后发展起来的微信相比，微博是第一代 web2.0 的代表性社会化媒体。用户使用微博的主要目的为记录心情、娱乐休闲、寻找志趣相同的群体、讨论共同兴趣的话题等。用户将微博作为一个即时信息交流和资讯发布、接收的平台。根据 DCCI《2012 中国微博蓝皮书》中的调查数据显示（图 6-1）：互联网用户在微博平台上的使用行为前四位分别为浏览、转发、发布和评论别人的微博。可以发现，随着更具关系性的微信的发展，微博更倾向于被用作资讯媒体平台，用户在微博上关注热门信息并对感兴趣的信息进行转发、评论，形成传播资讯的自媒体，微博的媒体属性越来越明显。

微博平台主要包括三大特点：第一是内容的原创性和草根性。从微博的内容组成角度来说，140字的限制使得发布的内容一般较短，简单的只言片语，对用户的技术要求门槛很低，而且在语言的编排组织上要求也不高，这使得人们能够更方便地表达自己，因此大量的原创内容被爆发性地被生产出来。同时微博的草根性更强。作为一种社交媒体，微博的传播者、传播方式、受众以及信息形态都不是以单一固定的形式存在的。草根群体，是与官方代表群体以及各行业精英群体相对的较为弱势的群体，即非官方、非名人的普通群体。由于微博信息获取具有很强的自主性、选择性，信息的传播不再是从上到下，从权威到平民，而是一种"去中心化"的开放式传播。这给用户创造了一个平等交流的空间。在传统中心化媒体时代的"沉默的大多数"，在微博上找到了自己发声的平台，也展现了自己生产优质内容的可能性。

第二是传播的便捷性和即时性。微博提供了这样一个平台，你既可以作为观众，在微博上浏览你感兴趣的信息；也可以作为发布者，在微博上发布内容供别人浏览。微博最大的特点就是：发布信息快速，信息传播的速度快。140字的限制，使信息的书写和传播更加方便、快捷。当用户发布一条信息时，该用户的所有"关注者"可以在瞬间看到这条信息。其次，微博开通的多种API使得大量的用户可以通过手机、网络等方式来即时更新信息。随着移动互联网络时代的来临，只有在有网络的地方，只要有智能信息终端比如手机，微博使用主体就可以即时更新自己的内容。这打破了以往媒体内容生产和更新的时间与地域的限制。因此，在一些突发性事件或引广泛关注的大事件上，微博的实时性、现场感以及快捷性远远超过了传统纸媒及以门户网站为代表的web1.0的网络媒体形态。

第三是扩散性和互动性：微博作为社会化媒体的一种，其自媒体性质非常明显。由于140字的限制，微博信息呈现"碎片化"，半广播半实时交互的传播模式，满足了用户在网络人际互动的需求。从信息传播的角度看，微博内容的传播速度和传播广度都呈现出裂变式的传播模式。在该模式中，信息接收的力量来自粉丝的"关注"，而信息传播的动力则来源于粉丝的"转发"。通过不断重复接收和转发的过程，形成了由每个转发者作为节点、呈几何级数裂变的传播网络，具体如图6-2所示。微博的转发和评论功能使得用户之间的一对多、关注型对话更加频繁。每逢社会重大事件，新浪微博上单条内容的转发和评论数也会出现明显的提升，而且会持续一段时间。人们早已不再是信息的被动接受者，"博友"之间的互相交流充分展现了微博所具备的强大的互动性。

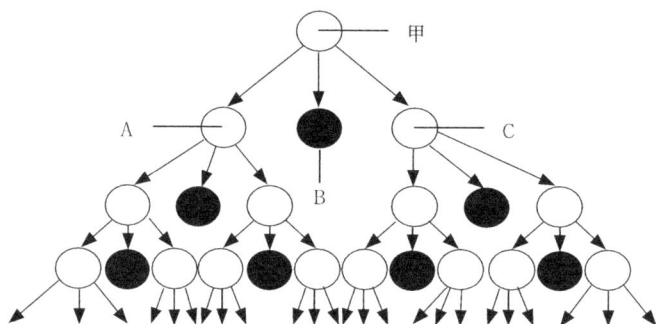

图6-2 裂变式微博传播模式

（二）微博营销传播：信息的快速高效分享

2010年，微博营销传播逐渐兴起。从微博营销传播的主体、微博营销传播的方式和微博营销传播的目的三个方面来理解，我们认为这种新型的网络营销传播方式主要是指企业、组织或个人，利用微博这种新兴社会化媒体平台，进行信息的发布、传播、分享、反馈、互动，从而达到产品销售和提高品牌知名度与美誉度的营销行为。

根据中国社科院发布的《2014年新媒体蓝皮书》的统计，截至2014年1月，我国已有13亿微博注册账号。"微"时代的来临，使得消费者的生活方式和消费行为都产生了巨大的改变。界定传统营销传播的流程的效果等级的AIDMA模型，是消费者行为学领域经典成熟的理论模型之一，由美国广告学家刘易斯在1898年提出。该理论认为，消费者从接触到信息到最后达成购买，会经历五个阶段：Attention（引起注意）——Interest（引起兴趣）——Desire（唤起欲望）——Memory（留下记忆）——Action（购买行动）。该理论将消费者的购买行为模型化，有助于广告主系统研究消费者，有效地进行的商品的宣传。

AIDMA模型可以很好地解释消费者在实体经济里的购买行为，解释了在生产者主导下的单向性的营销传播的流程和系统结构。但随着互联网以及无线应用的发展，该理论再也无法准确分析和界定网络时代的能动性消费者的典型特征。以SNS、微博等为代表的web2.0网络技术的不断发展与应用，能够产生基本效果的前提是企业对信息的单向发布必须转型变成企业与利益相关者的双向沟通。针对互联网与无线应用时代消费者生活形态的变化，2005年电通公司提出一种新的消费者行为分析模型——AISAS模式。AISAS模式为Attention（引起注意）——Interest（引起兴趣）——Search（搜索）——Action（购买行动）——Share（分享）。该模型把消费者在注意商品、产生兴趣之后的信息搜索以及产生购买行动之后的信息分享作为两个重要环节来考量，因为这两个阶段是消费者自发的主动行为，已非传统营销传播手段能够控制。同时，AISAS模型的尾部发生变化，不再是AIDMA模型中随时间呈现逐渐减少的形态，而是由于消费者可以通过以互动社交为特征的 web2.0 平台的主动分享信息和内容，使企业的营销效果和品牌影响力被人际互动逐渐放大，营销传播的主导权逐渐向消费者转移，基于非功利特征的消费者之间的信息分享和信息交流形成了消费者与企业之间的信息博弈，更多的潜在消费者受到购买该商品或服务的消费者在 web2.0 平台信息分享的影响，理性客观同时深度卷入到相关品牌的体验和感知中来，从而为其转化为真实的消费者提供了动力和可能性。

企业通过微博营销传播，建立起庞大的微博粉丝群，加强企业与消费者之间的沟通互动，实现信息的快速高效分享。消费者不仅能从企业微博中全面了解企业信息，也能够方便进行产品与服务的搜索、购买和分享。企业微博在 AI（Attention-Interest）阶段聚集的粉丝越多，在 SAS（Search-Action-Share）阶段企业微博互动营销的开展就越有效果。同样，SAS 阶段效果越好，目标用户品牌体验的分享才会进一步影响其他粉丝的购买决策，才越容易在 AI 阶段聚集更多的粉丝。

第二节　经典案例

一、案例 14　凡客诚品的"凡客体"席卷微博江湖

凡客诚品（VANCL），由原卓越网创始人陈年于 2007 年创办，VANCL 运营属于凡客诚品（北京）科技有限公司，主体运作者都是原卓越网骨干班底。在新浪微博成立之初，凡客公司就发动运营中心的员工，注册了 100 多个微博账号，开始了微博营销传播之旅。为了应对社会化营销传播，凡客专门成立了"新媒体推广部"，投入巨大的编制和预算。

（一）凡客诚品"巧用"微博

随着公司专业运营水平的提高，凡客聘用了专业性的微博营销传播管理员，专门负责微博、博客的发布、更新等常态性工作。管理员专门负责收集与凡客相关的资源，包括内部和外部的、不涉及商业秘密的部分，在公司微博中发布，加上员工不时地关注和讨论，表现出凡客微博的轻松氛围。

最初，凡客借着与新浪合作向注册微博的名人、明星送围脖的活动，给微博起了一个昵称"围脖"。受赠者在微博上议论这次活动，晒围脖照片，加上凡客自身粉丝团的活动，迅速提升了凡客微博的人气。

目前，凡客现在的官方微博有数个，分工不同，各司其职。其中，最受欢迎的是"@凡客粉丝团"（图 6-3）。截至 2015 年 3 月 21 日，该微博拥有 119 万

名关注者，发布了 16746 条微博。微博也对凡客的服务质量、采纳用户建议等流程带来了很大的便利。微博让客户和公司直接沟通，大大缩短了客户需求到转化为商品的流程，节约了成本，也更直接地反馈给了客户便利和优惠。

图6-3　VANCL粉丝团微博页面

（图片来源：新浪微博http：//weibo.com）

（二）"凡客体"的缘起与大行其道

2010 年 7 月，为了提升品牌知名度，凡客诚品邀请了青年新锐作家韩寒和青年偶像王珞丹出任形象代言人，一系列的名人代言广告也铺天盖地地出现在公众的眼帘。"爱网络，爱自由，爱晚起，爱夜间大排档，爱赛车，也爱29块的 T-SHIRT，我不是什么旗手，不是谁的代言，我是韩寒，我只代表我自己"（图 6-4）。这段广告文案由前奥美创意总监、远山广告合伙人邱欣宇创作，该系列广告文案以一系列"爱 XX，爱 XX，我不是 XX，我是 XX"的短句组成，语句简单，构成单纯，意义明白、流畅，意在戏谑主流的庄重高雅的文化，彰显该品牌的自我、反叛、随意和闲适的个性与形象。

投放广告之后，凡客在微博上开展了一系列对广告的推广活动。"@VANCL粉丝团"在微博上号召凡客的粉丝们同街头的凡客广告合影，并且参与者还有机会获取 700 元现金，此举引发了网友们热情的参与。

然而，真正让"凡客体"火起来的并非在于韩寒和王珞丹的广告词，而是网友们几乎是狂欢般地对凡客体的模仿和恶搞。网络上流传的第一张恶搞图是黄晓明"闹太套"的 PS 图（图 6-5a）。2010 年 7 月 29 号，上海互动广告公司AKQA 的首席文案朱宇，PS 了郭德纲"鸡烦洗"版本（图 6-5b），并发到新浪微博上。正是这一张图片，在新浪微博引发了一场转发狂潮，在几个小时内就得到了数千次的转发。7 月 31 日，豆瓣网上"文字积木公社"发起了"全民调戏凡客"活动，之后便一发不可收，到 8 月 9 日已有 11158 人参与，共收集了 2769 张"凡客体"PS 图片，并整理出"演员"、"玩偶"等 237 个专辑。因为每张图片都有一个热点人物和事件，"凡客体"传播的范围十分广阔。"爱网络、爱自由；爱晚起、

图6-4　凡客诚品韩寒代言平面广告

（图片来源：http：//www.vancl.com）

爱夜间大排档……"这些个性标签经过网友的想象和加工，已变成众多明星甚至个人的标签。

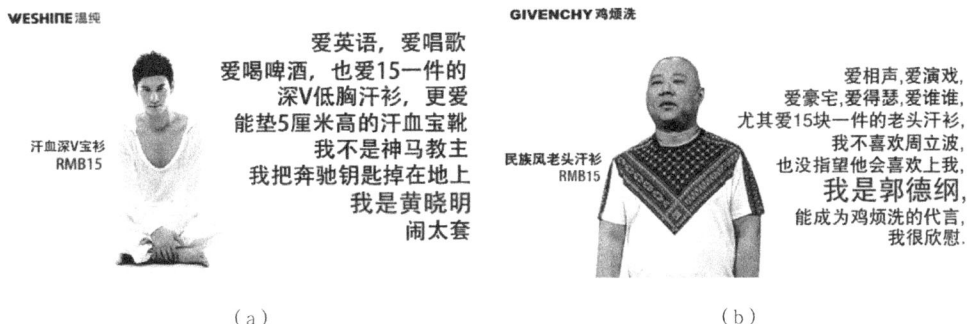

（a）　　　　　　　　　　　　　　　　　　（b）

图6-5　"凡客体"郭德纲、黄晓明版本

（图片来源：http://www.vancl.com）

据不完全统计,截至2010年8月5日已经有2000多张"凡客体"图片在微博、开心网、QQ群以及各大论坛上疯狂转载。黄晓明、唐骏和曾子墨等千余位明星或被恶搞或被追捧。微博上甚至专门出现了帮助用户制作"凡客体"的第三方应用软件，也有人组织开展了全民制作"凡客体"的活动。

（三）基于网民内容生产的"凡客体"模拟PK风潮

"凡客体"的爆红，让不少网友认为这是凡客诚品的一次营销传播策划。而事实上，这次的"凡客体"的爆红也让凡客诚品营销部门措手不及。2010年8月1日，凡客诚品营销副总裁杨芳收到了朋友给她转来的第一张"凡客体"PS图，随后短短几天的时间，事件的发展让她越来越震惊。早在2010年7月，凡客诚品的品牌推广部门就开始策划与新浪微博同城合作推出专题页面，给网友提供广告模板和自动PS工具，希望让普通网友自己也过把当代言人的瘾，从而激发消费者对于品牌传播活动的参与热情。但由于新浪微博同城刚刚推出不久，合作审批流程和技术实现上的问题，以至于网友自我代言的活动上线的日期一拖再拖，这个活动到8月9日也没有上线。在凡客诚品按照自己的计划推动之前，网民自发的戏谑性生产的"凡客体"的病毒式传播却已经呈爆发式增长态势，这让杨芳有些紧张。她先是联系了这组平面广告的制作者邱欣宇，确定他对此事一无所知后，她又尝试联系了在微博上引爆转发的郭德纲"鸡烦洗"PS图的作者朱宇，委婉地试探对方的意图。在了解到作者都只是为了好玩，并无恶意之后，杨芳才逐渐放松下来。根据凡客诚品营销团队统计的信息显示，网友自发的娱乐PS，恰好跟凡客诚品想要传达的"真实的自我表达"与"率性简单的生活方式"不谋而合。于是凡客诚品决定顺应潮流，将这次凡客体风潮当作一次病毒式营销传播来进行。

这次的"无心插柳"在网络上掀起了一次大范围的"病毒营销",不同的是,这次传播的信息是"多病毒",而非"单个病毒",发动的群体也不是单个个体商家,而是庞大的网民。与传统"病毒营销"主要依靠厂商发动其自主创作的"病毒"信息相比,这次"凡客体"的传播不局限于凡客产品本身,而是在公众高度卷入参与的、群策群力的基础上,广泛生产与传播扩散多样版本的"病毒",声势之大前所未有,形成了一种裂变式的传播效果。

凡客诚品十分清楚,如果将"凡客体"参与式生产当作一场病毒营销,把握其恶搞程度,适度引导其风格和价值走向,是决定此次"凡客体"营销传播成败与否的关键所在。如果"凡客体"朝着自嘲或轻度戏谑的方向发展,对凡客诚品来说是一次受益颇多的被传播事件,但如果恶搞超过了某个度,对他人造成伤害的同时也必然会损害凡客诚品的企业形象,可见"凡客体"的大行其道对于品牌而言其实是一把双刃剑。2010年8月,凡客公司内部召开讨论会,确定公关部密切关注"凡客体"的发展动态,同时引导网友将PS的风潮向着善意和积极的方向发展。凡客开始主动征集"凡客体"的PS作品,引导用户广告产生向带有自嘲、自勉等良性方向的发展,同时奖励,并在@VANCL粉丝团上展示网友们的"成果"。

"凡客体"的影响并不局限于网络恶搞。由于"凡客体"的火热程度和本身的易模仿性,从警察到校长,都开始使用"凡客体"作为亲民的载体。南京市公安局和北京市海淀公安分局都曾采用"凡客体"来通报网络诈骗的防范方法。2011年7月5日,在清华大学2011年毕业典礼上,校长顾秉林在毕业献词中,套用"凡客体"对3300余名清华本科毕业生进行评价:"爱真理,也爱生活;爱自己,也爱公益;爱机械制图,也爱引体向上……没有什么畏惧与不可能,你们是阳光的7字班!"顾秉林此言一出,台下笑声、掌声、欢呼声一片。可见"凡客体"已经成为大家津津乐道的网络流行语。

二、案例15 雀巢"笨NANA"——雪糕中的"战斗糕"

雀巢公司,由亨利·雀巢(Henri Nestle)于1867年创办,总部设在瑞士日内瓦湖畔的韦威(Vevey),在全球拥有500多家工厂,为世界上最大的食品制造商。1989年,雀巢咖啡推出在中国的第一条电视广告,以"味道好极了"为品牌广告宣传语,强调速溶咖啡的纯度与口感,很多人都将雀巢称为"改变中国人生活方式的外国品牌"。雀巢公司在全世界拥有8000个不同的品牌,其中750种是在一个以上的国家注册,有80个品牌在10个国家注册。雀巢公司往往只靠少数几个品牌来建立声誉,目的是缩小风险,集中注意力和资源占领市场。为了更好地实现品牌传播,创造消费者的强烈品牌意识和偏好,雀巢公司不惜重金,请国际广告代理机构麦肯公司和智威汤逊公司为雀巢提供品牌特性的定位和包装。雀巢为其在每个市场上的2~3个品牌大做广告,使之很快享有较高的市场份额。

（一）"笨NANA"的"聪明"营销传播

2012年夏天，雀巢"笨NANA"这款雪糕成了网民们讨论的热点。在网友热议的同时，刚上市两个月的"笨NANA"就一举成为雀巢大中华区销售排名第二的单品。这一切都要得益于雀巢一系列的数字营销传播。

在雀巢"笨NANA"上市前的产品调研阶段，雀巢公司发现，除了面向7～12岁的年轻群体外，准备推出的新品牌"笨NANA"还广受80后、90后等群体的喜欢，而他们是社交媒体上非常活跃的人群。基于这一点，雀巢改变了以往大肆撒网做电视广告的营销传播方式，而以互动性和参与性都更高的数字营销传播来代替。2012年，雀巢冰淇淋与北京奥美公关和奥美互动跨部门团队合作，在中国大陆启动趣味数字营销传播活动，全力推广雀巢"笨NANA"。

从最初产品在香港上市，到引进内地各大城市，雀巢通过微博上的趣味话题引导人们对于"笨NANA"的讨论，先在人们心中种下期待的"种子"，并把其打造成一款贴有时尚、趣味标签的产品，进而刺激消费，也使得网友成为"笨NANA"的"代言人"，主动传播与分享相关话题和热点事件。

前期的曝光量已经足够高，随着冰淇淋销售旺季的到来，雀巢需要把营销工作的重心转移到创造持续的参与感上来。通过线上多元化的"SNS互动+病毒视频+话题炒作"，最大化"笨NANA"产品的差异化卖点。与此同时，雀巢在全国各大一二线城市采取线上虚拟互动与线下真实再现联动的方式，帮助"笨NANA"品牌迅速打开大陆市场，有效地提升了销量。

雀巢"笨NANA"的线上营销传播活动由两个部分组成：一个是由奥美互动创建的"笨NANA"岛为主题的微型网站，另一个则是由奥美公关负责运营的雀巢"笨NANA"的新浪微博官方账号"@雀巢笨NANA"（图6-6）。

图6-6 雀巢"笨NANA"微博主页

（图片来源：新浪微博http://weibo.com）

奥美互动对"笨 NANA 岛"的建设主要是和腾讯合作。因为腾讯有庞大的用户基数，无论是腾讯 QQ、腾讯微博还是腾讯游戏，都活跃着大量的年轻用户，而这一人群正是"笨 NANA"现实的和潜在的消费群体。此外，在雀巢与消费者接触的过程中发现，儿童在互联网上的活动以游戏为主，而腾讯在这一方面有强大的优势。于是，从 2012 年 4 月份起，雀巢与腾讯合作，搭建了与产品风格和定位极为匹配的"笨 NANA 岛"活动网站。在这一网站上，腾讯为"笨 NANA"定制了多款 flash 游戏，同时也将既有的游戏产品与"笨 NANA"紧密结合。游戏过程中，用户可以随时将自己的游戏体验和成果分享至腾讯微博、人人网、豆瓣网、新浪微博等社会化媒体平台，形成多平台的互动传播。此外，在腾讯广受欢迎的 QQ 宠物游戏中，"笨 NANA 小冰棒"也以虚拟的形象出现，成为 QQ 宠物热爱的"美食"，消费者还可以通过领取"笨 NANA 小冰棒"兑换"笨 NANA 套装"。游戏一上线，就吸引了众多用户参与。在线下，雀巢也与腾讯合作开展了很多活动，形成线上线下联动的"营销生态圈"。

（二）微博——"笨 NANA"数字营销传播主战场

"笨 NANA"在营销中充分利用了微博这一平台，在不同阶段，采用了不同的策略。同时，雀巢不仅仅是通过自己注册官方微博发起各类相关活动，还借助微博大号进行传播，使得这款从外观到名字都很惊艳的冰淇淋一推出市场，就获得了极高的关注度和曝光率。

自 2011 年 12 月起的 3 个多月，就有四五个时尚美食类微博账号发布"香港有好玩好吃的笨 NANA"之类的话题。到 2012 年 2 月底，新浪微博"笨 NANA"搜索结果达到 10 万余条。这 10 万条微博里展示的在香港吃到"笨 NANA"的人分享的照片，其中既有普通用户也有职业推手。这一阶段的主要传播目标是，提前为"笨 NANA"在大陆目标区域市场进行预热，让消费者"未见其人就闻其声"，为产品出厂制造期待。"只要去香港一定吃笨 NANA"、"终于可以去香港吃笨 NANA 了"是当时传播最广的文案。但当时，在大陆市场上还买不到"笨 NANA"。

2012 年 2 月，雀巢"笨 NANA"继续全国范围预热，北区开始投放电视广告，同时在微博上发表"大陆也能吃到笨 NANA 了"的信息。这样消费者有了切合实际的期盼，此时"笨 NANA"开始在广州小范围上市。

3 月 2 日，"笨 NANA"开通新浪微博，该账号通过展现"笨 NANA"的可剥性以及由此带来的新奇和乐趣，以幽默风趣的姿态来娱乐和刺激消费者。同时，通过官方微博发起了"# 晒晒雀巢笨 NANA#"的活动，鼓励消费者上传照片，分享自己与"笨 NANA"的故事。此时，之前的预热也显出效果来，第一条微博转发量一天内就超过 1000。2012 年 3 月，"笨 NANA"登上新浪话题榜第一名，并七次登上新浪热搜榜。截至 2012 年 5 月，通过微博搜索"笨 NANA"共有 110 万条结果（图 6-7），堪比微博上最热的"杜蕾斯"案例（后者微博数 180 万），而"笨 NANA"的微博营销传播比"杜蕾斯"用时更短。

图6-7　微博搜索"笨NANA"结果

（图片来源：新浪微博搜索页http://s.weibo.com）

在 2012 年 3 月官方微博正式启动两周之后，"笨 NANA"荣登新浪微博热搜榜第一位，并 7 次跻身热搜榜前 10 位。除了普通网民的热烈参与，这其中也少不了微博大号的推动，参与传播的微博大号包括："@ 全球时尚、@ 土豆网、@ 极品冷笑话集、@ 笑多了会怀孕、@ 全球热门网罗、@ 我们都是吃货、@ 全球奇闻趣事、@ 全球流行风尚、@ 猫扑"等等。参与传播的区域微博大号："@ 上海小资美食、@ 乐活长沙、@ 乐活南京、@ 玩转广州圈、@ 海外美食家、@ 香港通、@ 珠海潮流生活圈"等等。

从 2012 年 3 月份开始，随着更多的人在本地吃到"笨 NANA"，网络上热传的"笨 NANA"微博内容就更丰富起来了。如"心急吃不了笨 NANA"，"有一种崩溃叫买不到笨 NANA……有一种甜蜜叫今年我们一起追的笨 NANA"。这些微博很容易吸引更多人的兴趣，而且会在不知不觉中转发或创造相同主题的内容进一步传播。截至 2012 年 3 月底，"笨 NANA"原创微博达 17 万条，网友原发率高。另外网友原创恶搞，将"笨 NANA"与传统的红舌头雪糕进行结合，演绎出意味深长的画面，引发网友的大量围观。

截至 2012 年 3 月底，在新浪微博上搜索"笨 NANA"已有近 300 万条结果。官方微博的标签也成为新浪微博的热门标签，如"# 传说中的雀巢笨 NANA#"、"# 心急吃不了雀巢笨 NANA#"、"# 吃香蕉不吐香蕉皮 #"。

社交媒体上的热议，直接迅速拉高了雀巢这款新产品的销量，上市仅两个月的"笨 NANA"已经成为雀巢大中华区销售排名第二的单品，仅次于已经推出八年的八次方冰淇淋。2012 年 5 月，雀巢"笨 NANA"在各大城市持续断货，售卖的火热甚至使得这款雪糕出现了有价无市的现象，其受到市场热捧的程度可见一斑。

第三节　案例点评

上面两则案例，是品牌利用微博平台（包括自有微博平台和专业微博平台即新浪微博，由于微博市场竞争的成功，新浪微博已经直接成为微博并单独上市）进行营销传播，成为提高品牌知名度、促进产品销售的成功案例。其成功之处在于，两则案例都充分利用了微博平台的传播特性，深度洞悉消费者在数字时代的消费行为轨迹和信息分享轨迹，充分尊重和保证消费者在整个营销传播过程中的中心地位，通过各种方式调动网民的积极性和主动参与性，从而在消费者的参与与互动中构建成功的广受欢迎的品牌。

一、利用微博传播特性式扩散

微博具有的特点使得微博营销也具有传统营销所不具备的优势。首先，微博的原创性和草根性，使得任何人都可以参与微博活动。对于企业来说，这样的低门槛既意味着受众广，又意味着操作成本低。微博的低门槛使其适合各种背景、各种层次的用户，因此拥有极其广泛的用户群体。而操作成本低，是由于微博的操作极其简单，无需投入大量的时间、技术和资金，任何一个营销人员都能担任微博管理者的职责，可以将更多的事件和精力投入活动策划和微博内容的编辑而非操作。同时，发布微博无需经过传统营销手段冗杂的行政审批程序，从而节约了大量的时间和成本。从凡客诚品和雀巢"笨 NANA"的案例中都可以看到，利用微博的广大用户群而带来的活动的巨大成长性，简单的操作也让凡客和雀巢的官方微博能够更加快速地根据事态的发展，及时发布微博信息或者策划运作官方的营销传播活动。

其次，微博的及时性和便捷性使得企业的营销传播信息可以在任何时候发布，受众也能及时获取实时更新的信息。对于活动直播、危机公关等时效性强的活动，相较电视、杂志等传统营销平台，微博能够第一时间将发布内容以最快的速度传播出去；对于官方微博的日常更新、发布等不讲究时效的常规内容，营销人员还可以借助微博所提供的强大应用平台，通过"时光机"等应用接口提前设置好发布的内容、时间，在工作时间外也能不费力地实现营销行为。

最后，微博的传播性和互动性，带来了传统媒体无可取代的全新传播理念：以消费者为主体的传播，消费者不仅可以通过网络主动获取信息，还可以作为发布信息的主体，与更多的其他消费者分享信息。媒体市场由之前的扁平式发展，逐渐呈现深度、多维和精准发展的趋势。针对这种趋势，电通提出了CGM（Consumer Generated Media）消费者发布型媒体概念：信息发布由从前的B2C——由商家向消费者发布的模式，转化为"B2C2C"——由商家向消费者发布之后，消费者向消费者发布与共享的模式，上述两则案例都很好地体现了这一趋势。不论是"凡客体"还是"笨 NANA"在微博上引发的热烈讨论，不只是因为商家的营销传播，更多的是网友自发地发布和分享。微博的开放特征既意味着可以随时随地"围观"和"被围观"。而微博的转发功能，使每一条微博都可以被发布者的粉丝转发，而粉丝的粉丝在看到转发后可以继续转发，从而实现"一传十，十传百"。这种裂变式传播突破了传统媒介覆盖面狭窄的问题，使得信息能够在粉丝的推动下散布得更加广阔，大大增强了数字营销传播的效率与影响力。

二、洞悉目标消费者行为激发互动与参与

能够充分利用微博平台的特点只是成功的微博营销传播的第一步。如何能够激起目标消费者参与到营销活动中来，与企业和其他消费者进行互动才是微博营销传播的关键所在。此时，对消费者的消费行为洞悉就显得格外重要。

随着 SNS、博客、微博的兴起，Web2.0 带来的不仅仅是传播环境的变化，互联网与移动应用也使人们的生活发生了巨大的变化。这些变化主要表现在：消费者接触的媒介除了传统的大众媒体，还有很大一部分是在互联网社交媒体上；消费者的主动消费性增加；消费者获取商品信息的能力增强。由于传播环境与生活方式的改变，消费者的购买探讨过程也随之变化。在消费者的购买过程中的商品认知阶段、了解商品和比较阶段、购买商品的阶段，消费者的信息来源是什么，适合的媒体是什么，促使消费者进行决策的因素是什么，是每一位营销者需要重新考虑的问题。AISAS 模式就是基于网络时代市场特征而重构的消费者行为模式。传统的 AIDMA 模式（Attention 注意，Interest 兴趣，Desire 欲望Memory 记忆，Action 行动），消费者由注意商品，产生兴趣，产生购买愿望，留下记忆，做出购买行动，整个过程都可以由传统营销手段所左右。基于网络时代市场特征而重构的 AISAS（Attention 注意，Interest 兴趣，Search 搜索，Action 行动，Share 分享）模式，则将消费者在注意商品并产生兴趣之后的信息搜集（Search），以及产生购买行动之后的信息分享（Share），作为两个重要环节来考量，这两个环节都离不开消费者对互联网（包括无线互联网）的应用。

联系雀巢"笨 NANA"的案例，可以发现 AISAS 消费者行为模式贯穿整个产品网络营销的始终。在关注阶段，产品先在香港高调发布，通过在微博上的宣传，引发全国网友热切期盼；在兴趣阶段，通过产品本身具有的好玩的食用体验激发兴趣，以及在微博上的大肆推广和线下的分层级阶梯式营销，吊足草根胃口；在搜索阶段，我们可以看到雀巢"笨 NANA"在微博搜索和百度搜索指数居高不下，可见前期的营销传播达到了效果，消费者纷纷主动搜索产品；在行动阶段，雀巢调动草根大号参与微博转发，形成病毒传播，从线上口碑营销带动线下饥渴式营销；在分享阶段，购买了雀巢"笨 NANA"的网友在受到官方微博活动的鼓励下，自发分享，并且深化"笨 NANA"的内涵与外延，引发更大范围的围观与讨论。这一系列的营销活动，使得雀巢"笨 NANA"达到了雀巢和奥美互动共同制定的"让晒笨 NANA 成为一种新时尚，让广大用户成为雀巢笨NANA 的代言人"的传播目标。

三、通过公众参与实现多病毒式传播的同时把握限度

微博营销的过程，是企业使消费者或意见领袖通过微博渠道分享对品牌、产品或服务的评价或讨论，从而树立网络口碑的过程。因为微博的裂变式传播

特性，因此也有人将微博营销直接称作病毒式营销。

所谓病毒式营销，是由欧莱礼媒体公司（O'Reilly Media）总裁兼 CEO 提姆·奥莱理（Tim O'Reilly）首先提出的，是指发起人发出产品的最初信息到用户，再依靠用户自发的口碑宣传，像病毒一样，利用快速复制的方式将信息传向数以千计、数以百万计的受众，通过别人为你宣传，实现"营销杠杆"的作用，是网络营销中的一种常见而又非常有效的方法。传统的营销是通过广告的形式，客户被动接受产品信息。但是，随着广告数量的急剧增加，不但营销费用高涨，其效果也越来越差。与传统营销方式截然相反，基于社会化媒体平台的"病毒式营销"多以诱导为主，同时还为消费者提供可参与的娱乐活动，已受到广泛欢迎。

联系上两则营销案例，可以看到"病毒营销"所带来的传播热潮。不同的是，这两则案例的营销在"病毒营销"的基础上更进了一层，传播的信息是"多病毒"，而非"单个病毒"，发动的群体也不是单个个体商家，而是庞大的网民。

与雀巢"笨 NANA"或者是传统"病毒营销"主要依靠厂商发动其自主创作的"病毒"信息不同，凡客诚品的"凡客体"的传播不仅限于凡客产品本身，而是在群策群力的基础上，广泛传播多样版本的"病毒"。"凡客体"这场病毒式营销能够成功，公司对于"凡客体"的引导和把握也起到了关键的作用。"凡客体"是一场典型的全民狂欢式的恶搞，把握恶搞程度是决定营销成败的关键。恶搞如果超过了某个度是非常危险的事情，对他人造成伤害的同时也必然会损害凡客诚品的企业形象。

事实上，这种网络恶搞大约从 2009 年就开始在论坛、社交网站和 QQ 上进行流行。例如：网友曾一度疯狂地用'一枝红杏出墙来'来作为诸多中国古诗的下联，也有网友将身边的事实用古诗、古词等格式来进行篡改，达到一种冷峻不羁、嘲讽戏谑的效果。只是一直以来，这种手段并没有被商家发现，基本处在网民自我娱乐和自生自灭的状态。但经过凡客此次营销体验，不少商家看到其中存在的广阔的应用前景。要通过这种方式取得成功，最关键的是营销传播的内容和表现形式要极富创意，要能够极大地打动消费者的内心，激发巨大的参与感与娱乐感，这种创意一定要符合网络时代的娱乐和自由的两大传播特点。如果能把网民的主动性、积极性调动起来，这将比企业自身投入大量人力、物力还有效得多。当然，企业主动创造这种病毒式营销是十分困难的事情，但在出现之后，如何利用微博对这种热潮进行把握和引导，凡客的案例值得学习和借鉴。

四、品牌的微博营销传播必须与品牌系统运营与管理结合

值得注意的是，微博营销传播始终只是一种营销传播手段，有其独特的功能和特点，也有其不擅长的领域。如何利用微博营销从扩大"知名度"到全面

提升品牌资产，就是一个现存的难题。凡客从成立到超越 PPG 只用了 5 个月，在其快速成功的背后，凡客利用微博进行口碑传播仍然只是重在知名度的扩张，凡客进行微博营销传播的成功也并不意味着凡客的品牌价值通过认知度的提高得到了质的飞跃。微博上铺天盖地的"凡客体"，并没有同凡客品牌真正地联系起来，并没有转化成品牌的品牌资产。这就是常说的名牌不等于品牌的道理。雀巢"笨 NANA"雪糕在经历了 2012 年的火爆之后销声匿迹，可见微博和营销活动的周期性也是企业需要关注的重点，如何把握好营销传播周期让产品或品牌在消费者心中持续保持热度，是营销者需要考虑的问题。

从 2012 年开始，凡客从单一男装品牌逐渐延伸到多品类网络产品，开始进行疯狂的非相关多元化的产品的提供，公司出现供应链管理难度加大、自建配送成本过高、品牌溢价力降低、品牌定位偏低导致的低客单价和毛利率等问题，使得凡客一度面临难以融资甚至是"倒闭"的困境。可见一个品牌的成功，事实上是一个系统工程，企业的经营与管理的各个环节都必须相互配合，特别是企业发展战略不能出现方向性的错误。品牌传播不是万能的，一旦企业运营战略和发展思路出现问题，微信营销、品牌传播做得再好，也无法挽救品牌发展的颓势。好在从 2014 年开始，凡客诚品痛定思痛，进行企业发展战略的重新定位和产品提供的重新聚焦，凡客诚品的再创辉煌，也是可以预期和值得期待的。毕竟，"凡客体"的影响曾经广泛地渗透到了社会政治、经济、文化等各个领域，这一雄厚的品牌认知资产如果得到有效的产品和服务的支撑，依然是一笔巨大的财富。

五、微博媒体属性增强社交属性弱化

随着时代的发展，我们还应看到，以微信为代表的自媒体的诞生和发展，微博出现了媒体属性不断增强、社交属性不断弱化的现象。根据中国传媒大学互联网信息研究院发布的《2014 中国网络舆论生态环境分析报告》显示，2014 年微博上"意见领袖"即"大 V"群体的活跃度明显下降，整体发博量减少四成，并出现部分向微信公众号迁移的现象。如何在这种情况下进行品牌传播，还需要数字营销传播从业者们更多地思考和探索。

第七章 微信与微信营销传播

↘ 第一节 专业导航

一、微信：全新的社交平台

微信（WeChat）是腾讯公司于2011年初推出的一款快速发送文字和照片、支持多人语音对讲的手机即时通讯软件。用户可以通过手机或平板电脑快速发送语音、视频、图片和文字。微信是典型的无线移动传播时代的功能应用，提供公众平台、朋友圈、消息推送等功能，用户可以通过"摇一摇"、"搜索号码"、"附近的人"、扫二维码方式添加好友和关注公众平台，同时微信用户可以将内容分享给好友以及将用户看到的精彩内容分享到微信朋友圈。

微博和微信都属于社交平台，但在平台属性、传播特性、用户关系和时效性四个方面都有差异。首先，在平台属性上：微博是一个开放的信息平台，网友之间可以基于兴趣进行关注，不需要对方同意。在微博上发布的信息可以被任何人浏览，这种方式是基于关注者对微博的内容感兴趣，以"信息"为重点。而微信则是一个更私密、更封闭的社交平台，用户间的好友关系建立在双方共同意愿上，网友之间需要经过对方的同意才能加为好友，只有相互关注的用户才能互发消息。因此，网友之间是基于"关系"图谱建立的，微信在功能设置上更加偏向社会关系的完善。

其次，在传播特性上：微博信息的传播没有限制，信息的发布是公开的。用户发布的消息，无论是否为关注者都可以看到。这个特点使微博的信息传播效率得到提高。但由于每个用户关注的人较多，微博信息更新过快，因此多数用户对微博信息的接收是随机的。微信相对于微博，信息的发布是私密的，通常为一对一的信息发布。虽在传播范围上略逊一筹，但微信的传播优点在于精准。由于粉丝基数小，信息的传播效率比较低，但沟通效率高。相对于微博浅社交、广传播的传播特性，微信更专注于建立深社交、精传播的平台。

再次，在用户关系上：微信用户需要互加好友才能相互交流，因此用户间呈现双向对等、一对一的关系。这导致微信粉丝的基数较小，但是微信一对一的交流方式保证了交到的每一个朋友都是实实在在的朋友，微信公众平台的每一个关注者都是真心实意的粉丝。而微博用户间不需要互加好友就可以单方面看到对方的微博，是一种非对等的多向度错落关系。这种关注特点使微博用户可以拥有较大规模的粉丝群。但微博中有许多"僵尸粉"和"无关粉"，使得这些大规模的粉丝中掺杂了较多的"水分"。

最后，在时效性上：微信偏重于实时性的沟通，主要基于用户同时在线发布消息，因此信息到达率可达100%。微信公众平台也可以将信息推送给网友。微博是一个信息发布的平台，发送的信息粉丝需要在线时才能及时浏览到，或者信息未被浏览就会被淹没在快速更新的微博中。因此微博是差时浏览信息，粉丝接收信息不同步。具体微博与微信的区别见表7-1所示：

微信与微博比较　　　　　　　　　　　　　　　　　表7-1

微信	微博
封闭社交平台	开放信息平台
基于关系	基于兴趣
一对一、双向关注	多对多、单向关注
沟通效率高	信息传播快
私密性强	私密性弱
实时互动	差时浏览
粉丝基数小	粉丝基数大

二、微信营销传播的特点

微信营销是伴随着微信的博兴而兴起的一种网络营销传播方式。微信不存在距离的限制，用户注册微信后，可与周围同样注册的"朋友"形成一种联系，订阅自己所需的信息，商家通过提供用户需要的信息，推广自己的产品，从而实现点对点的营销传播。微信营销传播具有以下特点：第一，传播内容多元化。微信中不仅可以发送文字和图片，还可以发送即时语音、动画、视频等，能够更多角度、全方位地对企业信息进行推广；第二，传播渠道多样化。微信提供了漂流瓶、头像、昵称、个人签名、二维码、LBS服务等一系列强大的功能，微信公众平台每天可以向用户发送最新讯息，同时可以建立微信客服针对用户问题的一对一的回答，提高互动性；第三，传播者主体个体化。在微信中用户不再仅仅是消息的被动接受者，更是消息的推广者和转发者，每个用户都有自己的微信社交关系网，通过一个用户的转发可以让更多的用户看到企业信息，每个用户都变成了传播者；第四，定位精准化。微信的点对点产品形态，重新定义了品牌与用户之间的交流方式。当品牌成功得到关注后，通过微信就可以进行到达率为100%的对话;第五,亲近式传播。微信一对一的信息传播方式,交流双方处于相同的层面,让用户产生了一种归属感,而且用户更有自主权去选择自己想要的信息,这样信息的利用率会有很大的提高;第六,爆炸式传播。微信营销信息的传播往往是自发的扩张性的,改变了以往"一对多"的辐射状态,取而代之"多对多"的网络状态,后者对于信息的传播速度和传播效率显著增强。

三、微信:强关系链的"链接"

根据中国互联网络信息中心(CNNIC)发布的《2013年中国社交类应用用户行为研究报告》,反映了当前网民使用各类社交应用实际情况(图7-1)。报告显示,从社交关系的强弱来看,微信的联系人更倾向于强关系,其次为社交网站,最后为微博。

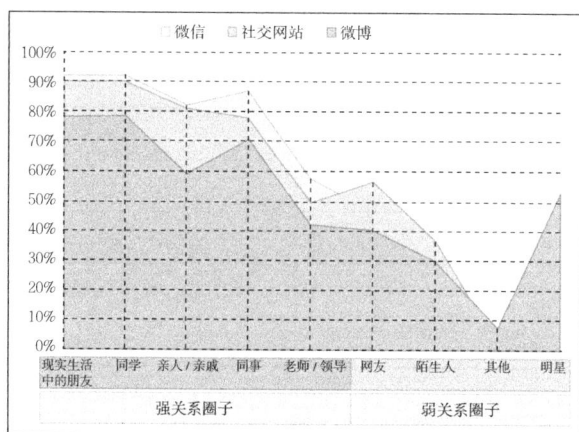

图7-1　三类社交应用中各类联系人覆盖率

(图片来源:http://www.cnnic.net.cn)

微信的强关系体现在:强关系联系人出现的比重高于社交网站和微博,其中现实生活中的朋友、同学出现在联系人名单中的比例高达90%以上,同事、亲人出现的比例在80%以上。

强弱关系的理论,最初是由美国社会学家格兰诺维特提出来的。他认为个人的人际关系网络可以分为强关系网络和弱关系网络两种。强关系指的是个人的社会网络同质性较强,即交往的人群从事的工作、掌握的信息都是趋同的,人与人的关系紧密,有很强的情感因素维系着人际关系。而弱关系的特点是个人的社会网络异质性较强,即交往面很广,交往对象可能来自各行各业,因此可以获得的信息也是多方面的,人与人关系并不紧密,也没有太多的感情维系。

社会化营销专家斯科特·斯特莱登(ScottStratten)将强弱关系的理论应用到营销传播领域。社交关系的强弱对于信息传播质量、传播可信度、社交圈子的紧密程度都有影响。社交关系越弱，信息传播质量越低，可信度也越低，进而会影响信息传播的质量,降低通过此类应用进行关系营销的效果。社交关系较强，信息传播可信度会提升，而且引起的共鸣也会更大，通过此渠道进行关系营销推广的效果也会越好。斯科特曾说，如果生意建立在关系的基础之上，那么就应该把关系当作一笔重要的生意来做。企业需要把与客户的"弱关系"转变为"强关系"，只有把关系放在首位，深化与客户的关系，才能引来长期、高质量的发展和收获。微信的出现，为企业和消费者塑造强关系提供了机遇。

第二节 经典案例

一、案例 16 星巴克的"自然醒"音乐

星巴克(Starbucks)是美国一家连锁咖啡公司,1971 年成立,随着其成功发展,已经成为目前全球最大的咖啡连锁店。星巴克目标市场的定位十分明确: 不是普通的大众，而是一群注重享受、休闲、崇尚知识、尊重人本位的富有小资情调的城市白领。顾客体验是星巴克品牌资产的核心诉求。星巴克的成功之处在于,在消费者需求从产品转向服务,由服务转向体验的时候，其迎合了消费者的需求，创立了一种以创造"星巴克体验"为特点的消费方式。星巴克看好中国市场的巨大潜力，立志于在中国长期发展。2005 年底，星巴克在上海成立中华区总部,主要负责星巴克大中华区战略发展、市场开拓和营运等事务。

(一) 首席数字官 CDO 玩转数字媒体

星巴克企业发展战略向来注重数字媒体与社交媒体，是率先设立"首席数字官（Chief Digital Officer）"的品牌之一。星巴克的首席数字官要负责星巴克整个核心的数字业务，包括全球数字营销、网站、移动终端、社交媒体、星巴克卡片、顾客忠诚计划、电子商务、Wi-Fi、星巴克数字网络，以及新兴的店内数字及娱乐技术。

从 2012 年星巴克首席数字官设立以来，团队的工作主要集中在移动支付和客户忠诚计划上: 推出了有支付、预订功能的 App，开发官方 App 以外的移动支付方式；调整会员系统和会员项目，整合会员卡与移动平台等。全美星巴克门店交易中已有超过 14% 通过移动终端完成。如今，星巴克不仅成为美国移动支付规模最大的零售公司，其在 Facebook、Twitter、Pinterest 等社交媒体上也是最受欢迎的食品公司。品牌在 Facebook 上拥有超过 3400 万个 "赞"，在 Twitter 上拥有超过 360 万个粉丝。

在中国，星巴克在微博上已拥有 200 万的粉丝。2012 年 8 月 28 日，星巴克

入驻微信，经过 4 个月的运营，星巴克中国微信公众账号粉丝已超过 40 万，实现了总计达到数以百万次的互动。并且，这些数据之后一直保持持续的增长，在业界也得到很好的反馈。

（二）巧用许可式推送的星巴克"自然醒"

在微信公众平台的运营当中，星巴克堪称是最成功的典范，其利用微信以及线下的上千家门店来完成大量的品牌与用户的互动，当中很多项目都给用户留下了印象。2012 年夏天，星巴克在中国市场推出"冰摇沁爽"系列饮品。夏季通常是星巴克的淡季，为了配合新品上市，星巴克推出微信官方平台。为了让用户知道"星巴克中国"微信的开通，星巴克通过微博、形象卡会员项目、门店、平面媒体等多个渠道，把这一消息告诉大家。受众以扫描二维码的方式，成为星巴克的微信朋友，并能够领取优惠券，成为 VIP 会员。微信的一对一推送，让品牌与粉丝可以有更多的互动。主要理由有两点：一是推送微信的精准度，二是微信推送的私密性。这样可以根据用户的个人情况推送适合客户的内容，以增加用户的黏性。

星巴克官方微信平台利用微信的推送功能，推出了"自然醒"活动（图 7-2）。当用户添加"星巴克中国"为好友后，用微信表情表达心情，星巴克就会根据用户发送的心情，用《自然醒》专辑中的音乐回应用户。到 9 月 2 日，通过这次活动，"星巴克中国"的微信账号就积累了 6.2 万粉丝，每天平均收到 2.2 万条信息。

已经厌倦了单纯的文字陪聊方式的用户，很快被新颖的音乐互动方式吸引。"自然醒"的热度不断攀升，互动中的音乐受到网友的一致追捧，甚至促使星巴克推出了以"自然醒"为名的专辑来做后续的传播和推广。在整个活动中，星巴克无论是在互动的模式还是音乐的选择上，保持了其一贯的品牌调性，营造出一种随时随地带来美好生活新体验和"星"乐趣的互动气息。也正是因为这种恰到好处的坚持，符合了用户的需求和兴趣，这次营销传播活动才在新颖形式的包装下，迅速带着星巴克的品牌调性再次深入人心。

星巴克充分利用了微信点对点传播的优势，将自己的促销优惠活动有针对性地推送到用户的手机端，当中加入的很多互动元素也得到很好的反馈。比如

图7-2　星巴克自然醒宣传海报

（图片来源：百度图片 http://image.baidu.com）

2013 年春节期间星巴克通过微信分享当日的点单优惠，线下门店也完全同步配合，极为出色的执行力成就了线上线下的搭配互动，最终让用户在趣味中也得到了方便和优惠。

二、案例 17　招商银行的"爱心漂流瓶"

招商银行，是中国第一家完全由企业法人持股的股份制商业银行，简称招行，成于 1987 年 4 月 8 日，是中国内地规模第六大的银行、香港中资金融股的八行五保之一，总行设在深圳市福田区。招商银行目前资本净额超过 2900 亿、资产总额超过 4.4 万亿、全国设有超过 800 家网点、员工超过 5 万人的全国性股份制商业银行，并跻身全球前 100 家大银行之列。公司获得过英国《金融时报》、《欧洲货币》、《亚洲银行家》等权威媒体授予的"最佳商业银行"、"最佳零售银行"、"中国最佳托管专业银行"多项荣誉称号。招商银行发展目标是成为中国领先的零售银行，在 1995 年 7 月推出银行卡一卡通，并在 1999 年 9 月启动中国首家网上银行一网通。

（一）招商银行数字营销传播在金融业先行试水

招商银行作为一家不断追求创新的股份制商业银行，在营销推广方面有着许多与众不同、敢为人先的尝试。其强大的自媒体和先进的传播理念，在金融乃至其他领域都处于行业领先地位，引导着互联网时代下的金融市场营销传播的变革与创新。

2010 年 3 月 5 日，招商银行开通新浪微博。截至 2015 年 3 月 5 日，其粉丝数为 670 万，在所有银行用户中排名第一。在开通微博的 5 年里，招商银行一共发了 1.2 万条微博，共组织了超过 100 次微博活动，得到了粉丝的热烈回应。微博应用工具分析显示，招商银行每条微博平均被转发 173 次，评论 121 次，在企业微博中是一个相当可观的数据。

招商银行在微博上的出色表现也得到了行业资讯机构与媒体的认同和肯定。2010 年 7 月 22 日，招商银行的微博营销在第五届艾瑞年度高峰会议上荣获 2010 艾瑞效果营销奖。这次获奖创造了中国第一个获得行业权威奖项的企业微博和金融行业第一个获得此类奖项的企业。由于招商银行在微博的出色表现，2011 年 5 月 12 号，由招商银行和新浪微博联合主办的企业微博论坛在深圳招商银行总部大厦举行。该活动吸引了众多微博营销专业人士参与，招商银行联合其他与会企业发布了 2011 中国企业微博论坛共同宣言。

2015 年 1 月，招商银行发起 2015 年度数字营销代理业务的比稿，最终确定由昌荣传播集团来对招商银行以及旗下"移动金融"、"交易银行"、"跨境金融"几大重点工作项目在数字营销领域提供包括数字传播策略、创意、媒介、技术等方面的支持。

（二）"爱心漂流瓶"助力自闭儿童

2013年，招商银行开通微信公众平台。截至2014年3月底，招行微客服用户量超过1000万，其中微信好友量超过800万，并且目前仍以每日1万至2万人的速度增长。招商银行微信公共账号是一个闭环的呼叫中心系统，简单的问题就由微信机器人做自动应答，对于一些稍微复杂的问题，引导客户到招商银行的手机应用掌上生活或者手机银行办理。再复杂一点的问题，如需协商还款、查询一些疑问交易、转人工，都可以通过微信直接连到网络人工系统，由人工提供服务。招商银行微信营销可以说是国内最成功的典范之一，其微信粉丝遥遥领先于300万家企业公众账号中任何一家的粉丝量，成为粉丝最多的企业官方微信公众号。招商银行微信公众号首先在推广环节采用漂流瓶的方式，加快了粉丝的增加，之后对微信平台功能的打造也使得银行与客户的沟通更加方便快捷。2014年，招商银行微信平台在配合阶段性营销的同时发展为一个固定的全客群综合服务平台，从微信第三方入手提高用户体验。

2013年5月，为了推广"招商银行"微信公众账号，招商银行联合微信官方开展了一次"爱心漂流瓶"活动。微信用户用"漂流瓶"或者"摇一摇"功能找朋友，就会看到"招商银行点亮蓝灯"，只要参与或关注，招商银行便会通过"小积分，微慈善"平台为自闭症儿童捐赠积分（图7-3）。

（三）漂流瓶，小爱心汇聚大参与

漂流瓶实际上是移植至QQ邮箱的一款应用，该应用在电脑上广受好评。许多用户喜欢这种和陌生人的简单互动方式。移植到微信上后，漂流瓶的功能基本保留了原始简单、易上手的风格。漂流瓶主要有两个简单的功能：第一是"扔一个"，用户可以选择发布语音或者文字然后投入大海中，如果有其他用户"捞"到则可以展开对话；第二是"捡一个"，顾名思义则是"捞"大海中无数个用户投放的漂流瓶，"捞"到后也可以和对方展开对话，但是每个用户每天只有20次捡漂流瓶的机会。

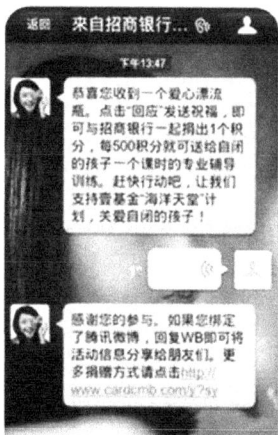

图7-3　招商银行微信平台
"爱心漂流瓶"活动界面
（图片来源：活动手机截图）

这则技术性和创意性更强的微信互动案例，是招商银行为自闭症儿童提供帮助的慈善性质的营销活动。在活动期间，微信用户可通过"漂流瓶"功能捞到来自招商银行微信账户的漂流瓶，然后根据上面的提示完成一些配合，比如通过微信给自闭症孩子们说一些祝福的话，随后招商银行会根据用户的参与情况，通过壹基金的"海洋天堂"计划来购买为自闭孩子提供的专业辅导训练。

对于普通微信用户，每天只允许"扔"20个"瓶子"。但是，在这次活动中，招商银行与微信官方进行了合作。微信官方可以对漂流瓶的参数进行更改，使得合作商家推广的活动在某一时间段内抛出的漂流瓶数量大增，普通用户"捞"到的频率也会增加。据统计，在招商银行展开活动期间，每捡十次漂流瓶便基本上有一次会捡到招行的爱心漂流瓶。不过，由于漂流瓶内容重复，如果可提供更加多样化的灵活信息，用户的参与度会更高。

三、案例18　杜蕾斯的微信陪聊团

杜蕾斯为全球知名的两性健康品牌，诞生于1929年。Durex一词源自Durability、Reliability、Excellence三个词。杜蕾斯安全套在世界上150多个国家均有销售，并在40多个市场中占据领导地位，杜蕾斯品牌占据了世界40亿安全套市场份额的26%。随着人们对性的观念逐步开放和性消费的拓展，杜蕾斯早已不仅仅生产和提供安全套，其产品线覆盖了从安全套、润滑液到性用品等诸多领域。除了一如既往给消费者提供品质卓越的产品外，杜蕾斯品牌致力于让人们拥有更完美的性爱生活。通过每隔几年在全球范围内进行全面的两性健康调查，杜蕾斯试图了解消费者在性健康、性教育、对于性的态度、初次性行为等诸多方面的现状，从而改善人们的总体"性福"水平。

（一）杜蕾斯微信：幽默而又坦诚的沟通风格的延续

正如我们在第一章所提到的，在社会化媒体出现之前，国家相关部门对于安全套类产品的媒体投放限制很严格，所以一直以来，杜蕾斯很难通过电视、杂志、户外等媒体进行品牌传播。2010年被利洁时收购后，杜蕾斯顺应传播环境的变化，在中国市场加大了数字营销的传播和推广力度。杜蕾斯的口号是"LOVE & SEX"（爱，性），因此在网络上杜蕾斯发布的信息会谈许多有关爱的内容。除了爱情，还有几个传播关键词，比如性感、安全、时尚、幽默等。杜蕾斯营销团队通过关键词的契合与品牌产生链接，根据当时的情况调配这些帖子的比例，这个比例经常根据当时的情况做调配，以确保每天都有一些有趣的、生活的、小清新的、性感的内容。

2011年2月，杜蕾斯开通新浪官方微博。一开始，杜蕾斯新浪官方微博的形象定位于"宅男"，以传播性知识为主要内容，同时转发一些与产品相关的话题；之后逐渐变成一个"有一点绅士，有一点坏，懂生活又很会玩的人，就像夜店里的翩翩公子"。与其他企业官方微博相比，杜蕾斯有专门的团队负责原创内容，杜蕾斯官方微博运营采用两班制，分早晚班进行维护。杜蕾斯官方微博内容囊括了新闻时事、网络热点、粉丝互动、恶搞短文、共鸣金句、企业联合、节日专题、诙谐互动等。这些内容可归纳成经验分享、促销活动、劲爆话题、产品信息等四个方面。杜蕾斯官方微博运营的三大目标是产品推广、关系维护

和品牌传播。为了通过数字营销让品牌更加亲切，杜蕾斯十分强调与消费者互动中的聆听消费者。杜蕾斯利用数字营销迅速得知消费者的反馈，迅速做出反应，使品牌更有"人情味"。

通过精准定位、内容策略和互动行销三步走，杜蕾斯实现了品牌成功微博营销，吸引了大批粉丝关注。截至 2015 年 4 月，杜蕾斯新浪官方微博的粉丝量达到了 131.7 万。随后，杜蕾斯又将微博上杜杜的风格延续到了微信上，通过受用户欢迎的杜杜虚拟人物与微信粉丝互动，杜蕾斯在微信中依然以"帮助消费者享有美好的性生活"为目标，与用户以一种幽默又坦诚的方式沟通。

（二）微信陪聊团塑造强关系

2012 年 8 月，杜蕾斯微信公众平台正式上线，杜蕾斯微信团队专门成立了 8 人陪聊组，主动与粉丝进行真人对话。由于产品的特殊性，在互动上沿用"谈性说爱"的方式，使得营销传播变得具有趣味且容易被接纳，粉丝互动积极性高，活跃度高。小杜杜平日里一直扮演"两性安全专家"的角色，可以回答粉丝们提出的各式各样关于两性的问题，而粉丝也经常被杜杜的诙谐所逗笑或者被它的恶搞弄得哭笑不得。其实对于商家来说，这些都是与顾客培育品牌感情的方式。杜蕾斯同时也在微信平台推出"私密健身房"、"热门游戏"、"视频精选"、"杜杜电台"等系列娱乐活动。

为了推广杜蕾斯微信公众平台，2012 年 12 月 11 日，杜蕾斯微信推送了这样一条微信活动消息："杜杜已经在后台随机抽中了十位幸运儿，每人将获得新上市的魔法装一份。今晚十点之前，还会送出十份魔法装！如果你是杜杜的老朋友，请回复'我要福利'，杜杜将会继续选出十位幸运儿，敬请期待明天的中奖名单！悄悄告诉你一声，假如世界末日没有到来，在临近圣诞和新年的时候，还会有更多的礼物等你来拿哦。"活动一出，短短两个小时，杜杜就收到几万条"我要福利"。杜蕾斯仅仅靠 10 盒套装就换来了几万粉丝，微信活动营销的魅力在杜蕾斯这里被演绎得淋漓尽致。

2014 年，杜蕾斯微信平台在坚持以往语言风格幽默的同时，加大活动推广力度，形成系列主题。另外，杜蕾斯微信中还有一个特色信息，就是每周都会收集本周经典的互动对话，整理成一个特色栏目"一周问答集锦"，每期栏目会集合 10 名

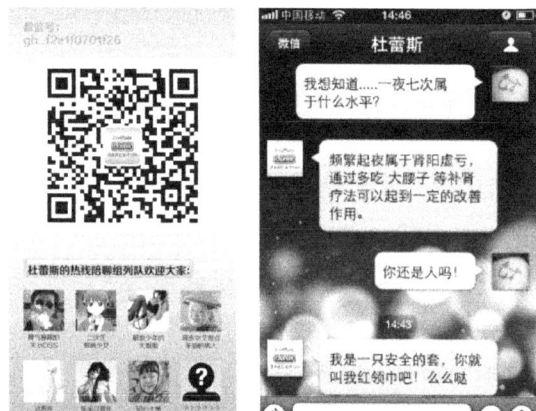

图7-4 杜蕾斯8人陪聊团

（图片来源：活动手机截图）

左右的粉丝关于两性话题咨询的互动信息，发布出来。杜蕾斯还时不时与粉丝做有奖问答的互动，围绕一些有意思的主题，吸引粉丝参加，还赠送奖品鼓励。这一系列活动都非常能够满足粉丝的心理需求，能够牢牢把握住粉丝的心。

第三节　案例点评

　　微信公众平台是腾讯公司在微信的基础上新增的功能板块，通过这一平台，个人和企业都可以打造一个微信公众号，并实现群发文字、图片、语音三个类别的内容，实现全方位沟通、互动。结合微信的消息群发功能，微信公众平台的主要功能主要有三个：一是群发推送，公众号主动向用户推送重要通知或趣味内容；二是自动回复，用户根据制定关键字，主动向公众号提取常规信息或进行FAQ；三是一对一交流，公众号针对用户的特殊疑问，为用户提供一对一的对话解答服务。上述三个案例，体现了营销者对微信公众平台这三个功能的充分利用，达到与消费者建立起联系的效果。

一、找到品牌与微信平台契合度吸引用户参与

　　用微信平台拉近品牌和消费者的距离，是微信营销的一大目的。无论是星巴克、招商银行还是杜蕾斯，他们的营销活动都是为了使品牌和消费者之间的沟通交流更加无障碍，让品牌成为消费者的朋友，从而使得消费者对品牌产生比好感更深一层的亲切感。但是由于每个品牌的品牌调性不同，微信营销的方式不能千篇一律，这就需要营销者找到品牌与微信平台的契合点。

　　以星巴克为例，这次利用微信开展的星巴克自然醒的营销活动，有效地利用了微信平台与星巴克品牌的契合点，主要表现在以下两个方面：

　　首先，微信和星巴克的用户主要都是以年轻人为主。根据CNNIC发布的《2013年中国社交类应用用户行为研究报告》，微信的用户中，男性占63%，0～20岁占74%，大学生占64.51%。用户群具有年轻化、男性居多的特征，从职业分布来看，拥有大量碎片时间的大学生是其主要使用群体。星巴克目标市场的定位是一群注重享受、休闲、崇尚知识、尊重人本位的富有小资情调的城市年轻人和白领。从这点来看，星巴克这次的微信营销传播活动找到了合适的伙伴，同样的消费群体让此次活动有较高的覆盖精准度。其次，微信和星巴克倡导的理念相同。星巴克的理念是希望通过咖啡这种载体，营造环境文化、感染顾客，把一种独特的格调传送给顾客，让顾客享受并形成良好的体验。而微信不但为人们提供丰富的聊天模式，更代表一种拉近人之间距离的生活方式。星巴克充分利用了微信的语音功能，将自己的微信公众账号做成一个移动的个性定制电台，不但为人们提供丰富的聊天模式，更秉承星巴克"连接彼此"的企业文化内涵，让

用户随时随地体验"星"乐趣。

已经厌倦了单纯的文字陪聊方式的用户，很快被新颖的音乐互动方式吸引。"自然醒"的热度不断攀升，互动中的音乐受到网友的一致追捧，甚至促使星巴克推出了以"自然醒"为名的专辑来做后续的传播和推广。在整个活动中，星巴克无论是在互动的模式还是音乐的选择上，保持了其一贯的品牌调性，营造出一种随时随地带来美好生活新体验和"星"乐趣的互动气息。也正是因为这种恰到好处的保持符合了用户的胃口，才在新颖形式的包装下，迅速带着星巴克的品牌调性再次深入人心。

二、结合营销目的利用微信进行营销传播

微信的功能多种多样，结合营销目的选择使用微信的功能来进行营销活动也显得十分重要。在招商银行的例子中，我们可以看到其爱心漂流瓶活动是为了推广招商银行微信公众账号，因此招商银行选择了漂流瓶这一应用。

微信的漂流瓶功能以一种匿名方式出现，吸引了很多用户在上面宣泄心情。招商银行爱心漂流瓶的成功，让我们知道，漂流瓶也可以作为一种营销工具，通过漂流瓶免费推广品牌、产品和网站。通过漂流瓶营销，通常可以达到两个目的。首先，可以增加微信账号的关注度。漂流瓶是随机出现的，对于很多微信用户来说，能在几亿用户中收到某个漂流瓶，会让人觉得是一种很奇妙的缘分。因此，只要漂流瓶中发送的内容适当，不引起用户的反感，一般都会查看内容并互加好友。这样，微信账号的好友数就会大幅增加，从而为下一步的营销聚集人气。如果漂流瓶中的信息包含网站地址之类的，捡到瓶子的用户也可能会去访问这个网站，因此这个网站的访问量就会相应地增加。其次，可以提高品牌知名度。在漂流瓶中可以直接展示企业、品牌的介绍，只要捡到瓶子的用户都可以看到相关信息，增加了品牌的曝光度，也就能提高品牌的知名度。

招商银行这次的漂流瓶活动主题是为自闭症儿童提供帮助。我们都知道，自觉承担社会义务、参与公益事业是企业获得社会亲和力和公众认知的主要途径，这不仅有助于建立良好的企业形象，扩大企业的连续发展空间，同时还能增添企业品牌的美誉度和虔诚度，增加企业或其产品的市场占有率。在招商银行的微信漂流瓶中，招商银行与壹基金合作，用户通过与招商银行的微信公众账号进行简单的互动，就可以贡献自己的一份爱心，这种简单却又可以做善事的活动，不仅降低了消费者对营销活动的反感心理，还展现了其良好的公益形象。

三、创新趣味性与价值性的微信传播内容

微信巨大的营销价值在于其庞大的用户群、极强的用户黏度以及强互动和广分享的能力。在微信中，用户注重的是传播的趣味性与价值性的内容而非生硬直接的商业广告。因而，企业品牌要想得到很好的传播效果，必须在传播的

内容上下功夫，特别要注意与用户的互动，而不能仅仅停留在自我表现层面。上述三则案例都做到了以互动为核心，通过强互动、娱乐化的营销方式进行品牌、产品的软性植入，让消费者在潜移默化中体验产品信息，实现品牌、消费者的双向互动。

杜蕾斯的陪聊团更是将打造和用户的强关系用到了极致。微信营销更像是朋友之间的聊天或闲谈，这种营销方式在提高营销效果的同时也存在交流时间延长的结果。因此，营销者虽然可以利用微信的各种功能使得营销传播方式更为直观，但这并不代表可以精简营销传播步骤，否则只会产生适得其反的效果。成功持续的微信营销传播，需要品牌注意微信营销传播中的每一个细节，在词语选用、话题选择、答疑过程中认真对待，为消费者提供详细的解释，才会收到更好的营销传播效果。杜蕾斯人力陪聊团，让与消费者沟通的主体从不具备生命的品牌到生动活泼风趣幽默且体贴大胆的人转型，并且这些陪聊群体的及时回复和人性化的回复，让消费者感觉手机那一端的"杜杜"就是能与自己聊天的好友。

四、微信营销传播提升永无止境

我们需要看到，每一个成功的营销案例背后也有许多进步空间。上述三个案例虽然达到了其最初设定的营销传播目标，但也或多或少存在一些缺陷。

星巴克在这次"咖啡＋音乐"营销活动中采取的是"游戏化"方式，但作为"游戏化"方式的营销传播，星巴克这次的活动明显挑战性不够，使得部分追求更高刺激和参与度的消费者难以被打动。而且这种问答式营销，形式虽然多样，但是数量有限，且人机互动感明显，很难让消费者一直保持新鲜感。招商银行首次尝试漂流瓶作为营销工具，出现了两个问题：第一，爱心活动将本来前期必须要纯人工回复的工作，完全套用聊天机器人进行回复。机器人毕竟是机器人，很多问题回答得答非所问。第二，活动页面采用非 HTML5 技术搭建，微信端打开后，非常不适合阅读体验。需要注意的是，各种含有活动信息、广告意味浓郁的漂流瓶已经过时，根本收不到消费者的回应，商家和企业需要针对漂流瓶需要达到的互动效果修改漂流瓶的内容。杜蕾斯的 8 人陪聊团，由于用户基数太大，陪聊成本太高，并且微信私密性较强，用户的聊天内容完全依靠用户素质来维持，导致杜蕾斯陪聊在前期打造了噱头吸引用户关注后，并没有维持太长的时间。

最终，在微信营销活动之后，如何打造好企业微信公众平台，使企业与客户建立的沟通关系能良性发展，才是最重要的。

第八章　SNS 社区：平台的聚合与用户的创造

↘ 第一节　专业导航：从大众连接到细分归属

一、SNS 平台：从大众连接到细分归属

1967 年，哈佛大学的心理学教授 Stanley Milgram 创立了六度分割理论，简单地说，"你和任何一个陌生人之间所间隔的人不会超过六个。"根据这个理论和 150 法则（Rule of 150）而发展形成的社会关系网络社区，包括社交软件和社交网站，就是 SNS 社区。它的本质属性是基于人与人之间、传播点之间的"连接"关系。

早期的天涯、猫扑和西祠胡同这类 Web1.0 时代的 BBS，将"点对点"的传播方式发展为"点对面"的传播方式，降低了交流成本，将信息多节点化，并实现了分散信息的聚合，把大众有效地连接在了一起。

随着移动互联网技术的发展以及一系列社交媒体新贵的崛起，SNS 社区细分和类型化的趋势开始显现，例如随后发展起来的人人网、开心网以及搜狐白社会等，在 SNS "低成本替代"的基础上，呈现出概念化的六度分割理论时期到娱乐化概念时期的明显转变。在此过程中，还出现了垂直社交网络应用以及专业化网络平台的从"增量性娱乐"到"常量性生活"的交叉发展。差异化的商业模式不断延伸：娱乐、婚恋、旅游等领域的细分以及与游戏、电商、分类信息的结合，开始成为未来发展的主要方向。

结合当前兴起的兴趣社交与粉丝营销，SNS 的演化逻辑已经十分清晰：从大众连接到细分归属。人们会因为某种标签和共同的兴趣爱好走到一起来，在更深的层次上，基于更深的归属与认同感来建构人与人之间的关系。

伴随着 SNS 的演化，用户黏着度与 VC/PE 关注度也随之从基于普遍联通的综合性 SNS 社区，转移到专注于商务、婚恋、汽车、地产、IT 等专业领域的垂直 SNS 社区，与百度贴吧、豆瓣、知乎等基于兴趣和标签文化的社区。由此形成大众连接型社区与细分归属型社区两大数字营销传播阵地。

二、SNS 营销：从传播到互动

"营销是一门发掘，发现机会并从机会中获利的艺术"❶ 从 PC 互联网时代到如今的移动互联网时代，SNS 社区作为高级别的消费者入口，仍然是企业品牌营销传播难以舍弃的平台。这得益于其独特的营销传播价值：

其一，SNS 社区可以提供多层次的营销传播空间，激发多向度的传播。在 SNS 这个公共空间里，消费者之间能够发生各种类型的交互影响，为营销信息的传播以及效果的产生提供肥沃的土壤。社区拥有多样化的传播者，且社区对传播目的不予限制。任何遵守社区规定的消费者均可注册、进驻社区，传递和接收信息，这一点保证了营销账号的自然入驻。同时，SNS 社区还能容纳足够多的传播方式，能够将自我传播、人际传播、群体传播和大众传播很好地融合在一起，转化成各种功能设置。在满足消费者多样化传播需求的同时，激发出多向度、多层次、多链接的营销传播方式。

其二，强大的泛关系网络协同引爆传播。SNS 社区能够帮助人们建立可靠的联络和评价体系，拓展自己的社会性网络，积累、使用并管理个人的社会资本，从而形成巨大的泛关系网。海量用户产生的这些泛关系网中，既有基于真实关系的强关系，也有基于兴趣、审美、价值观等间接社会属性的弱关系。强关系可由弱关系进一步发展形成，对于用户的消费行为有直接的口碑刺激作用，有助于进一步提高转化率。同时也正如 Facebook 的数据专家 EytanBakshy 在其研究中指出的：弱关系由于其庞大的基数，产生的协同作用导致信息传播数量远高于强关系，更易促成新生事物和新兴观点的快速流动❷。伴随着 SNS 的演变，SNS 社区用户的泛关系网还会产生自发的聚合与重构，在丰富的强弱关系资源中，碰撞出更多的营销可能性。

其三，用户生产内容激发深度交互效应。SNS 社区的用户生产内容通常能够反映群体心声，并在相应地群体中传播。传播过程也通常有明确的指向，被当作目标的参与者能够给予回答。这种群体内的深度交互一旦被准确激发，群体参与用户就会进行自发维系。因此，对品牌的 SNS 社区营销传播而言，如何将品牌与消费者之间的纯营销类的人际关系转变为深度卷入的密友型人际关系将是营销过程中最艰巨、也是最重要的环节。如果营销传播内容能够直击消费者心理，与用户生产内容进行深度融合，实现品牌与消费者之间从单向注意、表面融合，到相互卷入的深度交互阶段的转变，品牌营销传播才可能真正取得成功和产生持续性效果。

其四，黏性机制持续互动重塑品牌气质。不论是基于用户真实关系的实

---

❶　（美）菲利普·科特勒. 科特勒谈营销[M]. 高登弟译. 浙江人民出版社，2002：99.

❷　（美）Eytan Bakshy, Rething Information Diversity in Networks [R]. Jannary 2012.

名社区，还是基于用户兴趣标签和使用习惯的兴趣社区，都能够在一定程度上保证 SNS 社区的用户黏性。这种黏性来源于庞大的活跃用户数量和各类互动性应用的站内搭建。庞大的活跃用户数量保证了较长的用户同时在线（co-appearance）时长，进而使得用户对于社区信息的依赖性增强。而互动性应用的植入也进一步提高了用户的转移成本，进而能够留住用户，并提高用户黏性。对于品牌的营销传播而言，较长的用户同时在线时长能够保证营销传播信息的到达率，而与社区内置互动性应用的整合则能够在潜移默化中进一步加深消费者的品牌印象，并通过互动为品牌赋予与用户气质更加匹配的品牌内涵。

三、"SNS+"：从战略制定到实施

多元化社交媒体的出现，不仅增加了人们相互交流与互动的机会，还极大地影响了消费者接受品牌信息、参与营销活动的内容和方式。传统的营销模式正在逐渐被解构和重建，基于互联网和移动技术出现的 SNS 社区成为企业维持和增进顾客与品牌关系的重要手段。以互联网和移动技术为载体的 SNS 社区，连接着消费者与企业、品牌和产品间的关系，使消费者对品牌的感知在价值观和情感方面产生差异化，从而影响企业品牌战略和策略的制定与实施。

李克强总理在两会上提出"互联网＋"的概念，表明企业与互联网的结合是今后企业发展的必然趋势。将品牌与互联网联结，建立和管理虚拟品牌社区，对企业提升品牌价值、稳定客户群具有重要的现实意义。依托移动互联网技术及大数据，"SNS ＋电子商务"模式也被广泛地运用于全球各地的商业贸易活动中，尤其像微信、微博等以青年人为主的社交平台，拥有庞大的社交网络和人气，更有利于开展电子商务，这使得"SNS ＋电子商务"模式逐渐趋于成熟。同时，SNS 社区营销传播还能延伸出更有价值的营销传播模式。而成功的品牌营销传播并非靠平台价值就能够实现，关键在于营销创意与平台价值的契合，在于品牌的创意激发与消费者深度卷入的融合。只有社区价值和品牌气质相耦合，借助创意营销方式，通过互动让受众深度参与其中，才能达到品牌价值的认同。而对于大众联结型 SNS 社区与细分归属型社区在上述的营销价值上的侧重点各有不同，品牌营销传播的介入也应结合社区的气质进行更为周全的布局。

如今，大数据和云计算已经成了炙手可热的概念，国内 SNS 网站将会迎来大数据和云计算时代 SNS 网站在提供人们沟通与交流的平台的同时，也在不知不觉中记录着人们的行为。通过对数据的收集和深度的分析，能够精确推测出人们的习惯与爱好，从而预测出人们的下一步行为，为社会管理或商业决策提供战略支撑。在未来，它们则必将改变人们的生活方式。而这一切，都是以 SNS 网站为载体实现的。

↘ 第二节 经典案例

一、案例19 百事·多力多滋借力Facebook"冲击超级碗"

1965年，成功收购兼并脆片休闲食品巨头菲多利（Frito-lay）的百事公司（Pepsi Co）一跃成为全球最大的休闲食品生产商。随着人们对于健康要求的提高，百事开始对旗下食品进行精致改良，在营销战略上也极尽所能地避开消费者的忧患雷区。得益于对食品工艺与营销技巧的精耕细作，如今的百事已然是市值超千亿，拥有乐事、多力多滋、奇多等风靡全球膨化食品品牌的品牌集团公司。其中，多力多滋（Doritos）是百事集团竞争市场的一款全球性热销产品。时至今日，作为百事食品家族中的资历派，其新颖出奇的独特风格依然在北美热度不减。

（一）"高调、刺激"营销传播风格的延续

多力多滋因其独特的市场定位和鲜明的品牌个性，致力于在年轻群体中通过视觉感官的刺激，达到引爆传播的目的。除了吸引眼球的电视广告外，与游戏、动漫、电影的植入性合作，基于社交网络的病毒营销以及在线下倡导的酷炫"潮"文化，都为多力多滋的品牌推广与产品销售积累了赫赫战绩。

"冲击超级碗（Crash the Super Bowl）"广告创作大赛是多力多滋营销历史上最为经典的一个系列。沿袭了多力多滋高调、刺激的营销风格，至今已举办九届的"冲击超级碗"广告创作大赛，仍然是全球范围内最大型的线上视频竞赛活动。每年百事集团在这个活动中的巨资投入，以及至少会有一部参赛作品在"超级碗"比赛期间播放的保证，都在不断引爆人们对于多力多滋广告的期待。

（二）借力"超级碗"与Facebook提高卷入度

2006年，凯旋公关（Ketchum Inc）为多力多滋策划了首届"冲击超级碗"广告创作大赛。比赛要求参赛者为多力多滋创作一部时长为30秒的广告作品，并将作品提交至比赛官网，接受网络观众的投票。在最终收获的1065份作品中，获得最高票数的"Live the Flavor"成为首个在超级碗比赛中直播的、由消费者创作的广告，并一举登上《今日美国》超级碗广告榜单（the USA Today Ad. Meter poll）的第4名，震惊业界。

与"超级碗"的这次合作，为百事·多力多滋在短时间内聚合了大量人气与专业口碑。国际公共关系协会（IPRA）数据显示，在"冲击超级碗"大赛期间，仅2007年1月就带来12%的销售额上涨，共有100万人次登录官网参与作品投票。杰出的营销传播效果的取得不仅使得代理服务商凯旋公关获得了由协会颁布的世界金奖，活动的冠军作品"Live the Flavor"也被Time.com评选为年度最佳商

业广告第 9 名。从此,每年举办一次"冲击超级碗"广告创作大赛就成了百事·多力多滋的传统,而百事也成了超级碗的长期合作商。

伴随着社交网络的兴起,多力多滋"冲击超级碗"广告创作大赛开始更深入地刺激着脆片食品爱好者的神经。2012 年 9 月第 47 届"超级碗"大赛来临前,多力多滋首次宣布将第七届"冲击超级碗"大赛平台从官网移至 Facebook,邀请更多消费者为其创作广告片,并设置了巨额惊喜奖励来保证 Facebook 首战的成功:得分最高的参赛者除了获得巨额奖金外,还将与迈克尔·贝及其团队共同完成电影《变形金刚 4:绝迹重生》的拍摄和制作。

消息一出,Facebook 上多力多滋的主页立刻迎来拥挤的流量,迅速增长的粉丝们一条不落地搜寻着最新的比赛消息,同时围观者也在大量聚拢。比赛最终提交的参赛作品数量,在首次"冲击超级碗"大赛的基础上翻了三番。社交网络的力量开始将这场本就火热的年度狂欢推入近乎疯狂的境地。

(三)开放 Facebook 公开投票强化刺激度

第七届超级碗大赛,多力多滋将 Facebook 主页作为新的大赛平台,这背后真正重要的决定其实是开放 Facebook 投票通道,并公开投票。

随着大赛宣传阶段的开启,多力多滋便开始在其近 1600 多万粉丝的 Facebook 主页上频繁更新大赛信息,在巨大流量的压力下,有序地引导更多的 Facebook 用户进入比赛页面查看详情、提交参与申请。很快,大量参赛作品被上传,多力多滋主页也顺势开启了公开投票的传播硬战(图 8-1)。

参赛者们不遗余力地展开了拉票活动:一方面将作品链接发送至各个平台进行拉票宣传,另一方面,不断鼓励身边的亲朋好友帮助分享与传播。大赛期间谷歌(Google)搜索"Crash the Super Bowl"的词条页,竟然多次出现参赛者的 Facebook 拉票页面,可见比赛互动参与火爆的程度。

与此同时,消磨闲暇时光的多力多滋粉丝以及 Facebook 用户,也可以通过点击相关分享轻松进入大赛页面,观看参赛作品并投票、评论、分享,进而带动多力多滋品牌及大赛信息的病毒式传播。

多力多滋通过"冲击超级碗"大赛选拔出的广告,基本都属于诙谐幽默的类型。事实也证明,让人欢笑捧腹的内容也的确更容易引发社交平台

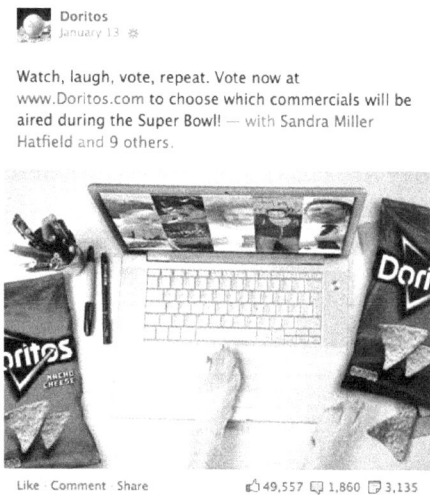

图8-1　Facebook公开投票页面截图

(来源:Facebook官网 http://www.Facebook.com)

网友的关注与分享。最终百事在超级碗期间播放了得票数最高的"Goat 4 Sale"和"Fashionista Daddy"，分别讲述了一只总是咀嚼多力多滋玉米片的山羊以及爸爸们为了得到多力多滋，放弃橄榄球穿上公主裙的故事。其中，"Fashionista Daddy"成功闯入《今日美国》的超级碗广告榜单，其拍摄者 Mark Freiburger 在 Facebook 网友们的一片钦羡声中，获得了参与拍摄《变形金刚4》的机会。

（四）对参与者"挑逗连连"制造惊喜保持热度

由于比赛间隔时间为一年，为了保持热度，多力多滋每年都会通过更新奖励措施，为"冲击超级碗"大赛设置新的噱头与惊喜，如帮助音乐爱好者签约环球音乐、攻下《今日美国》榜单冠军的英雄帖、横扫榜单前三的盟约、百事极度可乐的客串、Facebook 榜单的引入等。

此外，多力多滋冲击超级碗的传统赛制会在大赛尾声公布一个5个名额的最终入围名单，而最终的结果会随着超级碗的直播而揭晓。这已经足以调动观众的期待值，但"冲击超级碗"的乐趣不止于此：视具体受欢迎情况，在超级碗结束后，百事·多力多滋还会出其不意地陆续放出余下的入围广告，引发热度回潮。

将比赛平台移至 Facebook 进一步扩大了"冲击超级碗"的影响力。为了迎合海外消费者的创作热情，百事在第八届"冲击超级碗"大赛前宣布首次开放全球竞选。所有多力多滋售卖国家的消费者均可参与竞赛，获胜的广告还将有可能在超级碗结束后，在每位创作者各自的市场范围内播放。此外，最终作品名单中的作品数也增加到了10部。而 Facebook 显然也成为更加实用的大赛投票平台。

Facebook 平台介入后的"冲击超级碗"大赛，为多力多滋收获了更多人气，进而促成了其全球市场的进一步扩张。而市场的扩张，反过来也促成了更具价值的营销创意的产生。在刚刚结束的第九届"冲击超级碗"大赛中，百事·多力多滋承诺为获胜者提供为期一年在环球电影公司工作、与一线编剧、导演和制作人共事的机会。从物质利益提供到如今的消费者价值实现，这场最初在北美市场的娱乐与营销传播狂欢已经开始步入更加大气、沉着的阶段，品牌内涵也随之丰富起来。

二、案例20 蒂芙尼"了不起的盖茨比"系列豆瓣传播

蒂芙尼（Tiffany & Co）在1853年正式确立了以珠宝为主的经营方向后，开始成为全球知名的奢侈品公司之一，并以爱与美、罗曼蒂克与梦想为主题风誉了近两个世纪。蒂芙尼蓝（Tiffany Blue）更是成为代表美国洗练时尚、独特风格的标志性颜色。作为美国设计的象征，蒂芙尼还坚持通过电影定制来提升其品牌气质：《蒂芙尼的早餐（Breakfast at Tiffany）》中让奥黛丽·赫本钦羡的蒂芙尼

橱窗商品、《西雅图夜未眠》（Sleepless in Seattle）里梅格·瑞安戴上后又退回的婚戒、《恋爱世代》中松隆子凝视的那颗水晶苹果，都充分印证了蒂芙尼公司"对美和品格的不懈追求"。

（一）与经典电影内容的深度整合

2013 年，根据菲茨杰拉德同名小说改编的《了不起的盖茨比》（The Great Gatsby）上映。作为影片官方合作珠宝商，蒂芙尼从古董珍藏库中汲取灵感，为影片创作出一系列 Art Deco 装饰艺术风格的高级珠宝。与此同时，Tiffany&Co. TheGreatGatsby 系列（图 8-2）高级珠宝也在线下同步推出，包括头饰、项链、手链、耳坠、戒指、袖扣等。

图8-2　Tiffany & Co.The Great Gatsby系列截图

（来源：Tiffany官网http://www.Tiffany.com）

电影中男女主角盖茨比、黛西的第一次出场均以蒂芙尼戒指亮相，可谓人未现身，珠宝先至。而蒂芙尼与这部电影的合作绝不止于开场的短暂露面，在这部讲述 1920 爵士年代纽约上流社会奢华生活与爱情故事的电影中，几乎所有奢华、梦幻场景的营造都离不开蒂芙尼的功劳：从影片中盖茨比雏菊主题图案的戒指、袖扣，到黛西的珍珠项链、手链、头饰，甚至盖茨比家中陈设的精美瓷器、纯银餐具及其他配饰都来自蒂芙尼的特别定制。此外，影片中"长岛环行"情节的设定也源自蒂芙尼首席设计师路易斯·康福特·蒂芙尼的亲身经历。

（二）与豆瓣频道内容的高度融合

蒂芙尼在电影进入宣传期后，顺势开启了 Tiffany & Co. The Great Gatsby 系列珠宝的营销推广，并将广告投放场所选在了影迷们查询影讯以及刷成就的聚集地——豆瓣。

在豆瓣电影版块具体的电影条目页面中，设有"预告片和图片"版块，点击图片或者主页海报，即可进入图片展示页面。豆瓣用户可以在该页面自主上传电影海报、剧照、电影截图与豆友们分享。

随着电影宣传的开启，蒂芙尼也在电影《了不起的盖茨比》"预告片和图片"区域，悄然制作了一个名为《剧中人物佩戴珠宝——蒂芙尼》的相册。内容依旧是电影截图，只不过每一张图片都有蒂芙尼珠宝出镜。豆瓣用户可以毫无障碍地浏览、下载、点评相册内的图片，除了置顶在图片展示区页面外，与其他相册基本无异。唯一一个隐蔽的区别是，这个相册不支持网友自由上传，每一张图片都是品牌精选的剧中人物佩戴蒂芙尼首饰的高清剧照。

（三）实施 Banner 广告低调植入

除了制作品牌推广专属相册外，蒂芙尼还在豆瓣设置了两个 Banner 的独占广告位，分别置于蒂芙尼自建品牌相册与豆瓣用户自建相册中。

首先是《剧中人物佩戴珠宝——蒂芙尼》相册中的剧照品牌定制 Banner 广告。在品牌剧照专区的最热剧照下，豆瓣为蒂芙尼首开先河，定制了尺寸为 600*90 的横通广告展示位。Banner 素材低调地回避了蒂芙尼的品牌标识，采用了剧中女主黛西佩戴的蒂芙尼头饰，与剧照内容深度契合，并配以文字标语"探索更多珠宝背后的故事"，吸引消费者点击。

其次是豆瓣用户自建相册中的品牌定制 Banner 广告（图 8-3）。除了在蒂芙尼自建品牌相册中置入 Banner 外，豆瓣还为蒂芙尼开放了最热剧照的右侧独占广告位，用于在非品牌专区、豆瓣用户自发上传的最热门剧照旁边展示。Banner 素材同样为影片中标志性的头饰，同时，品牌标识清晰可见，进而使查看影片其他剧照的豆瓣用户，将电影与蒂芙尼再次联系起来。

图8-3　蒂芙尼（Tiffany）豆瓣Banner广告截图

（来源：豆瓣官网http://www.douban.com）

（四）建立品牌专属的软性小站

点击上文两处 Banner 广告，则链接到豆瓣自运营小站"质"的蒂芙尼房间。房间命名为"蒂芙尼之爵士年代"（TiffanyJazzAge），意为蒂芙尼珠宝展现了爵士年代魅力。首屏嵌入了蒂芙尼与《了不起的盖茨比》的合作花絮，同时还上传了相关影讯、影评以及蒂芙尼"了不起的盖茨比"系列款产品信息。

与其他豆瓣用户一样，蒂芙尼能够在其"爵士年代"的小站中上传图片、文字，记录最新动态。通过吸引关注小站的豆瓣用户进行分享与转发，进一步实现品牌与粉丝之间的互动沟通，将品牌深度广告投放的影响力进一步延伸，并将盖茨比系列的关注度延伸至蒂芙尼的其他产品。

蒂芙尼与豆瓣合作的这一系列低调的营销举措引来了刁钻豆瓣用户的高度关注，从品牌剧照专区下设的评论版块中便可窥一二：剧照好评多，不少豆瓣用户原本对于小说改编作品的担忧在看过蒂芙尼发布的精美剧照后得以消除；同时，评论中也多次提到蒂芙尼品牌。眼尖的豆瓣用户还发现 Banner "探索更多珠宝背后的故事"的背后就是蒂芙尼，纷纷留言"广告已点"，对这种广告创意表示了充分认可。此外，蒂芙尼右侧独占 Banner 广告的点击率也居高不下，链接着品牌相关页面——品牌软性小站的精致内容也在不断增加粉丝在其豆瓣广播中对蒂芙尼的分享。

第三节　案例点评

百事与蒂芙尼借助 SNS 进行的品牌推广分别代表了数字营销传播的两种走向：百事·多力多滋借助 Facebook 平台聚合人气，极尽手段撩逗消费者情绪，强势高调，一呼百应；蒂芙尼则借助豆瓣电影频道与软性小站，将品牌推广与原生内容进行深度融合，低调稳重，润物无声。但无论采用何种营销创意，与平台价值的相互契合仍然是营销传播最终成功的关键因素之一。

一、SNS 社区平台的价值

俗话说："物以类聚，人以群分。"当有着共同兴趣爱好和特征的消费者自然而然地聚集在一起，在网络世界中进行交流，形成不同的群体的时候，网络其实提供了一个交流的空间，让用户通过对性别、年龄、籍贯、爱好等进行自主的群体选择和融合，这就达到了市场自主细分的效果，给企业的市场细分决策提供了一个有效的依据，从而帮助企业精准锁定目标消费者，准确定位客户需求，建立良好的客户关系，实现一对一的精准营销。同时，在网络社区中，在网络社区中，社区成员通过交流互动和知识分享能留下有价值的信息，当一个社区有价值的信息越多，访问量和用户活跃度越高，这个社区的含金量也就越高，而企业通过将这些有价值的隐性知识显性化，就能为企业未来的发展提供方向。例如，顾客指出产品的不足并提出改进建议，可以促进企业改进管理流程，优化企业价值链，使企业将资源集中在顾客所需要的核心价值环节上，从而提升企业的价值。

从百事与蒂芙尼的两种营销创意路线来看，其品牌营销传播都与其选择的社区特点相适应，这一点首先体现在二者对于社区价值的认知与广告决策上。

Facebook 是基于实名制的基础，将用户的真实社会关系投射于 SNS 平台，并拓展新的交友方式的大众连接型社区，其具有在广泛连接的基础上迅速聚合人气、引发大范围传播的特质。百事·多力多滋在第六届"冲击超级碗"大赛举办之前，并没有意识到新生传播势力社交媒体的巨大力量，仅仅期望通过巨额奖励来调动参与者的积极性。而随着第六届比赛中对于 Facebook 榜单的引入，百事才开始真正注意到社交媒体的影响力，并在第七届大赛举办之时，作出了将大赛场地移至 Facebook 的重要决定。且不谈页面点击数量上的差异，仅比赛提交的作品数量，就较此前翻了三番，可见百事及时认识到 SNS 社区的价值并转换广告传播平台的重要性。

豆瓣网是基于共同兴趣，将真实的线下用户在 SNS 平台集结，并形成群组的细分归属型社区。其基于兴趣归属的深度整合与精准营销功能，也在蒂芙尼的品牌推广决策中得到了充分体现。如果说蒂芙尼成为电影《了不起的盖茨比》的官方珠宝商，还有部分源于菲茨杰拉德曾是蒂芙尼顾客这一巧合，那么蒂芙尼选择与豆瓣合作可谓深思熟虑后的故意为之，包括与豆瓣电影频道进行深度合作、Banner 广告低调植入、品牌软性小站的建立，蒂芙尼从广告代理到平台投放都交由豆瓣全权包办。同时也正因为广告投放由豆瓣全权执行的原因，整个宣传过程进行得不动声色，却又精准有力。

二、合理利用平台进行推广与传播

大众连接型社区与细分归属型社区有不同的社区气质，所以营销传播方式也应该有所侧重。对于品牌而言，在认识到平台价值后，还需要正确利用平台价值，在平台中找到做品牌推广的合适位置。

超级碗的超高收视带来的超高曝光度让广告主们为之狂热，主要是因为超级碗扭转了消费者收视广告的排斥感和逃避性，围绕橄榄球形成了自身独有的文化概念，让人们想到超级碗时能够产生自然而然的认同感与期待值。百事·多力多滋的"冲击超级碗"广告创作大赛，巧妙地利用了超级碗的人气与品牌价值，并选择在 Facebook 这一每到超级碗期间就成为全民狂欢阵地的平台展开营销传播，首先就保证了营销活动的话题性与关注度。

此外，为了保证最终结果的刺激性与轰动性，百事·多力多滋需要在短时间内征集大量参赛作品与足够丰富的投票结果。相比"冲击超级碗"此前通过官方网站投票的方式，在 Facebook 上开辟新的大赛平台，并采用公开投票的方式，能够将参赛门槛大大降低。不论是参赛者还是观赛者都能够省去注册、登录、跳转的过程，直接在自己的 Facebook 社交圈中进行上传、投票与分享。通过在 Facebook 开放公开投票平台，与平台本身的黏性机制进行配合，不断引发参与用户增量与持续关注度，保证了营销活动的顺利进行。

而对于蒂芙尼来说，成功成为电影《了不起的盖茨比》官方珠宝商，并将一系列电影定制款面向消费者推出后，必须要保证足够精准的品牌信息推送。豆瓣电影频道本身就是电影爱好者的集散地，加之广告投放仅限于在《了不起的盖茨比》电影相关页面进行，直接保证了接触到豆瓣蒂芙尼广告的消费者，已经接受了或者即将接受电影植入的再次洗礼，从而达到品牌双重曝光的目的。

此外，蒂芙尼广告投放思路与豆瓣功能设置的契合，也成为其营销成功的重要保证。蒂芙尼需要展示产品图片，那么借助豆瓣电影的条目页的剧照展示区便足够完成；蒂芙尼需要向消费者解释电影与品牌之间的关系原委，无需强行链接到品牌官方页面，豆瓣软性小站"质"就能够满足需求。对于蒂芙尼而言，要恰到好处地利用平台价值，就让平台提供方成为广告投放策略的制定与执行者，这的确是一件特别明智又美妙的决定。

三、将品牌气质与社区气质进行有机融合

百事与蒂芙尼依托平台价值而进行的成功营销，还体现在基于内容生产与整合的社区气质与品牌气质的融合与交互之中。在百事·多力多滋的品牌营销传播中，用户创造内容带来的"主动营销"式的广告推广的背后，是消费者导向型的品牌塑造。而蒂芙尼在其营销传播中，将品牌内容与用户创造内容进行的整合，则带来了品牌气质与社区气质的交流与融合。

百事·多力多滋通过举办"冲击超级碗"大赛，一方面解决了超级碗广告的消费者口碑问题，一方面解决了消费者希望多力多滋呈现出何种品牌形象的问题。参赛作品的传播对象既可能是多力多滋的粉丝，也可能是潜在的消费者，不论是哪种身份，他们都希望能看到最棒的作品。这一心理机制既与多力多滋的销量直接关联，同时也保证了获胜广告作品的质量。最终选出的广告基本都属于诙谐幽默的类型，而让人欢笑捧腹的内容在引发社交网友共鸣与分享的同时，多力多滋的品牌内涵也在与消费者的互动中，被赋予了更多欢乐与分享的元素。

蒂芙尼品牌气质与豆瓣社区气质的融合与交互，则是通过与社区内用户生产内容的深度整合来实现的，当然整合的前提首先是品牌气质与社区气质存在一定的契合度。

长时间混迹豆瓣电影频道，或者习惯通过豆瓣来查询电影评价的网友大多

都具有刁钻的眼光。他们不惧传统且姿态高冷，口味独特却一针见血。这与同样对专业严谨执着、眼光苛刻、产品独特、气质高冷的蒂芙尼完全趣味相投，保证了豆瓣用户对于蒂芙尼自然而然的认同感。

蒂芙尼品牌与内容的深度整合，包括品牌与电影内容的深度融合以及品牌与豆瓣平台内容的深度合作。而深度整合带来的成效，就是使品牌气质与社区气质进一步融合，使品牌信息在不过度干扰用户的基础上得以传播。

电影中，蒂芙尼珠宝的出镜率十分惊人，但大量的广告植入却因为与电影背景与主题相适应而不显突兀，反而与情节相得益彰，甚至成为电影叙事的基本载体。同时，蒂芙尼与豆瓣电影频道的深度合作，也以一种低调的方式将品牌进行了捆绑式的曝光。豆瓣的"预告片与图片"版块通常是豆瓣用户在电影宣传期，或者在观影结束后、观看影评前最爱浏览的版块。通过与豆瓣用户自发上传的图片版块进行整合，并且采用低调却富有创意的 Banner 广告植入方式，品牌气质与社区气质进一步融为一体。再加上由于气质相投而产生的认同感，蒂芙尼与豆瓣的这次深度合作，毫不意外地让豆瓣用户们所喜闻乐见，与普通的广告相比，蒂芙尼广告的点击率也颇为可观。

四、品牌关系的维系与品牌价值的延续

"对于传统厂商，产品出售与用户接触结束；而对于互联网企业，产品售出之后与用户的关系才刚刚开始。"❶ 随着现代品牌消费意识的增强，消费者与品牌的关系逐渐类似于人际交往的关系，但是在目前竞争格局如此激烈的情况之下，建立品牌关系非常困难，而维系品牌关系更是难上加难，可能一个不起眼的小事都能造成用户与品牌关系的终止，因此品牌关系的维系十分重要。

在百事的多力多滋的营销中，除了结合平台价值进行营销创意的涉及与实施外，也结合 SNS 社区的价值进行了布局。因为 Facebook 是侧重于通过引爆点激发强弱关系的协同效应，进而引发广泛地分享与传播，虽然百事的多力多滋在营销的过程中不放过任何一个引爆点传播的机会，但是这种引爆式传播的持续性有限，关注点也有限，不可能进行长时间、大范围地传播。正是考虑到了这一点，百事才设计了一个比赛的营销创意，通过赛前预热、赛中参与、赛后反馈来不断给参与者制造惊喜，让社区成员在互动与参与中形成品牌认知，企业也完成了对整个产品的开发与维系，提升品牌影响力和荣誉度。

品牌社群用户之间的关系多靠"共同意识"和"对群体的责任感"来维系，而品牌价值的延续则是决定品牌与用户关系的强弱与否。在这一段关系中，文化是影响用户的意识和责任感最重要的因素，可以说文化是品牌社群的核心竞争力所在，是品牌社群的软实力。品牌社群的文化，对品牌社群不仅有赋值功能，

---

❶　李善友. 产品型社群[M]. 北京：机械工业出版社，2015：130.

还有品牌维护的功能。因此有学者说:"丧失文化,就相当于丧失了品牌社区的灵魂与核心。"蒂芙尼在维系消费者参与度方面较弱于百事多力滋,但是它通过品牌文化在消费者心中打下了极强的心理烙印。不管是电影中精妙绝伦的珠宝首饰还是淡雅的蓝色专卖店,不仅形成了品牌的符号,更成了一种低调、奢华的贵族气的具有感情文化象征的图腾,并伴随着美国文化的输出渗透到人们的生活之中,塑造了消费者的感知与信念,满足了用户对品牌文化属性的期待。

基于平台价值而衍生的、能够激发消费者参与和认同的营销创意,往往更具说服力,更能达到营销传播的目标。不管是如百事一样,通过 SNS 的连接功能来聚合人气、引爆传播,还是如蒂芙尼一般,充分利用 SNS 的归属化趋势进行精准投放、深度整合,最终营销成功的关键,都在于深耕平台价值而触发的品牌认同感与品牌人格的塑造。

虽然网络社区营销传播对于品牌提升的积极作用和卓越成效已经得到了业界和学术界的基本认同,但社区营销的效果仍然很难量化,谁也没有办法断言评论分享数目与市场份额具备直接的因果关系。如何在品牌知名度、好感度提升的基础上,进一步促进产品销售转化率的提高,仍然是数字营销传播时代值得探索的议题,也是数字营销传播代理商证实自己的关键环节所在。或许,随着移动互联技术的深度拓展与整合营销的进一步发展,这一困扰性的议题将得到有价值的解答。

第九章 APP：品牌专属的社会化媒体平台

↘ 第一节 专业导航

一、移动互联网时代的移动营销

继计算机、互联网后，移动互联网成为 IT 业的第三次浪潮向人们袭来。根据独立电信研究机构 WAP 论坛的定义，移动互联网是通过手机、Pad 或其他手持终端通过各种无线网络进行数据交换的网络系统。随着移动 3G 网络的成熟与推广以及移动设备硬件技术的发展，各种移动终端用户群体有了显著增加。移动智能设备作为一种新的媒介，在人类生活中开始扮演着重要的角色。

如今，手机和移动智能终端（随着功能机的隐退，现在的手机完全成了智能终端，同时，平板型的智能终端也融合了很多手机的通讯功能，下面以手机作为智能终端的代表）已经逐渐成为人们生活和工作不可或缺的伴随品。手机媒体被学者们定义为以分众为传播目标，以定向为传播效果，以互动为传播应用的大众传播媒介，从单一的移动通信工具，转变为集娱乐、通信、商品交易等于一体的，具有即时性、个性化、移动性、互动性、多元化，图文并茂、视音频结合的多功能"个人随身无线网络多媒体"终端。从媒介格局上来看，手机媒体打破了多年来媒体单向传与受、点对面的整合传播模式，开始向多向性、互动性、个性化、分众化、碎片化传媒转变；同时，其"自媒体"和"全业务"特性，使其实现了传播的随时性和随地性，融合了大众传播与人际传播，传播主体更加多元，内容构成更趋多样，用户分化更加明显。

"不管时代怎么发展，对于企业来讲，营销的最终目的都是相同的——深挖产品的内涵，切合消费者需求，从而让消费者深刻了解该产品而购买该产品"❶ 在手机媒体成为传媒产业格局中的一支重要生力军的同时，通过移动终端设备开展营销活动的移动营销研究也日渐凸显。关于移动营销，最常见的就是美国移动营销协会（Mobik Manefing Assouation, MMA）在 2009 年下的定义：组织透过使用任何的无线媒介作为信息传递和回应的载体、跨媒介营销传播的即时沟通

---

❶ 无笔秀才.碟变：不可阻挡的"互联网"+浪潮[M].北京：机械工业出版社，2015:99.

程序，针对消费者对时间和地点敏感性的、个性化的互动性，打造出最适合消费者的营销信息。从这个定义中我们可以看到，由于移动技术自身的优势，使得移动营销比起传统的媒体营销有自己鲜明的特色：①互动性。移动营销与传统媒体营销的最大不同之处就是其互动性。手机本身是人机交互的，因此互动性是移动营销与生俱来的特性和优势。②个性化。由于手机等移动终端属于个人专属工具，通过手机识别到用户后，就可以按照用户的需求、喜好和所在时空，实现个性化信息的订制。③精准性移动营销可以实现基于用户位置和即时的营销，通过对手机用户所在位置的精准定位，进行基于位置和时间的信息服务，这也是早期网络营销无法达成的。④即时性。手机作为移动终端，被用户随时随地携带，这也就意味着移动营销可以随时随地进行，不像传统营销会受到时间和地点的限制。

移动营销的种类也十分多样，到目前为止具体有以下类型：短信、彩信、WAP 广告、手机二维码、手机电视或视频、品牌 App 等形式。

二、品牌 App：对传统营销的颠覆

App 是 application 的缩写，即手机或是移动终端上的应用软件或客户端，随着智能手机的普及，所载的应用程序 App 可在任何时间、地点被用户自主阅读和运行，打破了时空的限制，创造了新的人与媒体的交互功能，因此成为火热的移动营销沟通渠道。哈佛商学院营销系主任 Sunil Gupta 曾指出，"在不久的未来，App 将完胜传统广告"。随着竞争的加剧，各类企业的品牌 App 也应运而生，品牌 App 是 App 类型细分的一种，指的是"下载到移动通信工具上的、由企业品牌自主开发的，在用户体验全程中以 App 名称或品牌标志或图标凸显某品牌身份的应用程序"，包含了企业品牌名称或 logo，是企业用来向用户提供相关功能，展示企业品牌形象的平台。

近年出现的各国消费者对智能手机及 App 的使用和依赖把品牌 App 推到了品牌营销的浪尖，全球各地的公司都在积极推出自己的品牌 App。目前，包括汽车业、高端奢侈品、金融服务业、电子业、商业服务业在内的几乎所有品牌都在手机应用平台上发布自己的品牌 App，供用户下载使用。品牌 App 比起早期的移动营销更具优势：①早期移动营销采用的短信、彩信、WAP 广告等属于"推"式营销，不管用户愿意与否，都直接将信息推送到消费者面前。这会造成消费者的抵触心态，他们甚至觉得隐私被侵犯，而 App 需要消费者主动下载后才能使用的。因此，App 营销改变了早期移动营销那种"推动"，而是让消费者在觉得可以自控的情况下主动与品牌互动，更容易被消费者接受。②早期移动营销受到技术的限制，如短信的字数和彩信的大小限制，只能在有限的内容上与顾客进行沟通和互动。而 App 可以通过多种多样的形式与顾客进行沟通，深化品牌形象。品牌 App 的设计可以根据品牌特性量身定做，如游戏类、工具类、

信息互动类等，可通过各种形式与消费者进行互动。

三、集体验、互动、社交为一体的品牌"微社区"

在社会化媒体和数字营销风靡全球的大背景下，品牌 App 也越来越具有娱乐性、功能性、社交性和体验性的特点。所谓娱乐性指的是通过游戏等新奇、有趣的体验为消费者提供休闲娱乐；功能性指的是可以为消费者提供帮助或者便利性，提供有用的信息等；社交性是指为消费者提供社交价值，能够通过 App 形成一个社交网络，与其他的同类消费者进行沟通、交流、分享等；体验性是指各种功能汇集起来为消费者提供的种种感受。

基于这四个特性，品牌 App 在营销层面有了更多发生的可能性。首先，品牌 App 是企业为其特定的目标人群定制的个性化"体验"平台，所谓"无体验不营销"，品牌 App 首先是个应用程序，具有能够让用户进行体验的功能内容。人们对品牌 App 的使用动机共有提供便捷、提供独特价值、增强社交价值、奖品激励、提供娱乐五个维度，在使用某些功能的基础上，用户将与产品、品牌接触的感受分享出去，吸引更多的用户来身体力行地检验、验证品牌的相关属性，提升口碑传播的正向营销。其次，如果说品牌 App 基于"体验"的设计是从用户关注的是什么的层面出发，满足消费者多维度的需求，用好的体验吸引用户，那么"互动"层面的功能就是将用户留下来，与他们一起兴奋。品牌 App 是企业专属的与消费者进行对话沟通的互动平台，在体验的基础上，用趣味的、切实为消费者提供利益的功能邀请消费者的参与，从而从推式营销到用户自愿加入及分享营销，更为精准和高效。再次，数字营销之战中，越来越多的企业将在微信、微博等公共开放的平台上进行社会化媒体营销，但随着参战的企业与品牌越来越多，各种开放的社会化媒体平台信息也向着冗杂的趋势发展，各种有目的的推广开始层出不穷。然而消费者的注意力却是有限的，对于海量丰富的信息自觉地进行选择性注意、选择性理解、选择性记忆，对于明显的品牌推广信息从心理上反感抗拒。而品牌 App 能将无线移动和手机的应用结合，大大增加用户利用碎片化时间进行活动参与和分享的动力，并且基于位置、事件或者其他具有线下信息属性的分享机制的应用也可以促发线上线下的社交融合，进而改变人们的社交方式。品牌 App 就是品牌专属的社会化媒体，在 App 平台上聚合着对该 App 功能依赖的受众、对该品牌感兴趣的潜在消费者，传达的信息更为精准有效，更容易形成通过品牌来寻求对自我的认同，通过社群来构建自己所追求的生活方式的品牌社群，加深品牌与消费者的沟通联系，为品牌的营销传播提供更为广泛的精准目标群。

品牌 App 不仅是在移动智能终端联系了用户，为用户提供相应功能，使其便捷的生活，也通过跨媒体的沟通增加用户之间的社交互动，提供娱乐功能，最重要的是通过品牌 App 搭建起品牌消费者之间的一个"微社区"平台，通过体验、互动、社交来形成品牌专属的社会化媒体，为品牌与消费者之间的沟通建立起低成本、高效率的渠道。

第二节　经典案例

一、案例 21　宝马 MINI 的"人、车、网互联"

MINI 是全球首辆前轮驱动的汽车，1959 年诞生后迅速掀起了"MINI 旋风"，经过多年来不断的改进，生产了各种不同类型的车辆，每款车型都有属于自己的品牌文化特征，为不同的消费者提供了更多的选择。

MINI 代表了一种时尚的生活、另类的高贵，在其品牌传播过程中定位于个性化市场，打造豪华高贵的品牌享受，宣扬"驾乘乐趣，创新无限"的理念。品牌所张扬出来的年轻、城市化、多姿多彩和与众不同形成了 MINI "个性十足、独一无二"的文化个性圈。

（一）MINI 专属互联空间站的开发与应用

宝马 MINI 在数字媒体时代背景下积极采取了许多策略应对，以活动、网络推广、公关、渠道加产品的主线，一方面积极利用互联网平台，从最初的展示类广告（通栏广告、按钮广告等），到现在的搜索引擎、视频贴片、微电影、微博营销，在网络广告和公关上的投入逐年增长。另一方面，积极利用微博、微信、SNS 等社会化媒体丰富着品牌与消费者沟通的渠道，通过线上线下互动活动、事件营销等丰富多样的形式，2011MINI 中国任务、MINI Live2011、MINI 速学院、MINI hit show、寻找 MINI 激动驾驶员、MINI cheer、MINI 半岛集结赛、MINI 装人世界纪录等活动都是精彩的增强品牌与消费者互动的形式，把 MINI 的"驾驶乐趣与潇洒激情的生活方式"的品牌精髓植入消费者心中。

其中，在 2013 年，MINI 为中国的机动车驾驶员推出 MINI 互联空间站（MINI CONNECTED）应用，由此在中国开启了"激动，并互动着"的全新时代。

（二）构建"三大互联"实现多维传播

MINI 互联空间站功能在 2012 年 7 月（含）以后生产的 MINI 车型上随 MINIVisualBoost 车载信息娱乐系统一同提供。它是一个革命性的信息娱乐平台，提供了充满乐趣并十分实用的车载应用程序，并通过 3G 网络让车辆与世界互联互通。手机用户下载安装 MINI 互联空间站应用 APP，通过 Y 型连接线接入车辆的 USB 和 AUX 接口，即可进入精彩无限的 MINI 互联空间站，然后使用 MINI Visual Boost 操控杆选择主菜单中的 MINI CONNECTED，就能够体验到所有功能。

MINI 互联空间站的功能大致可以归纳为三个方面：

1. 人车互联

MINI 互联空间站应用中第一功能即"激动记分牌"，其中包含运动器材、测力计和车辆检测三个部分。运动器材能够显示车辆实时的功率、扭矩、发动机温度等车辆信息。测力计以模拟图像的形式显示车辆实时的向心力。车辆检测可以在机动记分牌启动时自动检查车辆信息，包括油量、可达里程、外部温度、发动机温度及各项参数是否正常。而"节能评级器"通过对机动车驾驶员加速和对油门和刹车的制动控制的分析，评级器将通过用户对油门和刹车的控制情况为用户在节能驾驶上的表现打分，给予不同等级的环保评价，并记录下驾驶数据。驾驶员得到的星星越多，代表着为节能环保所作出的贡献越大，消耗的燃油越少。当驾驶者在加速和制动两方面均达到 5 星时开启 All star 行驶模式，记录驾驶者保持该模式的累计时间。驾驶者可以在车辆或手机上查看之前每段行程的记录以及该分数在全球 MINI 节能评级器使用者中的排名，将日常驾驶变成积累绿色分数的互动过程。"动感音乐盒"中有多首 MINI 特制音乐能够供用户随意下载，这些乐曲节奏及乐器组合会随车辆行驶速度、加减速及转向的改变而主动适应，共有六个级别，驾驶由此成为以特别的方式创建音乐的过程。

这三个功能是驾驶员上路的绝佳辅助工具，与车辆相关的功能将车主与车联系起来了，能够为车主的驾驶作出最权威的评价，体验驾驶的乐趣。同时，和 MINI 一路兜风的时候，车主只需随手查看或发布你所经过的场所，还可获取各种相关贴士、优惠和徽章奖励，享受人与车互联的驾驶体验。

2. 人人互联

社交网络现已成为人们当下生活的必备，机动车驾驶员也不例外。有了MINI 互联空间站，机动车驾驶员再也不会担心在用车过程中与"社交网络"失去联系。

MINI 互联应用中与多种社交媒体相互勾连，通过这个 App 用户的车与手机能够联通，在手机上已登录的"新浪微博"与"开心网"都能进行信息查询，包括内容、评论、图片、周边微博、周边的人，发布已预设的内容。"开心网"还可查看好友的状态、评论、分享、收藏及"赞"。可以在下方的设置区域设定微博 / 开心网自动刷新的时间，还可以预定义开车时要发送出去的微博，如要编辑请点击右上角的"编辑"。

另外，加上基于 LBS 定位的"街旁"网，可为机动车驾驶员探索周边的分类地点，如餐馆、咖啡馆、商场等，并可在签到后将信息同步到社交网络。

同时，为了保证安全的机动驾驶，这些社交网站的图片浏览及翻页功能只有在驻车状态才能被激活。

3. 人网互联

为了给机动车驾驶员提供更多的 MINI 个性化体验，MINI 互联空间站为第三方开发者提供了开放的平台，目前，豆瓣音乐电台、豆瓣电影、百度音乐和 AUPEO 都已经入驻 MINI 互联应用拓展中心，未来还将进一步引入更多（图 9-1）。

例如："新闻"可以随时接收 RSS 新闻。驾驶者可在 MINI 互联应用内预设偏爱的 RSS 地址，尽管在路上也能接收到最喜爱网站上最新的即时新闻，与外界信息保持零距离接触，永远走在这个信息时代的最前列。"豆瓣音乐电台"可在驾驶中收听不同风格的私人网络电台。"百度音乐"提供海量音乐，通过搜索、下载完成对 MINI 的音乐装备升级。"豆瓣电影"可查看当下热映电影推荐、豆瓣电影排行榜、态度各异的网友影评、附近影院、相应场次及票务信息，并随时通过车载蓝牙电话直接订票。"AUPEO"则可以收听来自全球的网络音乐电台，与世界音乐保持同步。这些个性化的体验可以随驾驶员的兴趣和个人爱好进行取舍。

图9-1　MINI车载应用App界面截图

正如 MINI 从来不是一个单纯的交通工具，MINI 互联空间站也远非一个简单的互联平台。只要有一个 iphone 手机和一台 MINI 就能通过 MINI 互联空间站应用在驾驶的路上自由畅享网络公路：手机端负责应用程序与系统的设置，而车载显示器则负责操作互联空间站功能，不仅开启了车载信息娱乐化与社交化的革命，也将 MINI 的独特风格融入了驾驶、娱乐、社交与资讯功能的方方面面，以令人兴奋的个性方式诠释了 MINI 注重生活方式的品牌精神。

二、案例 22　耐克 Nike+Running "分享的跑步更激情"

NIKE 是全球著名的体育用品品牌，最早创立于 1963 年。靠着永不停息的企业理念，现今已是全球最大的运动鞋品牌。

耐克品牌的成功首先得益于其技术过硬，产品穿戴舒适；其次也离不开品牌内涵与文化的传播。耐克在其广告宣传中采用象征的方式，飞扬的一勾标志和个性极强的口号"Just do it"，用简单的方式传递新产品的信息和品牌所代表的年轻、超越的体育精神。同时，耐克品牌注重以市场营销为核心，打造核心的耐克图腾，顺应并抓住时代潮流的走向，结合创新开发新产品，广泛开展跨界、利用新媒体的合作，并用体育精神打造耐克形象、用创意征服消费者。

（一）Nike+ 数字大平台

秉承着耐克品牌一贯追求创新的传播理念，在新的数字媒体时代，耐克品牌积极顺应潮流，利用互联网传播优势，扩大其品牌影响力，增强品牌在消费者心中的地位。逐渐从传统的运动品牌公司逐渐转型为一个贩卖运动时尚——从观念、到生活方式到配套产品的高科技的服务公司，用一种互联网和用户体验的思维去重塑运动品行业，完成从硬件到软件、到大数据的数字化营销过程。

早在19世纪70年代初慢跑运动逐渐兴起时，耐克就以健康、年轻的象征跑步进入运动鞋领域，并且耐克公司也一直在寻求如何让跑步这项枯燥而又孤独的运动变得有趣起来。经过多项探索，耐克发现，音乐恰好能够满足运动者的这一需求。

于是，第一款基于Nike+的产品Nike+iPod诞生了。始于2006年Nike+是耐克的数字运动平台，也是耐克公司研发的一系列追踪健康、辅助运动的应用程序与可穿戴设备的概称，包括Nike+Running，Nike+iPod，Nike+Move，Nike+Training，Nike+Basketball等手机应用程序以及Nike+Sportwatch，Nike+Fuelband，Nike+Sportband等可穿戴设备。

基于各种电子智能产品的出台，耐克的数字运动平台Nike+迎来了全面爆发，多款产品相继问世，Nike+线上社区的注册用户数量也从年初的500万迅速增加到1000万以上的规模。

（二）记录与分享，让跑步充满乐趣

在Nike+GPS系列健身软件中，Nike+Running（图9-2）是一款受欢迎的免费跑步APP，这款软件配合耐克跑鞋可以对用户的跑步运动做出准确的测量。首先，通过GPS来判断用户的位置，与谷歌地图相结合，无论是城市街道、树林小径还是跑步机上，都能捕获用户所奔跑的路线、距离、时间、路段与速度；其次，通过速度来计算这一路所消耗的能量，并采用不同颜色的路线在地图上进行展现，计算这一路下来的运动者所有的能量消耗。在运动者跑步的过程中，Nike+Running提供各种可供选择的跑步模式、伴奏音乐、加油口号等，用户可以根据自己的兴趣自我进行设定。另外，"仪表盘"功能能够满足用户记录近来10次的跑步情况，方便查看；"活动"中还有更多与运动者相关的GPS数据记录。

　　同时 Nike+Running 还能将运动及时分享至社会化媒体 Facebook 与 Twitter 上，在中国还加上了新浪微博与腾讯微信朋友圈等社交媒体平台。利用 Nike+Running APP，跑步爱好者既能精准记录运动状况，又能连接上互动社交媒体，进行地图、路程、运动数据记录分享，同时还可以跟网络上的好友进行挑战，令运动成为一种可供分享的专业性趣味运动。

图9-2　Nike+Running App界面截图

（三）品牌"微"社区的"大"互动

　　Nike+ 系列手机 App 的用户还形成了自己的品牌社区：Nike plus.com。这是一个在全球拥有 700 万注册用户的运动社区，在这个 Nike 的品牌社区中用户可以添加好友，和他们一起互动，一起比较运动数据。Nike+Running 的用户启动程序后告诉好友自己开始跑步，便能收到来自于好友的加油打气的回应。如果标记 Facebook 等其他社交媒体上一起跑过步的朋友，还能分享跑步路线图，例如点击"分享"功能与新浪微博账号同步，就能轻松将本次跑步经历分享给您的微博粉丝。同时，在网站上登录 Nike+ 账户，用户能看到已同步的所有跑步记录，每次的跑步记录会被换算成 NikeFuel 值（耐克动量）存储到用户的账户中，用户越活跃积累就越多。除了跑步之外，Nikeplus.com 同样也支持 Nike+Basketball（篮球）和 Nike+Training（训练）的运动数据记录和分享。不同的运动数据都会被换算成 Nike Fuel 值，用户可以和好友相互比较 Nike Fuel 值来判定谁更有活力，谁在更努力地运动。

　　由于能够记录用户的跑步路线，耐克也通过数据挖掘用户跑步过程中的价值，例如会在 Nike+ 社区上为用户推荐热门跑点，为运动喜好者提供引导。随着 Nike+ 与耐克产品的进一步结合，耐克可以收集到更多用户身体健康以及运动相关社区品牌的数据，为以后的产品设计提供重要参考。

（四）Nike+Running 功能延伸品牌影响力

Nike+Running 作为产品应用的独立延展，通过监测记录用户的路跑信息，分享、交流朋友间的路跑结果，从而为用户制定更为健康、合适的跑步计划，激励用户更加积极地参与这项活动。结合该 APP 的营销活动也是层出不穷，例如 2012 年的广州和上海马拉松比赛之前，耐克官网宣布只要消费者使用 Nike+Running 的 App 累计完成 10 公里的跑步里程，就可以到耐克当地的旗舰店里兑换一件 T 恤；2013 年在线上通过一个主体广告和五个访谈短片，包括对 74 岁跑者孙更生、台北街头路跑俱乐部、香港盲人跑者傅提芬等人的访谈，记录了每个跑者的初衷和动力，呼应其"跑了就懂，一款好的跑鞋是多么重要"的广告语。

Nike+Running 作为一种帮助用户跑步的品牌 App，在运动人群中相当流行，仅在中国市场，2013 年 Nike+Running 应用的下载量就超过 300 万次。而从全球来看，Nike+ 的用户规模至少在 2000 万上下。耐克通过免费的 App 功能体验和品牌社区兴趣理念共享更好、更高效地接触到自己的核心用户人群，实现品牌战略的延伸，延续了耐克从精英用户延伸到大众用户，从专业运动者到业余运动爱好者甚至伪爱好者的过程。

随着新的智能终端的进一步发展，Nike+Running 也不断应用升级。如今，跑者可以将 Nike+ 与包括 Garmin 220 GPS 手表和 Tom Tom Cardio Runner 在内的任何拥有"跑步"功能的合作健身器材进行同步，让广大跑者畅享 Nike+ 的乐趣，跑出更好的成绩。除了丰富的合作伙伴拓展和集成举措，Nike+Running 还通过应用程序特性升级推出数项增强功能，为所有跑者改善整体跑步体验。在 IOS 平台上，最新改进措施包括最优化地形与臂套模式，使得跑步中的体验、音乐控制更加便捷，并改进了路线读取的途径；在 Android 的平台上，除了更新合作伙伴的功能，还推出了优化的跑鞋记录功能，以及全新自动暂停模式，能够在跑者歇脚时暂停跑步进程。

第三节　案例点评

现如今，品牌主纷纷借力 APP 进行营销以达到品牌建构和销售促进的目的，品牌 App 的营销价值已经不言而喻。品牌 App 的功能策略多种多样，有的 App 采取大而全的策略，意在展现品牌和产品的所有内容，例如麦当劳的 APP 就方便用户查询使用。有的 App 采取一个 App 只体现品牌和产品的一个特点的策略，例如，Nike+Running 等运动辅助应用；有的 App 只以展现品牌文化为目的，例如 Disney 动画形象品牌壁纸；有的则是专门为使用自有产品开发的辅助 App，例如宝马 MINI 互联空间站应用。无论怎样的品牌 App 功能策略都给予消费者娱乐、互动、社交的非凡体验。

一、品牌 App：增强用户的黏性与连接

"社会化媒体带来的传播方式的变革，不仅秉承了 Web2.0 的用户参与制作互联网的内容，同时也让信息的传播方式发生了改变。从一对一、一对多到多对多的多向传播，形成了更多的信息集中区，可以更便捷地传播。Web2.0 是互联网建设的一种全新模式，这种模式改变了传统简单对用户输出信息的局面，鼓励用户参与到互联网中去。用户自主生产互联网内容，实现用户网络行为个性化、自主化等方面的新趋势。"❶而利用 App 进行营销的关键在于深入挖掘、分析用户的兴趣、构成的同时，用创意和技术整合实现服务的创新，带给用户更多的体验，满足其需求，主动吸纳他们以"自媒体"的形式成为品牌的代言人。

围绕消费者群体的体验和需求所涉及的具有原创性、个性化的品牌 App 才能获得用户的青睐。宝马 MINI 正是做到了这一点，利用手机 App 进行人、车、网的互联，让用户在使用中体验到与驾驶有关的娱乐的、社交的各种精彩的功能。当消费者体验参与到整个的营销过程中，就可以加深消费者对品牌的认可，增强其对品牌的忠诚，也为向潜在的消费者进行口碑营销打下了基础。

到了 Web3.0 时代，大众营销转化为利基营销（小众营销），由叫喊式营销转向了口碑式传播，由产品转化为体验，这些成了新经济时代营销的特征。借助于大数据和移动互联网，现代的营销能利用数据分析完善消费者体验，从而增加用户和企业的黏性和连接。现代营销绝不是硬性的广告推送，而是企业和顾客之间要成为朋友，只有成了朋友，下一步的营销才有可能。而为了实现这一目标，企业应该首先通过提供免费的有价值的服务，获得消费者的信任；然后进行持续的情感沟通获得品牌黏性；再通过有价值的分享进行营销。只有逐渐形成这样一个营销闭环，建立用户社区，让用户群体在企业营造的社区中持续活跃，才能达到最终营销的目的。Nike+ 数字平台的成功就在于它的部署经历了从智能硬件到软件应用，通过提供免费的单一平台到多平台，实现专业运动到业余运动爱好者的聚拢，在 Nike+Ruining 等一系列品牌 App 上进行感情的建立与维系，不仅满足用户基本的需求，也通过记录加分享让用户与企业之间建立感情的联结。

二、数字时代：SoLoMo 营销

在如今数字化的时代，有学者提出，未来互联网的发展趋势是 SoLoMo，即

---

❶ 唐兴通.社会化媒体营销大趋势—策略与方法（第二版）[M].北京：清华大学出版社，2012:4.

"Social"（社交的）、"Local"（本地的）、"Mobile"（移动的），社交加本地化加移动。把社交、本地化与移动这三者单独作为个体来看，其衍生出来的产品早已为人所熟知。"Social"即是以 Facebook、新浪微博等为代表的社交类网站；"Local"意味着在智能手机中的 LBS（Location Based Service）应用，其代表即是Foursquare、街旁等；"Mobile"是随着 3G 乃至 4G 网络发展越来越融入人们生活的移动互联网。当这三者联合起来作为一个整体，它的价值将会在吸引、粘黏用户方面体现得更加明显。

在这个视角下看宝马 MINI 互联空间站的火爆，就能很容易理解。"人车互联"注重了 App 的实用功能，正是"移动化"的体现；"人人互联"则是在将驾驶与各种社交媒体连接起来了，使用户即使在驾驶途中也不与网络脱节，注重了"社会化"的重要性；其中很多关联的应用，例如"街旁"网，就是基于 LBS 定位技术的"本地化"，可为机动车驾驶员探索周边的分类地点，签到后将信息同步到社交网络。宝马 MINI 互联空间站应用将三者有机结合在一起，形成了一款"好玩 + 有用 + 互动 + 分享"的品牌 APP，这种互动性、功用价值的 App 增强了用户兴趣，加深了对应用的粘黏，同时可以随时分享至社交媒体，发散性传播给企业带来更多客户的同时也提升了企业的品牌形象。

数字媒介时代改变了受众接触和使用媒介的习惯，人们更热衷于在社会化媒体上表现自我、寻求共鸣、获得关注，即使是跑步这样的简单运动也希望分享到更多的群体中去，"分享和参与"正是社会化营销最核心的精神。耐克的目标消费群体恰恰是对时尚潮流极为敏感的那群，如果不随着他们的脉搏跳动去建立新型的、更符合时代特色的联系，就会被抛弃。因此，耐克洞悉移动互联网时代，人人皆媒体，人人皆终端，采用了一系列数字化的策略，和目标用户同呼吸共命运。Nike+Running 作为一种尝试除了为用户提供跑步上的协助功能外，还能联通各个广受欢迎的社交媒体，也能通过此平台建立起自有的品牌社区。这种功能上的体验与情感上的联系，加深了品牌与用户之间的联系，将耐克的运动理念更广、更深地印在了用户的心中，促使了营销活动的有效开展。

三、品牌 App 的聚合与分享

Nike+Running 的成功还有赖于对平台的整合营销传播。"整合营销传播是对能够带来品牌价值的客户关系进行管理的过程，从某种意义上讲，也是一个功能混合的过程。用户与相关利益人通过这个流程便能够从战略上掌控一切传送到关系群中的内容。❶"耐克在 2008 年便开始了互联网转型并推出了第一款智能软件：Nike+iPod，通过在鞋里加上传感器并给 iPod 装上接收器，使用户能实时看到自己的步数、距离等一系列数据，通过把收集到的数据传输到 nike plus.com

❶ （英）David Pickton, Amanda Broderick. 整合营销传播（第二版）[M]. 经济管理出版社，2009:21.

上面，用户就可以与朋友分享运动经验并相互交流，耐克也可以在上面进行有效的客户关系管理和营销。此后，耐克还发布了 Nike+GPS 和 Nike+Training 的 App，还有一个叫 Nike+Sport Watch GPS 的设备和专门领域的 Nike+Basketball 等，结合智能硬件和移动终端，通过追踪、记录和分享，耐克实际上是搭建了一个传统营销渠道之外的渠道，它直接和每个用户或者潜在用户时时相联。

Nike+Running 作为数字化平台大家族的一员，区别于其他应用，有自己独特的优势比如免费、更为贴近普通群众等，拥有庞大的用户群。但 Nike+Running 的跑步 App 依托于整个数字化平台的庞大社区，得益于耐克数字战略的从硬件到软件、到社区 + 大数据的过程。

一方面，这些 Nike+ 系列都收集运动爱好者的运动和身体数据，拉近了品牌与消费者之间的距离，拓宽并且便利了品牌去了解消费者的渠道，为耐克更加了解潜在消费者和开发新产品提供了依据。这是系列软件专注各方面又相互配合的结果，此外，这些数据还能在另一端接通各类健康服务商，例如苹果就联合耐克等第三方健康应用发布了一款名为"HealthKit"的数据整合应用程序，用户可以通过它把来自不同健康设备的信息汇总，以提升医疗服务。

另一方面，使用这些系列软件的用户能够聚合在同一个社交平台"nike plus.com"上，既能分享其不同的运动数据、经验和心得体会，也能够共享同一种运动精神和耐克传达的品牌理念。有了这样一种整合起来的平台，品牌社区的建设就变得简单便利且凝聚力极强。耐克品牌放弃 Nike+Fuel Band，把这部分交给了它的老伙伴苹果去做，而自己专心经营软件和其背后庞大的爱好运动的用户社区去了。通过这一系列的软件 App，耐克为广大的运动爱好者提供了平台，出于各种需求这些用户建立起联系，聚合到品牌社区中，这时候不需要品牌自身再过多传递什么信息了，用户成了主要的内容制造者，在共享"仪式"的传播过程中建立了对品牌的信任、依恋以及忠诚。

由于这些互联网平台上的用户之间时时交流、分享体验，不断带入新客户，创造和传播品牌忠诚度的同时，还带动了销售业绩。就北京市场而言，耐克北京的一位店长表示，大概有 40% 左右的 Nike+Running 用户购买了耐克品牌的跑步鞋。虽然没有关于 Nike+ 的财务细节，但分析师称，Nike+ 的会员数在 2011 年增加了 55%，而其跑步业务营收增长高达 30%，达到 28 亿美元。

总体而言，品牌专属的 APP 既可以是品牌信息充分展示的平台，更能够成为消费者与品牌之间充分互动、相互体验和相互认同的方式，更可以是消费者与消费者之间相互交流和分享的空间和平台。这种独特的"自媒体"的运作成功需要品牌的数字营销传播在战略、策略、创意、执行、延续与效果反馈等多个方面保持一流的专业水准。否则，僵尸型的企业 APP 是绝大部分品牌 APP 的最终命运。

第十章 搜索引擎：付费搜索营销与搜索引擎优化

↘ 第一节 专业导航：让有需求的用户精准地找到品牌

一、搜索引擎：聚合多方应用

尽管大数据与移动互联技术为企业营销创造了更多选择，但在这个流量获取成本极高的时代，搜索引擎仍然是新兴平台难以逾越的流量入口。艾瑞咨询最新研究报告显示：中国搜索引擎的市场规模已达 599.6 亿，网页搜索日均覆盖人数达 1.3 万人，到达率高达 57.1%；同时，据 CNNIC 第 35 次报告，移动搜索也仍然是除即时通信外使用率最高的互联网应用。

2014 年搜索引擎整合后，国内的搜索行业开始进入百度、360、搜狗、Google、Bing 寡头统治的时代。回顾搜索引擎这十几年来的发展历程，巨头们在竞争市场份额的同时也创造了历史，为搜索引擎营销开创了多种可能性，甚至重塑了消费者的使用习惯。

Google 秉持"使人人皆可访问并从中受益"的原则，成为关键词购买的行业标准制定者，并围绕用户体验开创了"视觉化购买"等更加多元的搜索引擎广告模式；百度则通过不断升级服务体系，形成竞价排名、主题推广、北斗计划、凤巢系统四大功能模块为一体的完备的广告系统，并逐渐开放应用平台，为企业提供"让有需求的用户找到你"的全方位服务；Bing 虽影响力不及二者，但其始创的将 Facebook 与 Twitter 内容整合到搜索结果的社会化搜索服务，使得搜索行业开始向整合资源、创造更加个性化用户体验的方向发展。

这些创新性变革带来了搜索引擎营销从简单的内容、链接相关过渡到内容、链接相关与用户体验并重的时期，并随着大数据的发展呈现出个性化搜索的趋势。搜索结果页面也从基础文本样式发展为丰富的图文呈现样式，从原来简单的 10 条结果发展为整合了垂搜、社交甚至知识图谱的交互式结果。

搜索引擎越来越像一个能够聚合多方应用的门户网站，消费者也在这种趋势下逐渐对搜索引擎产生了全方位的信息依赖：爱德曼发布的2014年信任度调查结果显示，中国在线搜索引擎的信任度（85%）首次超越传统媒体（84%），成为最受信任的信息来源。使用搜索引擎已经成为人们的网络使用习惯的重要组成部分。

事实上，人们对于搜索引擎的这种信息依赖反过来也深刻影响着品牌营销传播对于搜索引擎的应用，这其中相互作用的机制正是搜索引擎营销传播的独特价值所在。

消费者或潜在客户已经习惯采用一种更为主动的购买模式：查看搜索引擎结果，并以此作为决策的基础。整个过程都是自发的，且具有明确目的性。这种主动机制不仅大大降低了搜索引擎广告的干扰性与抵触性，而且提高了搜索引擎营销的针对性，能够为品牌带来更多高质量的潜在客户，并产生更高的流量转化率。消费者在搜索框输入文本的时候就已经向搜索引擎传递了关键信息，而其后搜索引擎作出反应的时刻，就是搜索引擎即时向有需求的消费者传递广告信息、对于企业营销和品牌传播而言的价值时刻。相较于传统渠道，搜索引擎更像是消费者向企业传达信息的"逆向传播网络"。每天都有数以亿万级的消费者通过搜索引擎主动地告诉企业他们需要的是什么。而如何做到与客户需求合拍，则是企业进行搜索引擎营销传播需要解决的最关键问题。

二、付费搜索引擎与搜索引擎优化

如何利用消费者检索信息的机会尽可能将营销信息传递给目标消费者？搜索引擎营销的两大经典营销方式——付费搜索营销（PPC SEM）与搜索引擎优化（SEO）都能够在一定程度上解决这一问题。

付费搜索营销包括付费展示广告、付费收录、关键词竞价等，除了能够快速地使目标网站出现在SERP（搜索引擎结果页面），增加网站曝光度外，还能够为企业提供更多基于消费者真实使用数据的优化营销活动的机会。通过恰当的工具运用与大数据技术，搜索引擎能够收集到点击广告的客户来源、去向、购买意向以及在线销售的成功率，甚至还可以跟踪这些客户在线下的相关行动。随着LBS（空间位置信息服务）技术与RTB（实时竞价）技术的介入，付费搜索在不久的将来还能够为企业提供更加精准可控的营销服务。

搜索引擎优化是指通过对网站从结构合理性、内容相关性及外部链接数量和质量等因素着手进行优化，使网站出现在自然检索结果显著位置上的搜索推广形式。这种方式能够促使网站创建更加出色的、方便查找且具有吸引力的内容。一方面，这种优化能够通过搜索引擎的有机搜索带来流量获益，另一方面，也能够与付费搜索同时使用，为点击者提供相关性强、极具吸引力的内容以增加广告受众的转化率。由于自然搜索结果往往能让消费者感觉更加中立可信，因此搜索引擎优化也正在逐渐成为一种更加主流的营销方式。

搜索引擎营销既能够接触原有客户以强化品牌，又能够影响潜在客户的购买决策。精心设计的搜索引擎营销活动可以同时对现有客户和潜在新客户产生积极的影响，即使由此产生的费用好像是缴税一样。长久以来，市场营销者们沉醉于通过搜索营销来挖掘高质量的潜在消费者，却忽视了真正成功的搜索引擎营销方案远不止于正确的竞价或是单纯机械的优化。看似直接的搜索引擎营销，事实上既需要站在从整体上考量品牌推广策略、搜索营销策略与媒体互动影响，还需要超越营销结构的束缚，超越关键词，更精准地定位广告，真正回到有效信息的传递上来。

第二节　经典案例

一、案例 23　雀巢母婴系列"孕期妈妈"的爱与关怀

自 20 世纪 80 年代，雀巢将婴儿配方奶粉的概念带到了中国、并成功度过了 21 世纪初一系列的奶粉质量危机后，雀巢品牌所传递的"爱"与"关怀"也在与国内消费者的碰撞中被赋予了更强的韧性与活力。为了更深入地将"母婴专家"及覆盖整个家庭的"健康专家"的定位植根于年轻家庭群体中，除了电视广告的投放外，雀巢还结合目标群体的媒介使用习惯，针对其已经推出的母婴系列产品"雀巢宝贝营养＋"、"雀巢妈妈"等，借助摇篮网等孕期妈妈聚集的专业母婴类 SNS 平台，与百度搜索进行了一次互动搜索营销。

（一）基于精确分析的关键词选取

为了确保关键词能够更贴切地匹配目标消费群体的搜索习惯，雀巢想到了利用 SNS 平台来进行关键词提炼的方法。首先通过相关育儿专业网站和互动论坛来获取主要目标消费者、即孕期妈妈们的需求，再通过对论坛发帖和主题问答两类互动内容进行总结，来对具体的检索关键词进行提炼。

通过对相关资讯平台信息的总结，雀巢得出孕期妈妈们最为关心的两个问题分别是"宝宝奶量"和"孕期饮食"。为了进一步完善词条，确定更加细致和精准的长尾关键词，雀巢将第一个关键词的提炼范围锁定在摇篮网中关于宝宝奶量的专题讨论区。通过对备选问题的筛选与对照，雀巢发现妈妈们关于宝宝奶量多少的互动特别多，由此确定了最终关键词组"宝宝每天的奶量"。

第二个关键词的提炼来源于关于孕期饮食的百度知道问答页面。通过对于相关页面信息的整理，雀巢发现即将拥有孩子的年轻家庭成员对于很多孕妇产品的品类、品牌都不了解，同时对于如何提高孕妇免疫力的问题十分关注。针

对这些互动文字，雀巢进一步完善了检索词条，从中提炼出了"孕妇免疫力"的关键词组。

（二）品牌论坛内容搭建导入搜索

为了保证购买了关键词的网站能够给消费者传递直观的品牌信息，雀巢在购买关键词搜索广告前，事先进行了关键词着陆页面的设计和优化，在自身 SNS 与 BBS 平台的"雀巢辅食讨论圈"搭建了询问宝宝奶量的互动内容。

广告投放期间，搜索"雀巢宝宝每天的奶量"会出现来自雀巢自身 SNS 社区的，标题为"4 个月的宝宝每天奶量 1200ML，多不多啊"的帖文，并被置顶在 SERP 首页（图 10-1）。

检索相关字段的消费者点击该链接进入后，除了会看到提问和回答都十分完整的帖子全文外，还会在论坛门板中看见清晰的"雀巢宝宝营养 +"配方米粉的广告海报。"雀巢宝宝营养 +"是雀巢针对宝宝奶量问题推出的配方米粉辅食产品，将该产品的推广海报直接作为雀巢自设论坛的门板图片，并不会显得突兀，且消费者在阅读宝宝奶量的问答时，看见雀巢配方米粉的广告，很难不产生想要继续了解的欲望。

（三）主题视频的制作与传播的生动化搜索

针对前期在育儿论坛上搜集的目标消费者关于孕期饮食的需求信息，雀巢还制作了一系列相关的育儿视频，并上传到优酷的"雀巢妈妈 MBA"专区，在关键词被检索的同时，相关视频同样也出现在搜索页面。

雀巢妈妈 MBA 是雀巢专为孕期妈妈们搭建的孕期知识教育平台，针对孕期妈妈常见的 40 类问题，通过母婴专家讲述与知识科普动画结合的方式来为孕期妈妈们提供指导。其制作的视频都带有雀巢妈妈奶粉产品的清晰角标，并会在视频中植入与主题相关的雀巢产品推荐。针对此前收集的孕期妈妈最关心的"孕期饮食"问题，雀巢妈妈 MBA 特别制作了《准父母营养必修课》系列视频，其中包含了有关孕期饮食、营养、健康的诸多问题。只要能够将消费者引导到这个视频页面，雀巢就能够同时满足消费者更丰富的需求。

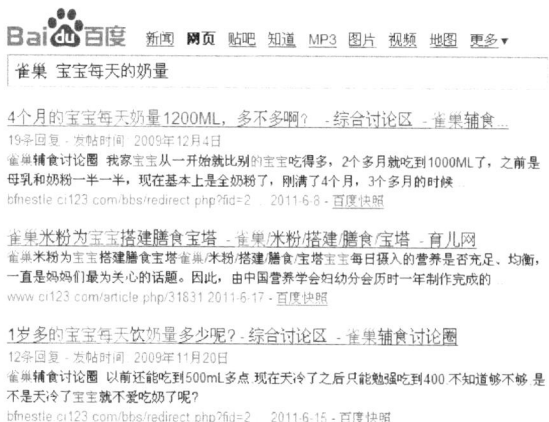

图10-1　百度"雀巢宝宝每天的奶量"搜索页面

（图片来源：百度搜索http://www.baidu.com）

在搜索广告投放期间，百度搜索关键词"孕妇的免疫力"显示的页面中，排名第二的位置出现了"雀巢妈妈MBA"制作并发布的《孕妇的免疫力》视频链接（图10-2）。点击观看该视频会出现推广"雀巢妈妈"营养配方奶粉的镜头，同时在视频的右侧推荐栏，会呈现雀巢针对目标消费者的孕期饮食

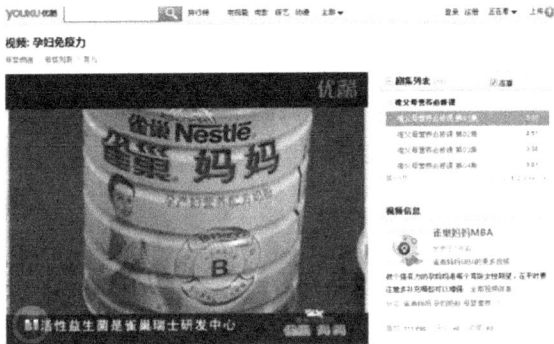

图10-2 优酷《孕妇免疫力》视频中出现产品推广画面
（图片来源：优酷http://v.youku.com）

需求制作的《准父母营养必修课》系列视频。通过关键词将消费者引导到雀巢发布的视频页面的这种方式，同样也促进了产品认知度与影响力的扩大。

雀巢针对母婴系列产品的互动搜索营销，在关键词的选取、品牌论坛内容搭建，以及相关推广视频的准备中都颇具匠心。正是这些准备工作的顺利开展，使雀巢在有限的搜索广告投入中获得了最好的投放效果。不仅雀巢品牌论坛的点击率与访问量极速上升，优酷母婴频道中，雀巢妈妈MBA发布的《孕妇免疫力》视频也轻松斩获了超过12万次的播放量。消费者对于品牌的知名度与品牌认同度都获得了一定程度的提升。

二、案例24 上海通用汽车的"世博攻略"

上海通用汽车公司由上海汽车集团与通用汽车公司共同组建，是中国汽车工业的重要领军企业之一，旗下拥有别克、雪佛兰、凯迪拉克三大品牌，包括二十九个系列的产品阵容。2010年上海世博会期间，上海通用汽车延续其"绿动未来"战略，启动了主题为"直达2030"的系列活动：在上汽·通用汽车展馆为消费者描绘了未来城市交通的图景，并动用其公关公司万博宣伟，联手百度在世博会期间展开了一系列以消费者为核心的整合营销活动，引领了搜索引擎营销的整合创新风尚。

（一）广泛利用多种搜索引擎广告展示形式

由于上海通用汽车此次的营销传播活动是直接与百度进行合作的，因此在搜索广告展示中，百度几乎为上海通用汽车呈现了大部分付费展示广告形式以及关键词竞价展示位，广告页面截图集合起来足以做成付费展示广告的样本手册。

搜索关键词主要是"世博会"、"上海世博会"等围绕2010上海世博会的相关查询词。消费者搜索相关关键词后，目标网站的链接根据不同的投放阶段，

图10-3　2010世博会上汽·通用汽车企业馆

（图片来源：百度图片 http://image.baidu.com）

会出现在不同的付费搜索广告展示位：有时呈现在搜索结果页面顶端右侧，有时呈现在搜索结果推荐栏，有时还会出现上海通用汽车与百度合作的世博专题擎天柱广告。

此外，世博相关的百度贴吧、百度空间等合作网站中，还会出现目标网站的内容相关定位广告，伴随着上海通用汽车世博会官方合作伙伴的LOGO、通栏广告以及世博会期间的活动展示等，使上海通用汽车在活动期间得到充分展示与曝光（图10-3）。

（二）打造专题网站与目标人群的全方位互动

活动期间，搜索引擎结果页面的目标网站页面由上海通用汽车与百度联合搭建。网站由上海通用汽车冠名，主题为"百度2010年世博会"专题，并在首页显眼广告位附有上海通用汽车世博会官方合作伙伴的LOGO。

表面上"百度2010年世博会"专题网站（图10-4）中共设置世博全景图、世博总攻略、世博全互动、世博百科馆、世博直通车五大板块，汇集游览世博的精品攻略及网友攻略，以新闻、视频、图片三种形式结合，全面介绍和展示了世博会信息。而实际上该网站是结合了消费者搜索特点与通用汽车营销创意布局而进行搭建并优化的网站，可谓是通用品牌的"航空母舰"。

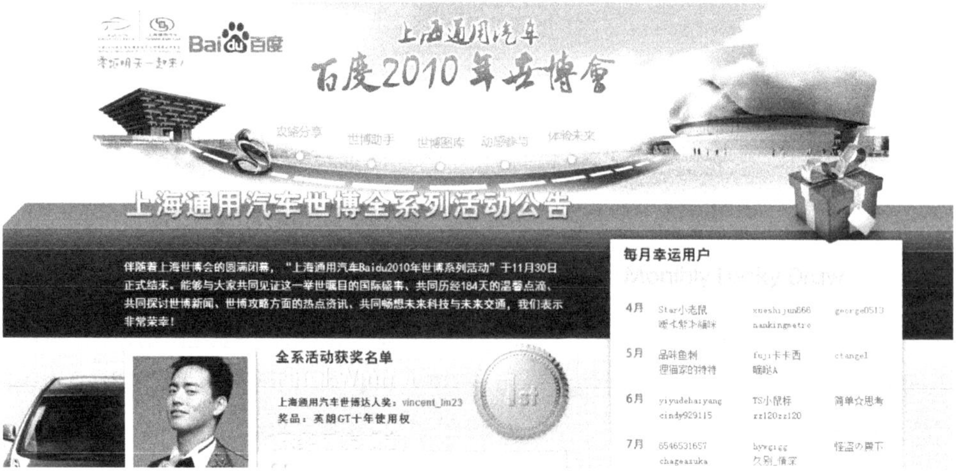

图10-4　上海通用汽车百度2010年世博会专题网站

（图片来源：http://2010.baidu.com.expo）

在世博会"直通2030"主题营销活动期间，上海通用汽车分阶段推出的各个具体的营销活动版块都在这个平台上搭建，进而达到聚合人气的目的。此外，网站页面以清新淡绿色为主调，在契合了世博会环保、低碳、简约理念的同时，也与通用追求绿色环保的企业理念相融合。

专题网站分阶段推出的活动主要有"世博出行我知道"系列有奖问答活动、"上海通用汽车世博攻略"、"EN-V解码空间"以及"上海通用汽车穿越之旅"。

"世博出行我知道"的主要形式是鼓励网友提问，并且吸引其他网友一起来解答，问题类型必须同出行相关。网友提交问题就有机会获取"精彩提问奖"，问题按照驾车出行、公共交通、地标直达等分为不同类别，根据积分的最终排名，活动还将选出"世博出行知道专家奖"、"世博出行知道达人奖"等奖项。

"上海通用汽车世博攻略"活动模块为消费者提供了交流世博会参观问题的平台。点击网页进入活动页面后，参与者可以自由提出关于世博会参观的任何问题，同时也可以解答别人的提问，提问者与回答者均有机会获得奖励。

"EN-V解码空间"主要由推广En-V概念车的一系列小游戏互动组成。活动期间，子页面每周会不定时、不定期地发布解码任务，参与者发现任务后可以根据解答线索提示寻找任务答案，并上传到该空间。每成功完成一期任务，En-V车即会亮起局部，6期任务全部完成后，En-v车会全部点亮。首个解码成功者可以获得奖品。

"上海通用汽车穿越之旅"是其中持续时间最长的活动。参与者可以通过上传自己的照片的方式，获得系统自动生成的自己与该款通用汽车的合影，并对合影模板打分。在这一活动中，累计最高积分者更可获得雪佛兰十年驾驶权。

（三）把握入口与百度地图和百度知道平台联动

上海通用汽车联合百度进行的整合营销活动中，基于关键词购买与网站优化的"2010年上海世博会百度专题"网站是整个营销活动的核心板块。同时，上海通用汽车还通过与百度旗下其他平台产品的合作，对核心板块中具体活动的用户体验进行了一定程度的延伸。

在专题网站中的"一问多答"活动中，上海通用就结合了百度的地图功能，推出了通用汽车的推荐路线，提供上海火车站、东方明珠、虹桥机场等十几处热点地段去往世博会的路线。网友也可以根据自己的需求输入关键词进行路线搜索。

针对专题网站中的问答活动，上海通用汽车还利用百度知道平台打造了"团队PK赛"与"场馆点评"活动。百度知道用户可以从八支队伍中选择一队参与答题。只要为百度知道分类下的问题并被采纳即可获得积分，并得到积分奖励。同时，百度知道用户还可参与展馆的投票和点评，同样能够通过积累积分而获得相应奖励。

这一系列营销活动充分保证了搜索网友的参与热度与参与黏性，仅问答专题活动就在 20 天内累积了 1.5 万的参与人次。截至 2010 年 5 月 25 日，共有 13804 人参与团赛，"世博会团队 PK 赛"活动已经解决问题 3839 个，涵盖了关于世博展品、展馆、活动、美食、住宿等诸多问题。不仅线上获得了高质量的流量与丰富的 UGC，线下的上汽·通用汽车展馆也获得了超高人气。数据显示，世博会期间，上汽·通用汽车展馆平均排队时间 2 ~ 3 小时，184 天内接待近 300 万名参观者。

↘ 第三节　案例点评

在消费者主导的搜索引擎营销模式中，消费者的行为处于销售过程中的哪个阶段是可以被捕捉到的，并且应该被纳入搜索引擎营销的综合布局之中。因此，更高效的搜索引擎营销，需要综合考量从消费者洞察、搜索广告投放到接触点设置与转化页面消费者维系的全过程，并明确搜索引擎及相关平台在引导网站访客、提升知名度、增进公司产品或服务的客户购买决策转化率等环节中能够起到的作用。

一、消费者洞察是搜索引擎营销成功的基础

营销过程中每个决策的背后都需要消费者洞察作为基础。雀巢通过从目标消费者自生产内容中提炼的关键信息，来进行搜索广告内容的填充与整合，从搜索引擎选择，到关键词选择，再到流量导入网站的选择，都建立在对消费者的深度洞察的基础上，保证有需求的消费者在搜索后能够准确地找到品牌。而上海通用汽车的平台选择与网站内容搭建，也同样是在洞察的基础上进行的，保证了品牌信息传递的有效性。

选择与百度合作，是雀巢对消费者的第一次洞察。雀巢母婴系列产品的目标群体是由处于怀孕期的准妈妈和婴幼儿的家庭成员组成的。他们通常比较年轻，而且大多数都十分缺乏育儿的知识、经验，对于信息的渴求使得搜索引擎成为他们最常使用的工具。同时百度知道等知识问答平台也是这类人群较为活跃的场所。

选择从专业母婴类 SNS 平台提炼信息，是雀巢对消费者的第二次洞察。由于母婴人群食品消费的特殊性，在对相关资讯的选择上，目标消费者更加青睐于育儿专业相关网站提供的可靠信息源。专家资讯和来自普通人的经验分享能够为其提供有关食品安全、营养和科学性的判断基础。因此诸如新浪育儿频道、宝宝树、摇篮网等专业母婴类 SNS 网站，就成了雀巢母婴产品目标消费者的聚集地，这些地方也成为雀巢了解目标人群消费特点和需求的最佳地点。

视频推广平台的选择，体现了雀巢对消费者的第三次洞察。优酷的调查结果显示，优酷母婴频道有 55% 的黏性用户为女性，这与互联网男性用户为主的情况恰好相反，正好反映出女性用户，特别是妈妈、准妈妈对育儿类视频的关注。而婚姻调查显示，41% 常看优酷母婴频道的用户为已婚有子女用户，已婚无子女的占 22%，这也说明关注婴幼儿成长、育儿经验的用户占大多数，这一群体，恰好是雀巢成长奶粉现有、潜在的消费人群。因此，优酷母婴频道开始成为雀巢进行视频推广的首选平台。这一合作模式，在后续也出现了更深入的发展，并取得了绝佳的效果。

而上海通用汽车与百度的合作，则是基于百度对于互联网中数以亿计网民搜索请求和关注点的聚集以及对消费者社区行为的深入洞察。

据百度统计，上海世博会、世博会门票、世博展馆等关键词在短期内一跃成为数以亿计网民的搜索与关注焦点，借此通用全面整合和调动百度搜索及社区资源，能够与消费者进行深入持久互动。

更重要的是，百度不是单一的搜索引擎网站，还拥有地图、知道等多个互动频道，频道之间如果能很好地联动，必然会对品牌传播创造更多的接触点，从而引发更为深入的互动效应。通过对世博会期间消费者社区行为的分析，当人们来到百度时，他们会在百度地图查询世博会游览路线、在百度知道分享世博会知识、在百度贴吧交流世博会话题、在百度空间晒世博会游记。以百度搜索为核心，他们的足迹遍布了百度的各个频道。

因此上海通用汽车将与百度搜索的合作，拓展到百度地图、百度知道等多个相关平台，通过百度矩阵的联动效应，为新老消费者群体奉上了一场营销盛宴。

二、理性参与搜索引擎广告竞价实现最优投资回报

搜索引擎市场中充斥着对出价、关键词和定位的选择，这些选择决定着何时、何地会展示付费广告。理性与非理性竞价者同时存在，要准确计算 ROI 实际上十分困难。面对竞争激烈的搜索引擎营销市场，付费搜索应该如何决策？是应直面迎击还是该剑走偏锋？

上海通用汽车因为与百度的全方位合作，对于市场有了更全面的把握，因此不惧热门关键词的竞价大战，通过将品牌营销活动嫁接到百度专题网站上，坐拥世博会期间搜索引擎中品牌的超大曝光度，实际上通过联合的方式促成了百度与上海通用汽车的双赢。但哪怕是直接与平台强强联手，但面对激烈竞争，合作中仍然难以保证是否会出现变数。搜索引擎广告的投放必然是个动态的过程，如果有人出价更高，那最佳的位置就要让贤，要在期间保持持续的最佳曝光并非易事。

如果对市场并没有充分的把握，事实上可以采用一种更加保守的方式，正如雀巢所采用的一样，通过发掘那些不会引起竞价大战的关键词，比如加长字段，

选择购买长尾关键词的方式。

付费搜索引擎展示广告实际上是为能见度（visibility）而竞价，要想获取搜索关键词在广告受众中的能见度，需要参考搜索曲线。搜索曲线是指在一定期间内，针对同一标的物所有关键词与其相应搜索次数组成的图形。曲线头部的少量关键词每月会被搜索数百万次，而曲线尾部则长而平坦，由搜索量较少的海量关键词所组成。位于曲线尾部的这些关键词就是长尾关键词，尽管不会带来太多流量，但却可能导向更高的转化率。因为这些低流量的关键词可能代表消费者进行了非常具体的查询，说明他们已经接近销售漏斗的最终购买阶段，即已经快要做出购买决策，是营销活动最佳的目标受众。

当然，这种方式同样是有风险的，虽然出价不高，但极容易产生因长尾关键词选择错误而错过目标消费者的情况。为了提高所选长尾关键词的价值，雀巢所做的关键营销决策就是，借助目标消费者常使用的 SNS 平台来提炼关键词。

通过对论坛与主题问答中消费者发言进行不断筛选，雀巢真正通过了解目标消费人群的需求和消费特点，提炼出了相关性较高的关键词用于搜索推广。这种做法纵使不通过竞价，也能够使投放广告网站的自然排名靠前。不仅有利于广告信息的传达，这些重要信息的获取还能够为雀巢产品的后续研发、改良提供帮助。

三、充分利用搜索引擎营销，实现与目标消费者互动

搜索引擎虽不能承担媒体属性，但搜索引擎营销仍然需要与消费者进行互动。相较于其他营销平台而言，这种互动通常能够更加直接地促使消费者采取行动。

理清当搜索用户到达目标网站后希望其采取的行动，并相应地制定首要客户行动措施和次要客户行动措施后，还需要在广告投放页面以及目标网站中设置相应的接触点（touch points）来保证与消费者的互动。

尽管未必产生实时销售，但与客户不同层次的互动依然会促进业务发展。在这一过程中，品牌与潜在客户和老客户的互动方式也是不同的，而通过设置接触点可以同时强化品牌，或增进与潜在客户和老客户的关系。

在雀巢的营销过程中，其对于接触点的设置主要体现在其自身 SNS 社区植入上。购买搜索关键词的网站可以是品牌的官方网站，也可以是品牌的销售网址，但雀巢采用了一种干扰性更小，更不容易引起消费者反感的方式，就是为品牌的母婴论坛购买检索关键词，同时把相关产品的广告投放到自己的母婴论坛上。如此一来，消费者就能在获取其想要资讯的同时，潜移默化地接受品牌信息。

相较于雀巢，上海通用汽车对于接触点的耕耘显然更加完善和细心。在其设置消费者导向的接触点时，还考虑到了搜索引擎营销媒体互动的影响，进行了一系列人气导入设置。

世博会是做概念营销、品牌推广的好时机，上海通用汽车"直通2030"的绿色未来概念，本身就为营销活动导入了大量人气。而在这场营销盛宴中，百度全面整合了知道、贴吧、百科、地图、空间等五大频道的优势资源，为上海通用汽车品牌创造了更多的时间和接触点，便于与消费者进行全面、深入的互动，在提升上海通用汽车的品牌知名度上起到了显著的效果。

此外，当网友在百度搜索"世博会"、"上海世博会"等关键词时，搜索结果页面中跳出的专题网站链接，还会根据投放阶段的不同出现在不同的页面，如顶端右侧推广位、搜索结构推广位甚至擎天柱广告等。这样的设置会在消费者浏览的全过程中吸引其注意力，并促使其点击广告。既能够满足大曝光量的要求，又不会影响消费者对于搜索引擎的使用。

四、优化品牌网站实现消费者品牌参与

在充分洞察、合理决策、消费者接触路径设置完成后，搜索引擎营销实际上并未结束，真正重要的营销环节才刚刚开启。在将消费者导入活动网站后，如何将其留在页面，并进一步深入品牌参与，是搜索引擎营销中至关重要的一环。

网站是搜索引擎广告的延伸，搜索者从搜索引擎广告就已经开始与品牌互动，而这种互动会一直延伸至网站。因此搜索营销体系必须在着陆网站设置上花好心思，提前准备好接收随搜索引擎营销活动而来的访客流量，如果准备不足就将会面临很高的机会成本：包括损失销售机会、损害品牌形象等。

由于搜索引擎带来的流量与访问网站的其他流量是不同的，这些用户有明确的需求、兴趣和取向，如果不能迅速在网站中找到满足需求的内容，他们很快就会离开。而营销者要做的就是不断努力降低这类跳出率，或因未满足需求而返回搜索引擎重新搜索的比率。

在着陆网站的设计中，营销者要尽力平衡达成自身的销售意愿和客户实际上的购买需求，通过良好的客户体验设计，使搜索用户能够按需求挑选到合适的解决方案。

雀巢由于在前期长尾关键词的提炼上花足了功夫，其通过搜索引擎导入的消费者通常已经处于销售漏斗的较底端，所以在目标网站的销售转化设置上，可以比较自然地通过植入产品广告来实现。包括在其自设SNS论坛门板中植入的广告和优酷上雀巢妈妈MBA推出的系列视频中植入的广告。对于后者而言，每个小视频的标题中都含有目标消费者的热门搜索词汇，这样的设置不仅可以增加视频在自然搜索结果中出现的可能性，还能够通过视频中真正能够服务于目标消费者的内容，达到在进行产品推广的同时，提升品牌好感度与更加专业的品牌形象的目的。

对于上海通用汽车而言，由于其前期关键词的设置较为抽象，虽然为专题网站导入了海量用户，但仅仅只能保证这些用户对世博会信息有需求，并不能

确定是否是通用汽车的目标消费者。因此，上海通用汽车在与百度的合作中，只能较为温和地通过冠名该专题网站的方式，使品牌信息在该网站以及相关平台中广泛曝光。同时，主要通过在百度世博专题网站中分阶段持续推出互动活动，如"世博出行我知道"系列有奖问答活动、"上海通用汽车世博攻略"、"EN-V解码空间"以及"上海通用汽车穿越之旅"等来保证品牌与消费者的持续互动，进而达到潜移默化影响消费者的目的。

五、以消费者需求为中心理性而积极利用搜索引擎

在信息的汪洋大海中，搜索引擎以其提供的高度精准而又价值的信息收录和排序成为公众和消费者进行信息筛选的航标和导航。从综合性搜索到垂直搜索则体现了信息分类、匹配和智能化技术方面的进步，从文字向图片和语言的搜索则使得搜索引擎更加人性化和智能化。

搜索引擎成功地改变了消费者在信息搜寻、购买、浏览导航等方面的行为习惯，由此经常使品牌营销传播人士处于进退维谷的境地：竞争对手在搜索引擎营销方面积极进取，而消费者在这样的市场营销环境中取得了主导权。过去十几年来 Google 品牌价值的增长就是其饿金市场主导权的明证。事实上，品牌营销传播应当顺应这种"Google"市场体制，并清楚认识到，在这种体制中如果期望最大化收入和利润，某些形式的广告是非做不可的。

归根结底，如何让有需求的用户准确地找到品牌、如何让目标消费者真正认可品牌，还是需要遵循需求与满足规律。纵使这一过程中需要营销者具有全局眼光、综合洞察力以及依据数据识别趋势和快速学习的能力，纵使 ROI 仍然难以准确量化，但只要抓紧以消费者需求为中心的核心思路，看似被妖魔化的搜索引擎营销，其实也可以春风化雨，为品牌营销传播开辟一条极富价值的大道。

第十一章　跨媒体沟通与数字营销传播

第一节　专业导航

一、全媒体传播的媒介融合大环境

随着互联网的崛起及快速发展，我们已经进入了一个新媒体数字化大量涌现并蓬勃发展的数字化信息时代。在全媒体传播的背景之下，信息技术的深度渗透和广泛应用，加速了媒体融合的步伐。媒介融合对营销传播既提供了挑战，也提供了机遇，促使品牌间的营销传播竞争更加激烈。

相对于传统媒体来说，新媒体的核心是以数字技术和网络技术为基础，以智能终端为传播目标的新型的传播形态。其特点是交互性和即时性、海量和共享性，多媒体和超文本特性，以及个性化和社群性。在内容资源、受众群体、传播平台等方面，新媒体是有独特优势的，能够做到海量信息存储、全媒体形式的内容发布、用户互动灵活多样。因此，最早的"各种媒介呈现出多功能一体化的趋势"的融合内涵发生了更多的变化。媒体融合不仅指不同的媒介形态"融合"在一起，产生"质变"，形成一种新的媒介形态，更是指一切媒介及其有关要素包括媒介形态的融合，还包括媒介功能、传播手段、组织结构、传播内容等的结合、汇聚甚至融合。这产生了信息传输通道多元化条件下的新作业模式，即有效结合传播通道，实行资源共享，集中处理，衍生出不同形式的信息产品，再通过不同的平台传播给受众。

媒介融合将我们带入了一个全媒体传播的大环境中，传播活动不可避免地运用媒体组合来进行传播。另一方面，混媒终端所强调的个性化、互动性和对于受众主动性的极大鼓励促使媒体碎片化和受众的碎片化同时发生，单一媒介无法再像以往那样轻松地聚集人们的注意力，低成本的大面积覆盖无法再通过传统的营销传播方式来实现，传播的双向性特质也日益明显，受众开始利用手中的终端成为信息、内容的生产者，"人人媒体、处处传播"的局面出现。SNS社区、微博的诞生、iPhone以及iPad等移动多媒体终端的出现，终端媒体业务的不断丰富都在持续提升受众的传播主动性和积极性。他们能够更主动地使用传播工具进行信息的交换和索取，也能更明确地表达自身的需求，更加及时地

133

进行信息反馈，并且在传播与信息中形成了社区的概念，完成了传统营销传播向着新型营销传播环境的转变和转型。

因此数字时代的营销传播必须拥有"互联网思维"，即从用户的需求出发、从新媒体和传统媒体的各自优势及其对接点出发去推进媒体融合，一方面改变传播理念，更加注重精准化传播、分众化传播；另一方面改变传播方式，更好地运用大数据，追求和实现营销传播的交互性、即时性。

二、跨媒体沟通策略

日本电通跨媒体沟通开发项目组创造了一个新词汇："克洛思维奇（Cross Switch）"，来阐释其公司的跨媒体沟通策略。这个词意为"通过实现跨媒体沟通（Cross Media），打开消费者心中的开关（Switch）"。

跨媒体沟通的原本含义是指将信息用多种媒体来表现，即将多种媒体交叉组合使用。但数字时代的我们身处信息大爆炸的环境，多样化与个性化的信息渠道带来了过剩的信息，让受众的注意力变得稀缺，同时媒体早已从"二元单向传播"的时代进入到传统媒体与新媒体并存、受众之间互相影响的"一极多元碎片化"时代。（所谓"一极"指的是仍在影响力、覆盖率、受众数量占绝对优势的电视媒体，"多元"则是指互联网发展至今引发的媒体生态新格局的形成和演变。）消费者自主进行的信息搜索与信息分享这两大行为特征对最终决定购买起到越来越重要的作用，消费行为模式也从 AIDMA 升级至 AISAS 策略，即 Attention 引起注意、Interest 产生兴趣、Search 主动搜索、Action 促成行动、Share 信息分享。面对这种变化，日本电通在 2011 年出版的《打破界限》一书中提出，与"媒体组合"不同，跨媒体沟通是"有效规划沟通导线，有效引导目标人群的行为变化"。强调对消费者心理更深层次的渗透，具体来说为：①基于对目标人群心理特征及媒体接触特点的洞察；②考量传播的"广度"（到达率和接触频次）和"深度"（参与度）；③营销传播的沟通导线；④与多个信息接触点有效组合。

首先，跨媒体沟通重视的是对目标人群的心理特征及每天接触点的洞察，把握消费者在想什么，需要什么，他们的生活价值观和媒介接触以及获取信息的特点是什么。这才是创意点发想的原点。其次，目的是在传播广度和引发最终购买的深度之间达到一个平衡，重视传播广度的同时，更加重视如何才能影响消费者并唤起他们主观能动的行动；再次，对于策划内容的侧重点，跨媒体沟通重视吸引目标人群从"信息屏障"中走出来，规划使他们主观行动起来的沟通导线。最后，跨媒体沟通注重客观把握所有连接消费者和品牌的接点，经过选择的信息接触点才会成为其媒介策划的对象。综上所述，跨媒体沟通是以核心创意点为中心，以规划沟通导线，有效引导目标人群的行为变化作为关键点。如果需要促成消费者进行积极能动的品牌体验，跨媒体沟通就显得更有必要。

跨媒体沟通的模式主要是结合消费者行为变化的 AISAS 模式进行信息接触

点管理。所谓信息接触点（contact point），就是品牌与消费者产生信息接触的地方，即运送营销信息的载体。信息接触点管理模式着眼于连接目标人群和品牌的各种接点，在众多信息接触点中，筛选出适合沟通目标的有效信息接触点，并从时间、地点、场合、氛围中发现接触的时机，组合最佳信息接触点，优化资源，设计沟通导线，从而实现有效的跨媒体沟通。

因此，跨媒体沟通就是不拘泥于特定的媒体形式，针对用户的消费行为，以 AISAS 模式为前提，着眼于符合消费者行为的信息接触点，以能够抓住用户心理的创意发想点为核心来设计沟通导线，利用合适的媒体组合与用户进行沟通，有效引导目标人群的行为变化。

跨媒体沟通管理模式的优势将 AISAS 模式与信息接触点管理模式结合，共同实现跨媒体沟通，有利于掌握消费者购买心理，有利于合理优化资源，更为有效地进行品牌策划宣传，从而实现目标人群中的品牌认知，并有利于把握策划方案的落地执行效果。在数字营销实战中，这种关注用户需求与消费行为的跨媒体沟通更容易传达品牌想要传达的核心信息，与用户进行互动交流，并得到消费者的回应。

第二节　经典案例

一、案例 25　福特嘉年华的"一升放肆"

嘉年华（FIESTA）是福特公司旗下一款著名的家用小轿车，被誉为全球精品小车的领衔之作，是福特公司最为成功的车型之一。从 1976 年夏天，第一代嘉年华面世至今，已经有超过 30 年的历史，历经七代演变，品牌的成长历程也充满了传奇色彩。福特嘉年华其在能源危机的年代获得成功的关键因素是其燃油经济性，随后经过多年不断的产品改进，更注重驱动系统、安全配置、人体工程学、内饰设计、驾驶环境等各方面，创新出了多种出色的车款车型。

在福特嘉年华的发展过程中，品牌定位的重点一直放在"年轻、时尚"，传播着"你的世界，从此无界"的品牌口号，在消费者心中投下"动感"的驾乘乐趣印象。2003 年进入中国市场后，利用"创造驾乘乐趣"作为其传播核心，开展多种多样的营销传播活动，使其品牌潜移默化地深入消费者心中。

（一）"讲故事"的数字营销传播方式

面对数字时代的到来，福特公司意识到，数字原生代的消费者正在以一种新的方式定义一辆性感的车，它不只具备视觉效果和超强动力，还应更多地体现在互联性、个性化安装以及与移动设备的高度集成上。于是，利用社交媒体的网络营销逐渐成为福特嘉年华汽车营销的重要手段。福特嘉年华通过创造吸引消费者关注的内容，以"讲故事"的方式获得消费者的信任，并使其参与到"讲故事"的过程中，希望"以一个完全不同的方式，传达出新福特嘉年华的独特个性和属性"。

（二）1升汽油=18千米、181818千米……

2013年11月10日至2014年1月20日期间，福特汽车公司在爱奇艺网站上投放了一支病毒视频：《福特嘉年华一升放肆》。在这个微视频广告中，通过创意奇特、极具传播力、能引爆年轻群体视觉兴奋点的内容，展现了不同的一升物质和令人惊叹的创意玩法，例如一升油漆能够用来人体彩绘和墙体涂鸦，一升冰水可以配合演奏一曲美妙音乐，一"升"气球足够导演一部精彩动画，一升汽油可以驾驶配有1.0T发动机的福特嘉年华汽车行驶18.181818千米的路程……

福特嘉年华品牌试图通过这些构思巧妙的视频内容，希望消费者能直观了解新嘉年华1.0T发动机的核心优势——用1升汽油能行驶18.181818千米或更远，的燃油经济性，从而扭转用户对小排量发动机的传统认知，建立对嘉年华新技术的认可；同时通过这种创意新奇的玩法传递该品牌"青春、时尚、动感、活力"的品牌理念，进而在年轻群体中改变新嘉年华产品原有二、三线城市的形象定位，扩大其在一线城市A0车的占有率及品牌偏好。

（三）以互联网为源点辐射到传统媒体

视频一经上线，立刻得到了广大网友的关注和疯狂转发，各种新奇的创意玩法得到广大网友的认可和喜爱（图11-1）。多家视频网站也对其进行了收录播出，并反向输出，在电视台，汽车之家、爱卡等十余家知名汽车垂直网站也进行了转载传播。同时，视频引起了汽车、娱乐、营销媒体、KOL的主动关注和转发，触达超过5000万微博用户；视频及相关内容在上线3天内转发数近8000次。

在纸质媒体方面，杂志《摄影之友》的特别报道《互动COMMUNION专栏》刊登了《新嘉年华1.0T一升放肆》的软文，通过"1升的汽油让你驰骋、1升的眼泪让你悲情、1升的色彩让你挥洒、1升的泡沫让你遐想……1升，你还能拥有什么，是理性的思考，还是放肆的青春？"的煽情文案，介绍新嘉年华搭载的1.0升Eco Boost GTDi发动机、最新动力总成系统、前瞻的智能科技、动感时尚的外观内饰和全方位的安全性能，进一步传达福特嘉年华满足年轻族群消费者对澎湃动力及驾驭乐趣的多元化追求的理念。

以视频网站和移动互联网终端为源点，逐渐辐射到电视媒体、纸质媒体，展开了多屏跨媒体整合的病毒营销传播。

（四）多屏整合引发创新互动

随着视频在爱奇艺网站播放，辐射到爱奇艺的APP客户端，利用年轻族群最亲密的伙伴——手机进行移动互联网的大范围传播，一方面凭借爱奇艺自身视频服务在移动服务中所占据的高覆盖地位，力推《一升放肆》视频触达到年轻群体，另一方面建立起移动端互动专题，承载内容播放、评论、车型展示、Leads收集、一键跨媒体分享的功能。爱奇艺在移动端APP应用内搭建新嘉年华《一升放肆》品牌专区以及投放互动云贴片，用户在专区及互动贴片观看视频后可以自由写下"一升玩法"，一键分享至社交平台的同时，激活"抽奖"互动。同时，该视频还被剪辑成一分钟的版本，在主流电视媒体播放。以此为基础，该病毒视频的传播在媒介上展开了多屏联动——网络PC端、手机移动端、电视媒体，拉开一张跨媒体多屏互动网络——视频平台、SNS

图11-1　《福特嘉年华1升放肆》截屏

（图片来源：爱奇艺视频广告截图）

平台、汽车垂直网站、电视平台，整合各平台优势，借助多屏覆盖的优势，使巧妙构思的视频内容触达到一线城市年轻族群。

在跨媒体进行病毒视频的传播过程中，优质与兴趣匹配的内容吸引年轻族群将其分享至SNS平台。趁热以视频中展现的内容为源点，创造有足够吸引力的话题"#一升放肆#"，引起用户和网络媒体对其的主动讨论。社交媒体上的受众一时沸腾，用户带着对内容的评论，一方面惊讶于"一升"的不可思议与巨大可能，进一步将"一升放肆"展开到生活其他层面，在微博、微信等社交媒体上进行讨论，发出"年轻就要放肆"、"拒绝改变，就无法体会敢为人先的精彩，放肆让斑斓绽放"等相关的宣言。

（五）"一升"的放肆与精彩

嘉年华品牌自身充分运用跨媒体的话语权，来引导社会关注。拥有众多百万粉丝覆盖的品牌自媒体新浪官方微博、微信账号，都主动参与到"#一升放肆#"的传播和讨论中，通过及时跟进用户在社交媒体的主题讨论，将"#一升放肆#"上升为80、90人群的个性信仰，利用他们对"一升放肆"所代表的创意、激情、年轻、自由的价值观认同和共鸣，激活用户多元的衍生创作——包括"#一生放肆#"粉丝版手绘漫画、数十款洋溢"放肆热情"的DIY微电影海报、动态GIF、创意评论、一升放肆的UGC玩法……创意性视频激发用户创作欲，涌现大量高品质UGC内容，形成了互联网粉丝经济下的用户主导性传播。加之这些社交媒体的移动端也具有高度传播性，该活动席卷了更多的新嘉年华潜在的消费者。

这一系列的跨媒体病毒传播营销活动完美诠释出福特嘉年华的品牌精神主旨，也加深了在年轻目标消费者心中的印象，达到了其营销的目的。

《长安福特嘉年华—升放肆》跨屏病毒营销传播案例获得了2014年中国广告长城奖的广告主品牌奖"营销传播金奖"和"媒介营销奖"双重大奖。

二、案例26 奥利奥的动态"亲子表情"

奥利奥品牌是全球第二大食品公司美国卡夫食品有限公司旗下最知名的饼干品牌，也是全球巧克力味夹心饼干的代名词。

奥利奥饼干成立近百年来，一直代表卓越的品质以及愉悦温馨的家庭回忆。与众多饼干品牌相比，其最为核心的差异是"扭一扭，舔一舔，泡一泡"的品牌诉求。多年来，奥利奥品牌坚持这个广告口号，遵循情感路线，围绕核心诉求，用人们喜闻乐见的温情逗趣的广告创意，加强了产品与人的互动性，增加了品牌的趣味性、娱乐性，又提高了品牌的记忆度，使奥利奥不仅仅是美味的零食，也是连接人与人情感的温馨纽带。

（一）奥利奥"亲子一刻"玩起来

如今，"扭一扭，舔一舔，泡一泡"的广告口号已经超越了简单的存在，内化为奥利奥的品牌精粹与价值主张，是人们识别奥利奥的重要元素。为品牌内核服务的奥利奥广告，已经跳脱"信息传播"的初级阶段，发展到基于顾客的"体验互动"阶段。进入数字营销时代后，百岁的奥利奥在人们眼中依然活力无限，年复一年成为年轻一代钟爱的零食，产品不断创新，并通过广告、促销活动等为产品布阵。奥利奥还通过创建互动参与平台，为"分享家庭亲子一刻"的品牌精神注入新活力，提供消费者全新的品牌体验，多管齐下提升品牌的知晓度和好感度，让奥利奥真正成为父母与孩子间的家庭纽带。

2014年春，伴随着春节贺岁喜庆的气氛，奥利奥推出了全新的整合营销活动"亲子一刻，玩起来"。这次活动选择了微信的创意相机作为互动平台，通过品牌深度植入，打通微信生态圈，并依附于微信强大的平台效应促进销售，结合电视媒体的广告宣传、互联网媒体的活动平台以及线下户外公交车站的大头贴照片打印机，开启了一种前所未有的跨界、跨媒体的商业合作模式中的品牌传播创新。

（二）借势亲子热话，搭载创意相机

首先，奥利奥品牌通过电视、互联网播出其广告宣传，在视频片尾用萌态可爱的表情提示奥利奥即将开展的"亲子一刻"动态表情的活动（图11-2），引起消费者的好奇心，吸引消费者的注意。同时，在奥利奥饼干盒上印上供消费者扫描的二维码，方便消费者关注奥利奥微信。消费者关注微信后就能通过微信内置的创意相机参与动态表情制作。

创意相机是微信主力推广的明星产品之一，随着《爸爸去哪儿》等国内亲子类综艺节目的火热，一时间亲子互动成为人们关注的热门话题。于是创意相机推出了亲子互动表情，迎合了辣妈潮爸的喜好，也符合了奥利奥品牌一贯传达给目标消费者的"愉悦温馨的家庭回忆"品牌理念。创意相机的入口自动内嵌在微信应用中，奥利奥与创意相机合作植入"亲子表情"创造互动体验，鼓励父母不仅要花时间陪伴孩子，更要放下包袱、释放内心童真，和孩子一起玩起来。用户借助创意相机提供的功能，可以方便地记录与孩子互动的童真瞬间，并轻松制作成为真人动态表情，通过创意相机与微信朋友圈的自然打通，传播亲子互动的快乐。也体验了奥利奥想要传达的品牌诉求，加深了品牌与消费者之间的价值共享，将奥利奥从简单的乐趣产品上升到意义和精神共享的价值产品。

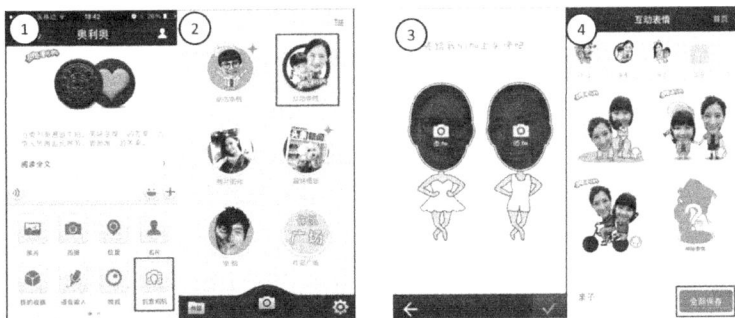

图11-2　奥利奥创意相机亲子互动表情集图

（图片来源：手机截图）

（三）跨媒体玩嗨"动态表情"

另外，消费者在线下购买奥利奥产品，拆开包装能够得到包装内的一串兑换码，在关注微信中输入包装内的兑换码，就可以在微信亲子相机中解锁特殊的亲子表情。生活中制作的表情可以分享至网络社交媒体——微信"朋友圈"，也可在其他社交平台的网络聊天中使用。正是各种可爱温馨的表情引发了社会化媒体的一阵风暴。微信平台的活动很快蔓延到微博上。奥利奥的新浪官方微博账号借助用户的热情，将亲子互动表情活动开发为"有奖转发"活动，激烈用户不仅将动态的亲子表情上传，还将家庭幸福照片分享，越来越多的用户在"亲情"情绪的感染下参与到转发活动中去，一时也成为微博热门的讨论话题（图11-3）。

图11-3　奥利奥微信动态表情截图

（图片来源：雪阳广告网 http://m.8000ad.com）

图11-4　奥利奥亲子表情大头贴公交站台打映服务

（图片来源：百度图片http://image.baidu.com）

随后，各种创意玩法也被用户自行开发出来，动态表情不限于亲子之间，同学、朋友、情侣之间都开始风靡。网友们还通过恶搞明星、政界人物、萌宠等提升活动本身的娱乐性，将品牌进行了大范围的扩散和传播。

奥利奥还将创意相机亲子表情的推广与销售拉动直接结合，不仅推出了以"亲子表情"设计为主题的全新包装和店内促销，同时设计体验式的门店陈列和包装设计。消费者在门店即可现场体验制作"亲子表情"的乐趣，并且还可通过购买产品收集包装上的pincode在微信"创意相机"中解锁更多表情，直接刺激了产品销量的增长，实现从卖场到手机的体验，然而体验到这里还未结束。

为了与消费者更深层次的互动，奥利奥还将亲子表情体验延展到了线下互动媒体。奥利奥创新地设立亲子公交站台，利用户外媒体提供"亲子表情大头贴"打印服务。通过关注奥利奥微信账号，将制作的亲子表情上传，即可免费获取打印码，到亲子公交站台，并通过微信遥控将亲子表情打印成贴纸，让消费者在实际生活中也随时随地玩起来。这种全新的线下体验被消费者分享到社交网络引发更多关注，同时带动更多消费者到线上体验"亲子表情"，滚雪球效应循环产生（图11-4）。

奥利奥从自身产品和品牌定位出发，跨界与社会化媒体腾讯微信合作，与其新功能——创意相机绑定一起玩儿，同时配合传统电视广告、卖场POP呈设、微博互动、户外照片打印公交站，将活动"玩得够嗨"。活动前5周消费者就创造出超过2500万个奥利奥亲子表情符号，有300万表情符号被用户直接在微信平台上与家人和朋友分享。在各大社交网络媒体平台更是有超多1.7亿的曝光量（包括微信和微博分享），奥利奥全网搜索量提高了5倍，而在百度、谷歌等主流网络搜索引擎的搜索量则提高了3倍。活动也有效地借助微信强大的入口效应和销售促进的有机结合，最终成效也十分显著：销售增长高达50%，33万包装上的代码贡献了价值高达100万美元的销售额。活动成功地建立了品牌与消费者在感情上的联接，奥利奥让家人在一起创造并分享更多童趣愉快的时刻。该案例荣获了第九届中国4A金印奖、媒体金印奖、传统媒体类银奖。

这次活动成功后，奥利奥还开发了与"亲子互动"的更多营销活动，如2014年奥利奥升级"亲子一刻"，开启了"亲子一刻玩起来"和孩子一起释放童真的营销活动。此外，还通过广泛传播"亲子互动"病毒视频，用温情、创意的体验延续整合传播的路线。

第三节　案例点评

福特嘉年华"一升放肆"与奥利奥动态"亲子表情"这两个案例都是跨媒体沟通成功的典型案例，通过洞察消费者的心理需求与媒介接触信息，构思出精彩的核心创意发想点，并从时间、地点、场合、氛围中发现用户信息接触的时机，利用合适的媒体组合与其进行有效沟通，从而将消费者从"信息屏障"中吸引出来，与用户进行互动交流，并得到消费者的回应，使其愿意主动去接触品牌的信息，通过加深和品牌的关系，最终促使其积极主动地行动。

一、跨媒体沟通的实现必须要有强有力的创意点

营销活动的创意点是实现跨媒体沟通能够顺利实现的起点，它既是简洁明了的体现主题传播活动的有趣、新颖和强有力的核心概念，也是有效引导目标人群行为变化的引擎。能够吸引人的创意发想点至少是有趣的、新颖的和强有力的，因为无论模仿多么优秀的主题传播活动，都无法获得在接触到令人意想不到的事物那一瞬间的惊喜和感动。核心创意点是否有魅力决定了主题传播活动的成败。

福特嘉年华"一升放肆"活动注重了内容为王、创意引爆的原则。首先，病毒视频的内容构思巧妙，通过展现不同的一升物质：油漆、水、气球、汽油，用令人惊叹的创意玩法勾起了目标用户的好奇心，聚焦了潜在消费者的注意力。在传播资源无限放大的今天，海量的信息使受众树立起"信息屏障"，制造出与众不同的内容才能将消费者从屏障里面主动走出来。其次，该视频内容结合时下年轻群体追求时尚、个性的心理，从福特嘉年华本身燃油经济性的特点出发，通过其他物质的类比，传达出即使只有有限的资源也能通过自我的脑洞大开将其发挥到极致。拥有精彩创意点的内容才能成为一个有吸引力的病原体，用户才愿意传播这个信息。"一升放肆"真正想要传播的是福特嘉年华 1.0T 小排量发动机的好处，但通过"伪装"在"不拘传统，释放自我，创造精彩"的正能量之下，能够很快速穿过人们的"防火墙"，被用户所接受。这种新奇的创意创新了受众多元的、不拘一格的意识、创作了时尚、年轻、活力的观念、创造了对福特嘉年华品牌新的思维和看法。在激发了消费者好奇心的基础上，核心创意点如果能够唤起共鸣，就能成为一个新的引爆点。"一升放肆"本身在内容上就是通过不同物质的创意玩法引入到其传播主题中去的，这些不拘一格的创新唤起了受众的思考，开始想象还有什么其他的玩法，从而竞相模仿蔓延开来，并且从这种具体的创意玩法上升至80、90后年轻人群价值层面的讨论,引发了对"一升放肆"所代表的创意、激情、年轻、自由的张扬个性信仰的认同和共鸣，从而引爆了互联网粉丝经济，激活用户进行多元的衍生创作，涌现大量 UGC 内容。

奥利奥的"亲子表情"互动营销案例成功立足于消费者的角度来开发核心信息，注重利用核心创意将消费者和品牌紧密联系在一起。活动中品牌所诠释的注重亲情，鼓励父母放下包袱、放下架子，释放内心童真，融入孩子世界，和孩子一同玩起来等概念，甚至借势移动手机平台微信的方式，都是以目标人群日常生活中感兴趣的事以及喜好的事物为文脉，从心理层面的接触刺激来引发消费者下一步的行动。奥利奥制定的营销策略是通过奥利奥和家人共同创造童趣愉快的时刻。这一策略很好地贯穿了营销活动的始终，不论是线上的微信动态表情制作、分享，还是线下的购买奥利奥产品获得激活码、公交车站打印照片都围绕着这一理念，把策略和创意结合在一起，促使了用户的主动参与，加深了对品牌价值的理解。

二、通过信息接触点、核心信息与心理层面洞察消费者，找到通导线

在构想跨媒体沟通的媒体核心创意点时，需要考虑目标人群的心理洞察、社会潮流趋势、竞品和市场环境的变化、品牌的核心价值等因素。核心创意点具体潜藏在哪一部分，是策略的方向性，目标人群的设定，媒体的使用方法，是创意表现展开的部分。从信息接触点、核心信息、心理层面的接触三个层面思考，才能精准洞察消费者的需求，描绘出有效引导目标人群行为变化的各种沟通导线，促使消费者主观能动地体验品牌。

福特新嘉年华的目标消费群为 25～28 岁、80 年后新生代，他们善于利用各终端媒介随时掌握世界潮流，利用社交媒体微信朋友圈分享是他们生活中的习惯，他们追求时尚，喜欢高科技，更加注重品牌。精准地洞察了这一点后，品牌就能根据这部分目标人群的特点制订多媒体传播的策略，与用户进行跨媒体的有效沟通。正如电通跨媒体策略中提到的一样，此次福特嘉年华的活动很好地进行了目标消费者信息接触点的分析。利用网络这个年轻群体不可能避免的媒体传播视频，其次是年轻群族的亲密伙伴——手机，规划了有效的沟通导线，从互联网到手机客户端再到各类社会化媒体，有效引导了目标人群的行为变化。同时，在互动方式上也比起以往的形式有所创新，凭借爱奇艺视频服务在移动服务中所占据的高覆盖地位，在媒体 APP 客户端内搭建新嘉年华"一升放肆"品牌专区以及投放互动云贴片，承载视频内容播放、评论、车型展示、Leads 收集、一键跨媒体分享和互动活动。云贴片技术能够通过百度、爱奇艺大数据，精准锁定汽车潜在客户投放（包括在近期有过嘉年华同级竞品搜索行为或下载过汽车垂直 APP 的用户）。而且用户在互动过程中，云贴片自动转为无自动关闭时限的互动区域，打破 15 秒、30 秒的限制，大大扩大品牌沟通的空间。精准用户被捕获后，在专区及互动贴片观看视频的同时，可以选择互动游戏，可以自由写下"一升玩法"，一键分享至社交平台的同时，激活"抽奖"互动。这些新颖的互动方式加深了用户的参与度，使营销传播活动成为双向的关系建立。

不同于福特嘉年华精准洞察用户的媒介使用习惯，奥利奥的洞察主要在消费者的心理需求方面，通过聆听消费者的需求，选准卖点与消费者进行沟通。

奥利奥在中国饼干市场上拥有最高的市场占有率，但是一直以来都是靠着其产品的优秀品质与独特口味吸引消费者，消费者对其的认知还是停留在"扭一扭、舔一舔、泡一泡"的创意吃法中，而没有与品牌建立更深的联系和情感上的联接。营销大师菲利普科特勒曾说："互联网营销即构建价值，最好的营销是企业从用户情感中获利。"这次的活动正是从加强品牌与消费者的情感联系出发，针对目标群售卖品牌的鲜明个性和独特定位，以契合消费者需求为出发点，最终得到了消费者的青睐，获得成功。

在中国社会中，人们十分重视家庭关系和家人在一起的时光，但是快节奏的现代生活方式与各种其他原因导致大家越来越难以在感情上与他们所爱的人联接。于是奥利奥找准了这样一个消费者需求与品牌能够结合的点，同时利用《爸爸去哪儿》亲子节目热播后带给社会大多数人情感反思的契机，将亲人之间的情感诉求与品牌一贯"愉悦温馨的家庭回忆"理念结合起来。精准的需求卖点迅速引起了消费者的注意，产生了热烈的反响，使得消费者纷纷加入对其意义的个性化解读中去。奥利奥抓住"亲情"的永恒主题，构建价值，消费者自然对其营销信息不但不反感反而主动参与其中。

三、整合资源进行消费者品牌接触点管理，实现媒体协同增效

数字营销实战，整合资源很重要，好的策略、创意从单点引爆，需要整合的资源去包装放大。营销媒介的整合、各种资源的整合，各类平台的跨界整合都是整合的方式，这种整合实质上是对连接消费者和品牌的各种接点的信息接触点进行管理。福特嘉年华与奥利奥都注重了对信息接触点的管理，组合使用了信息多重曝光、时间进程把控、媒体分类诱导三类沟通导线，让消费者主观能动地接触多种类型信息，激发用户好奇心、唤起共鸣，最终成为品牌的拥趸的体验型结构，取得营销活动的成功。

福特嘉年华"一升放肆"通过电脑PC端与手机客户端的双重屏幕互动，并分享到其他社会化媒体平台以及创意富媒体演绎是此次活动推广的亮点。在消费者媒体使用习惯碎片化的今天，多屏互补成为营销趋势。从福特新嘉年华1.0T的产品特点——燃油量小但动力强劲澎湃出发，以病毒视频为源点，通过爱奇艺视频网站平台搭建起"一升放肆"用户自行创作的活动平台拉开了一张多屏——移动/电视/PC、跨媒体——视频平台/SNS平台/汽车垂直网站/电视平台的大网。移动、PC通过挖掘用户在多媒体的浏览、搜索行为数据，实现精准的潜客触达；传统电视渠道实现重点城市的渗透覆盖，并拉动线下用户反哺线上媒体主平台和汽车垂直网站；同时，结合社会化媒体新浪微博、微信朋友圈承接视频的传播和用户的发想创作，形成话题风暴，根据移动端碎片化时间行为和社交特性，通过

媒体 APP、kol 微信订阅号、官方微信号提升用户接触频次和口碑分享。这种多屏整合优势、病毒传播方式将其内容更快、更有效地辐射到福特嘉年华的目标人群中。

　　同时通过多重的演绎，带给用户多重的体验。视频创意中将产品利益点直白拆解，1.0T 发动机即动力强、省油料，驾驶可玩性更强。两者的组合能够带来强劲澎湃的动力。围绕强劲动力，在创意执行上首先表现为各种类似的其他物质的创意玩法。以此为引爆点，用户自行开始生产大量"一升放肆"的 UGC 内容，将视频广告和福特嘉年华的品牌理念进行了不同形式、不同角度的多重演绎，使目标消费者能够在多重创意玩法的体验中对新嘉年华燃油经济性特点留下深刻的印象，深化该视频传达的核心思想与品牌核心价值。

　　奥利奥也很好地掌握了对信息接触点的管理，针对消费者日常生活中的行动特点，根据不同的时间、地点、场景、心情，向其目标消费者传递最适合的核心信息。现代的上班族正是由于工作的压力与快节奏的生活导致了亲子之间的互动缺失，然而他们每天会到各种便利店、户外公交车站等地方，还会接触到电视、手机、互联网等媒体，这些都是其能接触信息的接点。于是，奥利奥借势中国最大的移动平台微信和 QQ 创意相机，利用自拍的概念去创造独特的奥利奥亲子表情，选择动画模板，上传您和孩子的头像，有趣的动画表情瞬间被创建，随时可以分享在朋友圈以及各大社交媒体平台。搭建了手机体验平台，让用户利用微信自带的"创意相机"插件，轻松制作与孩子一起玩起来的真人动态亲子表情。这样有趣的互动方式不仅创造了欢快的亲子时光，也在情感上联结着父母和孩子。同时，在包装印上了特殊的兑换码，消费者可以用来解锁更多表情，共享更多欢乐时光的同时也很好地带动了销售。甚至把公交车站变成了奥利奥的亲子乐园，在那里人们可以使用微信作为一个遥控器在公交站户外广告上显示他们的表情并打印出来作为贴纸。营销传播活动，全程都让消费者不断体验一种新颖的亲子互动形式。

　　这一系列的活动将移动社交媒体和户外媒体结合在一起擦出火花，借助智能手机平台可以帮助品牌提升与消费者的连接，在社交媒体上增加品牌声量，以提升品牌与家庭感情纽带。同时充分借力线上线下的互动（O2O）和产品包装、店面陈设，帮助其促进销售。

第三篇
趋势篇

第十二章　大数据与数字营销传播

📥 第一节　专业导航

一、走进"大数据"

"大数据（BigData）"一词早在 1980 年《第三次浪潮》中就被作者托夫勒提出，并且将其称为"第三次浪潮的华彩乐章"。将大数据真正运用在实践当中的是麦肯锡公司（McKinsey），他们在《海量数据，创新、竞争和提高生产率的下一个新领域》的研究报告中提出，数据已经渗透到各行各业中，并且逐渐成为重要的生产因素，"大数据时代已经到来"。

大数据中，数据被分为结构化数据、半结构化数据与非结构化数据三种类型。结构化数据可以通过二维表结构来表达要实现的数据，也是最好处理的数据。非结构化数据是不方便使用数据库二维逻辑来表现的数据，包括文本、图片、XML 等。而半结构化数据是介于前两者之间的，属于一种结构变化较大的结构化数据。

大数据在实践中的不断发展与应用，让人们逐渐认识到它的重要性。拉里·韦伯在《社会消费网络营销》一书中提出，社会化媒体中用户的行为数据和关系数据以及移动互联网中的地理位置数据都将成为未来网络营销的核心竞争力，目前我们已经到了收集数据的黄金时期，如何整合这些数据，成为未来的关键任务。❶ 大数据的提出就为解决这个关键任务提供了突破口。

大数据的资深研究者维克托·迈尔·舍恩伯格提出，大数据带来的信息风暴正在变革我们的生活、工作和思维，并且开启了一次重大的时代转型。另外，他还非常具有预见性地提出了大数据时代最大的转变就是放弃对因果关系的渴求，取而代之去关注相关关系。他还创建性地提出大数据的"4V"特点，即大量（Volume）、高速（Velocity）、多样（Variety）和价值（Value）。❷ 在互联网时代，每天都会产生难以计数的数据，而大数据提出的真正价值不在于人们能够掌握

---

❶　（美）Larry Weber. Marketing to the Social Web: How Digital Customer Communities Build Your Business [M].Larry Weber. 美国：Wiley，2007.

❷　（美）维克托·迈尔·舍恩伯格，肯尼思·库克耶. 大数据时代[M].袁杰译.浙江：浙江人民出版社，2013:7.

庞大数据本身，而是通过对于海量数据的专业挖掘分析，得到数据背后隐藏的"宝藏"。

　　大数据的提出与发展迅速席卷了各个行业，大数据技术、大数据应用、云计算等都在大数据的支持下得到突破性进展，在生活的各个方面，大数据都被广泛运用。例如，美国洛杉矶的警察局和加利福尼亚大学合作，利用大数据来预测犯罪的发生等。

二、"大数据"与数字营销传播

　　传统媒体时代，企业主的广告投放只能依据市场调查或是经验性的总结来把握消费者需求，而消费者的心理瞬息万变，传统的方法已经无法精确把握消费者的心理。进入互联网时代，海量的信息与多元化的渠道使得消费者真正拥有了自主权，能够主动搜索、获取与产品相关的资讯，为购买提供参考依据。同时，互联网低门槛的特性使得同类竞争者更多，消费者可供选择的范围也更大。在这样复杂的环境下，消费者的需求越来越个性化，企业所面临的营销传播环境更加艰巨。如今，得益于不断发展的计算机技术，消费者在互联网上的行为得到了前所未有的详细记录，这些记录为企业进行营销决策时提供了重要的依据。企业通过对数据的交换、整合与分析来解释消费者的行为轨迹，从而对市场需求的方向做出无限接近真实的预测。当下，"大数据"已经被运用到数字营销传播的各个方面，出现精准营销、RTB（实时竞价）等营销传播方式，大数据甚至还被应用到产品的设计与生产流程之中。

　　大数据的出现使得一对一的精准营销成为可能。在互联网时代，企业的营销传播理念已经从"媒体导向"转向"消费者导向"。消费者的需求变幻莫测，甚至同类型的消费者其诉求点也不尽相同。大数据的出现使得实现一对一的精准投放和个性化的营销传播成为可能。海量数据背后所隐含的消费者行为倾向称为企业和营销人最好的参考依据。根据不同用户在互联网上的行为数据，分析出他所需要购买的产品以及他在进行购买决策时所侧重的因素。因此，浏览同一界面的消费者可能接受到不同的广告信息，而广告的内容恰好就是他所需要的产品。这样一来，能够大大提高营销传播信息的有效性，实现营销效果最大化。另一方面，RTB（实时竞价）为企业和营销人提供了有效的广告投放依据，大数据的运用能够使其规避无效的受众达到，针对有意义的用户进行购买，提高企业的效率和投资回报率。

　　随着技术的革新与发展，大数据在数字营销传播中的运用也在不断深化，大数据为企业的数字营销传播提供了切实可靠的决策依据与技术支撑，使得企业的营销活动实现效益最大化。互联网时代，消费者任何行为的背后都存在特定动机，只有跟随消费者的踪迹，营销才能实现既定的目标。大数据的出现使得洞察和预测消费者的行为与需求变得既可能又可行。企业与营销人要深度挖掘与消费者行为有关的大数据，既要有基于行业和品类的方法，又要借助拥有海量数据的数字媒体平台和大数据处理工具。基于大数据对消费者的需求进行洞察，品牌可以有的放矢地与消费者沟通，更准确地传递品牌的意蕴。

第二节 经典案例

一、案例 27 麦当劳樱花甜筒"跑酷营销"

麦当劳是全球大型跨国连锁餐厅，以汉堡、薯条等快餐食品为主要产品，深受全球消费者的喜爱。目前在全球拥有超过 32000 家餐厅，遍布全球 121 个国家和地区，并且针对不同地区的消费者，麦当劳产品的口味都会有所调整。1990 年，麦当劳进入中国市场，随即不断发展壮大。麦当劳以向顾客传播家庭式的快乐作为自己的企业文化，并且十分强调其快乐文化的营销传播。麦当劳叔叔的品牌形象向消费者传递着风趣、幽默、友好的品牌个性。麦当劳通过向顾客销售清洁、高品质的产品，提供贴心的服务，传递快乐的文化，成为世界上首屈一指的跨国快餐连锁餐厅。

（一）本土化的麦当劳数字营销传播

麦当劳进入中国市场后，由于中国社会传统文化、思想观念和消费者口味习惯与西方的差别较大，麦当劳一直在不断进行本土化的调整。通过本土化更加适应中国消费者的需求，打开中国市场。

产品设计方面，麦当劳尽量将产品口味中国化，以适应中国消费者的饮食习惯。在对不同地域的消费者调查了解后，麦当劳对产品进行了调整，除与欧美市场同步的产品外，还在中国大陆市场推出了更加符合中国人饮食习惯的产品。广告营销层面，早期麦当劳主要将欧美市场上的广告翻译后直接投入中国市场，广告效果不佳。经过调整后，麦当劳采用中国消费者较为熟悉的明星做代言，或者是直接邀请中国地区的员工或消费者拍摄广告，增加品牌与中国本土消费者之间的距离。在餐厅的运营层面，麦当劳也尽量聘请本地人作为餐厅员工，更好地拉近与当地消费者之间的距离。

随着互联网的发展，传统媒体的传播力大不如前，麦当劳也开始逐渐适应这个转变，减少在传统媒体平台上的广告投放，开始进行数字营销传播的积极探索。2008 北京奥运会期间，麦当劳（中国）联合可口可乐（中国）、阿迪达斯（中国）推出大型市场推广计划——"中国赢我们赢"。活动期间，消费者只要在麦当劳餐厅购买任何一款活动产品，就能够根据包装纸上的游戏标识参加有奖促销，只要中国队胜利，消费者即能获得小礼品。通过这样的参与式活动，唤起广大中国消费者的集体荣誉感，获得了巨大成功。麦当劳此次活动开启了其数字营销传播转型的大序幕，从2008北京奥运会的营销传播计划可以看出麦当劳的营销预算在逐渐转向数字化营销传播。数字化媒体的发展逐渐改变麦当劳的营销传播方式，目前麦当劳的营销传播活动除了线下的促销外，还涉及微信、微博、人人网、手机游戏等多个平台和领域。通过跨平台的整合营销实现全网覆盖，从各个方面向消费者传递品牌信息，使麦当劳的品牌形象深深印在消费者的心中，向目标消费者传递快乐的品牌理念。

麦当劳已经逐渐掌握到数字营销传播的精髓，通过参与式的营销活动打动消费者的内心，均取得了良好的营销效果。在中国市场上，麦当劳先后推出了一系列数字营销活动，如在人人网上发起"见面吧"活动、在巴西世界杯期间举行"把薯条盒变球场"等活动。通过线上线下活动的成功对接，形成O2O闭环，激活消费者的参与热情。随着互联网时代的不断进步与发展，麦当劳大胆尝试各种数字化的新玩法，将消费者拉进活动之中，通过创意引爆病毒式传播，最终达到营销效果。但是麦当劳在中国市场已经屡次出现负面新闻，如去年爆出的福喜事件，让麦当劳在消费者心目中的形象大损，营业额也因此受到影响。2014年，麦当劳在全国范围内启动全新的主题"让我们好在一起"，通过三段代表着亲情、友情和爱情的广告片向消费者传达麦当劳的品牌文化，以期引起消费者的共鸣。

（二）创意病毒短视频预热市场，引发消费者好奇

2014年9月24日，麦当劳在全国范围内推出当季新品樱花甜筒。并且选择与手机APP百度地图合作，联合推出"樱花甜筒跑酷0元抢"活动，在全国以新潮互动的方式向消费者免费送出100万份樱花甜筒。

"樱花甜筒跑酷0元抢"活动正式上线之前，麦当劳在网上提前公布活动宣传视频，通过"病毒"短视频的方式激发大众的无限想象和参与热情。"病毒"短视频主要以广场舞大妈、"美少女战士"、快递小哥等极具话题性的人物作为视频的主角，展现不同人物角色参与跑酷获得樱花甜筒，通过这些角色来演绎活动流程。"病毒"短视频主要在优酷、土豆等各大视频网站上播出，成功勾起消费者的好奇心。在樱花甜筒上市前，消费者对于新产品已经充满了期待。

（三）大数据分析与精准投放

活动期间，麦当劳与百度地图联手，对百度地图的海量手机用户进行筛选。对用户在百度地图中的使用数据进行收集分析，挑选出与麦当劳目标消费者吻合的用户，并且通过百度地图手机客户端向目标用户推送活动信息。百度地图的手机用户在打开APP或搜索地址时，地图上会出现一个粉嫩的樱花甜筒的提示图标（图12-1）。通过点击进入活动页面，系统会自动向用户推送附近

图12-1　麦当劳樱花甜筒跑酷0元抢

（图片来源：百度地图活动主页http://map.baidu.com/zt/molltt/?fr=sns）

三公里内最近的麦当劳甜品站的地址信息，并且形成最近的到达路线。（如图12-1）参与活动的用户只需在规定时间内到达指定甜品站就能获得免费的樱花甜筒一份。百度地图通过LBS（Location Based Services，定位服务）的大数据分析和推送技术，对麦当劳甜品站附近三公里内的手机用户进行筛选匹配，向用户推送和提示活动信息，吸引用户参与到活动之中。为期10天的活动期间，手机端跑酷活动页面访问量达到2000多万次，50多万次的用户分享，社交媒体上获得了近7000万的阅读量，并且荣登新浪微博热门搜索排行榜。

（四）多平台整合造势，成就协同效应

为了增强本次合作的影响力度，"樱花甜筒跑酷0元抢"活动举办的同时，麦当劳还联手百度的另一个平台——百度糯米，开展"1毛钱吃麦当劳汉堡"的活动。在全国范围内举办"1毛钱吃麦当劳汉堡"活动，并一直持续到11月，为樱花甜筒营销活动共同造势，以吸引更多消费者的关注。

通过病毒短视频预热、手机端活动启动和百度糯米加入造势，本次麦当劳樱花甜筒"跑酷营销"活动取得了巨大的成功。不仅实现针对目标消费者的精准定位和推送，让樱花甜筒成为风靡一时的麦当劳产品，销售出现明显提升，而且樱花甜筒的创新营销模式成为麦当劳探索O2O营销的成功探索。本次活动中，除了活动页面极高的访问量和曝光率，在网络上还出现大量消费者的自发分享，新浪微博上的关于"麦当劳樱花甜筒"的讨论已达到15万条，新奇有趣的活动形式让用户参与进来并且自发分享到自己的SNS平台，形成良好的口碑营销效应。麦当劳"樱花甜筒跑酷0元抢"活动也成为2014年度经典数字营销传播案例之一。

二、案例28　大数据下《纸牌屋》的生产与推广

Netflix是美国一家在线影片租赁提供商，主要向美国、加拿大的用户提供定制DVD、蓝光光碟等在线出租业务，公司成立于1997年。随着Netflix的不断发展壮大，其在2011年网上电影的营收超过苹果，并且已经连续五次被评为顾客最满意的网站。

《纸牌屋》是Netflix首部原创自制电视连续剧，基于Michael Dobbs的同

名小说创作改编，由 David Fincher 导演，Kevin Spacey、Robin Wright Penn、Michael Gill 等主演，以政治为题材的电视连续剧。主要讲述了一个冷血无情的美国国会议员与他同样野心勃勃的妻子在华盛顿白宫中运作权利的故事。该电视剧是第一部由大数据"算"出来的电视剧，于 2013 年 2 月 1 日在 Netflix 网站上对全球同步首播第一季，取得了观众的良好反响。第二季与 2014 年 2 月 14 日首播，第三季在 2015 年 2 月播出。

（一）大数据与电视剧创作

随着互联网与新技术的发展，大数据已被运用到生活中各个领域。在电视剧制作方面，大数据已被成功运用，帮助创作人员更好地把握观众的心理需求。目前，国外已有《纸牌屋》这样成功的先例，但国内将大数据应用在其中的情况较少，未来会有更大的发展空间。大数据在影视剧中的运用可从三个角度分析。

第一，在影视剧内容生产方面。大数据能够实时掌握观众的观影需求。通过对于观众日常观影的数据记录，进行深度挖掘分析，能够帮助电视剧创作人员了解到观众的喜爱与偏好，更好地指导影视剧的内容生产。

第二，在影视剧效果评估方面，大数据也能派上用场。传统的影视剧都以收视率作为主要的衡量指标。但是由于互联网和移动终端的发展，人们既能在电视、电脑上收看节目，也能够通过手机、平板电脑等多种移动终端观看自己感兴趣的电视剧。在这样的显示情况下，要统计出一部影视剧在不同平台上的收视率需要耗费大量的技术成本和人力资源，还可能会影响数据的准确性。将大数据应用到电视节目效果评估当中，能够大大提高统计的效率，提供更加精确的数据。

第三，在影视剧的营销推广方面，大数据能够精准定位目标观众，通过对于观众的喜好和行为习惯数据的收集和分析，为营销方式和方法提供参考依据。

国内电视剧中应用大数据比较成功的就是《爱情公寓》。在第三季拍摄前，《爱情公寓》的制作方就对整个剧情进行了评估，通过后台数据的收集与挖掘，分析出目标受众的特点及观影习惯，并且将这样的数据与全国各大电视台进行匹配。在大数据的帮助下,《爱情公寓》第三季以较低的成本取得了很高的收益，并且在观众当中受到广泛好评。

（二）空前成功的《纸牌屋》

《纸牌屋》是在大数据下催生出的一部经典美国网络电视剧，其制作方是美国 Netflix 公司。（图 12-2）不同于传统的美国电视剧,《纸牌屋》从创作之初就是基于大数据分析的结果。《纸牌屋》改编自 Michael Dobbs 所著的同名政治惊悚小说,早在 1990 年就被 BBC 搬上了电视荧幕,并且获得了巨大成功。在 2000 年,

图12-2　美剧《纸牌屋》海报

（图片来源：搜狐http：//roll：sohu.com/20130402/
n371457128.shtml）

BBC 版本的《纸牌屋》被 British Film
Institute 评为"100 部英国最优秀的
电视节目"中排名第 84 位的电视剧。
而在 2010 年英国《卫报》的评选中，
被评为"史上 50 佳英美剧"中排名
第 18 位。在 BBC 版的《纸牌屋》获
得巨大成功的背景下，Netflix 决定翻
拍该剧，这将会面临很大的压力。但
是，在大数据的帮助下，Netflix 的《纸
牌屋》获得了空前成功。

（三）基于数据分析的前期创作与筹备

Netflix 在美国拥有超过 2700 万的订阅用户，用户通过网站观看影视剧，每
天会在留下 3000 多万个网络点击行为。网络后台会记录下用户观看了哪一部影
视剧，偏爱什么类型的影视剧，在什么地方暂停、回放或者快进等各种操作数据，
并且加以挖掘分析。同时，为观众提供评分系统，也会记录下每天高达 400 万
个评分数据以及 300 多万次的搜索请求。通过对于网站后台记录的海量数据进
行分析，发现美国观众对于导演 David Fincher 和男演员 Kevin Spacey 的点击率高，
并且对他们的作品好评度也很高。于是在《纸牌屋》主创团队的人选就将导演
和男演员定为了最受观众喜爱的两位明星。

在剧情的创作上，大数据也为《纸牌屋》提供了一定的参考意见。在 Netflix
上，每次用户的搜索或者评分，再结合第三方的数据综合起来，观众的地理位
置、使用设备、社交媒体分享数据、用户登录数据以及每部影片及观看剧集的
数据等等，都会被 Netflix 纳入到庞大的数据分析系统之中。通过对数据的分析
挖掘，Netflix 能够预测出在不同的时间段不同的观众喜爱观看什么样题材的影
视剧，通过哪些终端来观看。基于大量数据分析的基础上，预测观众喜爱的影
视情节，为《纸牌屋》的剧本创作提供参考依据。Netflix 甚至能够对用户观看
的某一帧的画面内容进行分析，用户偏爱使用多大的音量、屏幕亮度、颜色等等。
所有的这些数据的分析得到的结果都尝试用在了《纸牌屋》的创作之中。

（四）变革传统播放模式，满足观众观影需求

在通过对于用户数据的采集和深入分析，Netflix 发现观众更喜爱将想看的影
视剧积攒到一起，一次性看完。但是由于美国电视剧传统的播放习惯，每周固
定更新一集，很多观众没有耐心长期观看，往往就会出现中途弃剧的现象。基
于这样的情况，Netflix 大胆放弃传统的播放习惯，将一季 13 集的全部内容拍摄
制作完毕后，一次性向观众播放，满足观众的观影需求。

（五）预告片精准定位投放，迎合不同人群

Netflix 对于每个用户的观看习惯和偏好数据进行分析，将观众进行分类。针对不同类别的观众制作了不同主题的《纸牌屋》的预告片。营销推广过程中，对于政治斗争感兴趣的观众观看到的预告片可能就是以复杂的斗争情节为主要内容，而对于片中女演员感兴趣的观众可能看到的就是另外一个内容以女演员为主的版本的预告片。通过大数据技术的支持，Netflix 在对《纸牌屋》的营销推广中实现了精准的一对一投放，为观众量身定制属于他们自己的《纸牌屋》。

《纸牌屋》第一季和第二季在全球范围播出后，受到了来自全球观众的如潮好评，Netflix 也受到《纸牌屋》的影响而名声大噪，获得了非常可观的经济效益。在第一季播出后，有 10% 的 Netflix 用户观看了全剧，其中 80% 的观众给出了"好"或"超好"的评价。2013 年 2 月《纸牌屋》上线后，Netflix 的用户在原来的基础上增加了 300 万，达到 2920 万的规模。受到《纸牌屋》的影响，制作方 Netflix 股价一路攀升，2013 年第四季度 Netflix 的营业收入达到了 11.75 亿美元，同比增长了 24%，当期净利润达到 4800 万美元，比 2012 年增长了 500%。通过将大数据技术运用在影视剧的创作拍摄和营销推广方面，《纸牌屋》取得了巨大的成功，成为大数据应用的范例。

第三节　案例点评

大数据的产生为营销传播模式的变化提供了无限的可能，大数据营销、一对一的精准营销成为可能。海量数据背后所蕴含的消费者行为倾向成为营销人手中的"利剑"，使得营销传播活动能够直接击中目标消费者心智，达到营销目的。本章中的两个案例，麦当劳将大数据运用到营销传播的重要环节之中，而《纸牌屋》则是将大数据融入整个产品的生产与推广的全过程。这两个案例将大数据与数字营销传播进行有机结合的成功典范。

一、转换思维，大数据助力产品生产

数字营销传播时代，数据已经成为一种重要的生产要素。数据本身并不重要，重要的是海量数据背后所蕴含的"奥秘"。数据不仅能够为决策提供依据，而且能够在基于数据的基础上对消费者的行为进行预测，把握消费者的需求。在产品生产之初，大数据的指导作用就能体现出来。本章中《纸牌屋》的案例就是将大数据融入产品生产的环节，基于对目标观众的海量数据进行分析，预测目标观众的心理需求从而设计《纸牌屋》的剧情走向、播放方式等。大数据的应

用使得《纸牌屋》真正成为"消费者需要的产品",而非"企业想象中消费者需要的产品"。

大数据的出现让营销活动可以从产品生产环节开始,从而贯穿产品的整个生命周期。以往,企业是基于有限的市场调查后而进行产品的设计与生产。当下大数据为产品的设计与生产提供了切实可靠的依据来把握消费者的真正需求,企业甚至能够在基于现有的基础上挖掘出消费者的潜在需求,创造新的诉求点。这就意味着整个营销活动与产品的生命有机融合。在产品为王的时代,产品的优劣成为一个企业成功的核心因素,生产真正能满足消费者需求的产品,在高质量产品的基础上进行营销传播才能实现企业销售的增长。企业生产者与营销人需要转变传统的思维模式,以"用户思维"和"产品思维"为指导,善于利用大数据,牢牢抓住消费者的真正需求,真正做到以消费者为中心,制造让用户满意的产品。

二、锁定目标,基于大数据实现精准投放

本章案例中,麦当劳借助百度地图的 LBS 大数据分析和智能推送技术实现对目标消费者的精准定位与投放;《纸牌屋》在营销传播与推广的过程中也将大数据运用得炉火纯青,实现了个性化的精准营销。这两个经典案例均是基于大数据对消费者行为进行分析,从而实现精准投放,最终达到了令人瞩目的营销效果。

传统的营销传播方式中多是以大众媒介为主,大众媒介面向普遍的受众传播面广,但精准性不佳。传统时代具有明显精准投放性质的营销方式主要是以人员推销、电话推销等为主。这些方式虽然在一定程度上提高了广告投放的精准性,但需要花费大量的人力物力,投资回报率不高。大数据的出现为企业主和营销人提供了一个更为高效与便捷的方式实现精准营销,使得大数据在互联网时代显得尤为重要。通过对于目标消费者的海量数据的整理与分析,获取消费者的行为倾向参考依据,结合消费者的媒介接触习惯进行媒介购买,从而达到牢牢锁定目标消费者,实现营销信息的精准投放。企业与营销人在进行数字营销传播时应当善于利用大数据技术,基于数据分析的基础上打造目标消费者画像,快速定位目标人群。通过与目标人群使用频率较高的媒介平台进行合作,针对目标消费者进行精准投放,实现销售率的转化。另一方面,企业与营销人还可以结合大数据进行 CRM(客户关系管理),充分了解目标消费者的个性化需求并为其提供差异化的营销信息,利用新媒体进行精准营销,获得更多的商机。

三、善用大数据把握需求,打动消费者心智

本章的两个案例中,大数据的应用为营销活动的成功奠定了基础。企业主与营销人将大数据分析的结果加以运用,挖掘数据之下所蕴含的更深层次的含

义，结合对消费者心理的把握，从而设计打动人心的营销传播活动，才能最终产生营销效果。麦当劳不仅仅局限于运用百度地图的先进技术以及海量数据，同时将目标消费者的好奇心与偏爱免费赠品的心理糅合起来，设计出极具创意的营销活动，引爆消费者的参与热情。《纸牌屋》在生产与推广的过程中也充分把握住目标观众的情感需求，最终实现了影视剧的成功。

大数据为企业主和营销人在洞察消费者行为及其偏好的过程中提供了大量的可供参考的科学依据，让营销传播活动能够突破传统的局限。企业主与营销人一方面能够合理利用各种渠道与资源，利用大数据尽可能地提升广告投放的精准性；另一方面大数据还为营销人把握消费者的真正需求提供便捷途径。企业主与营销人必须从根本上意识到消费者的重要性，不仅在物质层面上满足消费者的需求，同时把握消费者的情感需求，"直击"消费者心智，做出具有"温度"的营销传播活动，提升消费者对品牌的认知，打造品牌忠诚度，助力企业的长久发展。

第十三章　消费者驱动的数字营销传播时代

↘ 第一节　专业导航

一、营销3.0时代消费者的变革

"现代营销学之父"菲利普·科特勒在其研究中将营销的演进划分为三个重要的阶段。第一阶段：营销1.0时代，即"以产品为中心的时代"，营销被认为是一种纯粹的销售行为，单纯从产品的角度出发。第二阶段：营销2.0时代，即"以消费者为中心的时代"，企业开始重视消费者的需求和想法，通过为消费者提供满足其需求的产品从而建立企业与消费者之间的联系。现如今，我们即将进入第三个阶段：营销3.0时代，即"以人文主义为中心的时代"。❶在这个阶段中，消费者成了有血有肉的真正的"人"，消费者购买商品或服务不再只为了满足其物质上的需求，越来越多的消费者开始注重情感上的体验。另一方面，消费者通过互联网或各种移动化的智能终端实现随时、随地在线。出于人群居的本性，消费者不再是一个个单一的个体，借助媒介平台，消费者会在各种动机的驱使下聚集到一起，形成数字社群。

进入自主信息传播时代，消费者做出购买决策时不再单纯依赖从传统媒体获取信息，他们开始向身边的家人、同事、朋友甚至网络上的好友询问意见。社交网络的普及创造了一种全新的思维模式，人们开始从"Web2.0"走向"People2.0"。在互联网平台上，具有共同爱好或话题的网络通过各种社交化的平台聚集在一起，形成数字社群。在大多数情况下，数字社群中的消费者很少会进行面对面的交流，而是通过网络实现在线的互动与沟通。在数字化程度不断加深的今天，依托于网络进行的对话不再只是虚拟的"交流"，这种影响力会延伸到线下，影响消费者的真实行为。因此，营销3.0时代真正回归到人的本性，消费者本身成为市场中最重要的环节。技术的发展使得消费者的行为习惯和心理都发生了翻天覆地的变化，只有把握、适应这种变化，营销传播活动才能取得成功。

---

❶　（美）菲利普·科特勒. 营销革命3.0：从产品到顾客，再到人文精神[M]. 毕崇毅译，北京：机械工业出版社. 2011：3-4.

二、消费者驱动的数字社群

数字社群的种类繁多。哈佛商学院的教授苏珊·福尼尔和李拉瑞将消费者组成的社区（或社群）划分为三类，即池状社区、网状社区和星状社区。池状社区是指消费者共享相同的价值观，但不和其他成员互动。消费者可能由于对某个品牌的信仰和强大的关联吸引他们聚集在一起，形成数字社群。网状社区中的成员之间相互沟通交流，成员与成员之间的相互影响，共享对品牌货产品的观点和意见。星状社区则是因为某个意见领袖的牵引聚集在一起，在社区中有一个或几个意见领袖引导成员的观点和意见。由于社会化媒体的发展与普及，线上形成的消费者社群多是后两种，消费者之间经常相互讨论、交流，相互影响。

面对企业主和各类媒介，单个消费者的力量微不足道，但当这些消费者聚集在一起，形成一个具有黏性的群体时，他们的力量就成为这个市场上最大的推动力。在数字社群中，消费者因为对某一个品牌或某一类产品感兴趣而集结在一起，就相关的话题进行讨论交流，这实际上就是消费者表达其自身诉求的一种方式。互动越频繁，消费者对品牌或产品的认知也会越深刻，影响力也越大。当消费者的某种意见或建议赢了多数人的赞同时，企业就应当给予高度的重视。同时，消费者聚集形成的社群也是企业主和营销人必须关注的目标市场。如何经营社群、做好社群营销，是当下企业主与营销人需要重点考虑的问题。

随着数字营销传播的发展，消费者本身成为这个时代最大的驱动力。数字社群是互联网技术发展的产物，但它已经成为一种超越技术层面的存在，对营销观念和营销方式的转变产生了重要影响。在这样一个时代，消费者成为重中之重，营销人必须致力于传递品牌一致的形象，搭建便于目标消费者沟通与交流的平台，实现品牌与消费者之间的沟通，掌握消费者的真正需求，通过人性的洞察和极富创意的表现来吸引消费者聚集，形成品牌的专属社群，与品牌共成长。

第二节　经典案例

一、案例29　小米手机的粉丝经济

小米公司成立于2010年4月，是一家专注于研发高端智能手机的移动互联网公司（图13-1）。由雷军为首的七名创始人创办，以小米手机、米聊和MIUI

图13-1　小米logo

（图片来源：小米官网 http：//www.mi.com/）

为公司三大核心业务，致力于打造出高配低价的智能手机。"为发烧而生"是小米一直以来的理念，产品设计和配置方面都力求以最低的价格实现最强大的功能。运用互联网模式来开发手机操作系统的方式是小米首创，通过吸引大量手机发烧友参与到小米产品的设计和制作过程之中，使得小米在中国市场中聚集了一批忠心的"米粉"，伴随小米发展与成长。

（一）小米玩转互联网营销

诺基亚、摩托罗拉长期占据大部分市场份额，国外手机品牌成为市场主宰。智能手机兴起后，苹果以其极致的产品设计和用户体验迅速占领消费者市场。作为本土品牌的小米，在如此激烈的市场环境下，通过互联网营销突出重围，脱颖而出，让用户听见自己的声音。

设计者在构思小米手机之初就对自己的产品精准定位。目标消费者不仅是市场中所有有购买手机需求的用户，其中最主要的是一群特定的消费群体——手机发烧友。秉承自己的理念，小米手机的主要目标群体瞄准了对手机及互联网技术痴迷的年轻群体，换言之就是技术发烧友。通过精准定位，小米手机从功能设计、使用体验、外包装、宣传策略等整个生产流程，都是针对目标群体设计。小米手机的每一个细节都是量身定制、独一无二。

作为国产互联网科技公司中的佼佼者，小米一直紧跟互联网发展趋势，产品营销推广也是如此。大胆采用互联网营销模式，与专业手机测评网站合作，对小米手机的性能进行公开测评，用实实在在的数据说话，吸引手机发烧友们目光。社会化媒体平台上小米也大展拳脚，雷军本人和小米的官方微博成为小米信息的两个主要信息集散地。论坛是小米聚集人气的另一大利器，为手机发烧友提供一个集聚的平台去参与到小米系统和手机的研发过程当中。在销售环节上，全面采用电子商务的销售模式，省去了代理商、专卖店等中间环节，直接在线上销售，节省了中间费用，将成本降到最低。

饥饿营销是小米手机成功推广的关键因素之一，其对于用户好奇心理的把控出神入化，创造了一个又一个的销售神话。新品上市之初，小米召开新品发布会向外界展示新产品的高性能和超低价，并且在论坛和社交网络中引起发烧友们的强烈追捧。开售之际，实行分批发售，每批只发售一部分手机，只有少部分人能够在第一时间抢到，造成市场供不应求的状态，吊足了发烧友们的胃口，小米手机一经发售便在短时间内被抢购一空。这种营销方式在小米上市之初获得了非常成功的销售效果，但是随着小米公司规模的不断扩大和业务的扩展，"饥饿营销"的模式用多了也会引起消费者的反感，业界已有一部分声音反映小米的"饥饿营销"过了头。

（二）用户深度参与的小米手机

小米手机问世后，短时间内就吸引了大批"米粉"跟随。从最初的小米手机到现在的小米 Note，一大批忠实的用户陪伴小米走到今天。小米通过日常点滴对于粉丝的维护和经营，创造了粉丝经济的神话。

小米手机从诞生之初，就鼓励用户参与到小米手机的设计和系统维护之中。在每周五都会对 MIUI 系统进行更新与升级，因为小米的主题颜色是橙色，所以就将每周五称为"橙色星期五"。在每周五的下午 5 点，小米公司会在官方论坛上对于手机产品的系统进行更新和升级。发布之前，设计团队会在论坛中向用户征集如何改进手机的功能或者增加还没有的模块等具体问题，并且会将收集的问题和改进建议公开向用户投票，只有通过投票的项目才会被团队采纳，放到下一周的系统升级和更新中。

每个"橙色星期五"对用户的小米手机进行系统升级和更新后，小米团队会收集、整理用户上交的体验报告数据，通过数据分析出上周最受用户欢迎的功能和最烂的功能，由此来评比小米团队内部的"爆米花奖"。小米手机的所有调整和完善都是基于论坛上多数用户的真实反馈。

（三）用"心"经营，增强粉丝黏性

2013 年小米推出自己的年度微电影《100 个梦想的赞助商》。故事讲述的是一个小镇年轻人坚持追求自己赛车梦想的故事，而故事的原型就是小米团队自身。在小米成立之初名不见经传，没有经过任何的宣传手段和推广手段，第一个 MIUI 系统内测版的第一批用户只有 100 个人。为了感谢这 100 位忠实用户，小米将他们作为主要元素放在微电影中，即"100 个梦想的赞助商"。电影中主人公的赛车上就印有这 100 个用户的 ID 名称。通过这样特别的方式，小米向最初支持他们的 100 个铁杆用户表达了自己最真挚的谢意，同时也向小米的用户传达了小米将用户放在第一位的理念，小米始终将广大"米粉"放在心中。

2012 年 9 月 16 日，小米向自己的手机用户和活跃的微博博主开放生产流程，举办"小米开放日"的活动。在为期两天的活动过程中，小米向外界展示了自己的产品生产、销售、配送、售后服务的全过程。通过普通用户参观小米手机的生产车间、仓储物流中心、配发货区以及杭州的小米之家，将产品运作流程透明化。

小米的细心呵护建立了自己强大的粉丝基础。在社交网络和各种论坛上，"米粉"都非常活跃，自发性生产与小米相关的内容。"米粉"也成为小米公司最重要的组成部分。小米粉丝的狂热不仅体现在小米产品的销售上，在小米公司的日常运营中，粉丝也表现出超乎寻常的品牌忠诚度和对品牌的热爱。例如，小米成立两周年之际，上千的米粉从全国各地自发聚到北京。在成立当天现场开售的 10 万台小米手机，6 分零 5 秒就被众多粉丝一抢而空。甚至有的粉丝专门为小米创作歌曲。正是这些"米粉"对小米的狂热追捧，才使得小米在短短几年内创造了国产手机品牌中的奇迹。

二、案例 30 强生"背奶妈妈"

强生是目前世界上规模最大的医疗卫生保健品及消费者护理产品公司，成立于 1886 年。公司的业务涉及婴幼儿用品、医疗产品、医疗器械等多个卫生护理领域。旗下拥有强生婴儿、可伶可俐、露得清、达克宁、邦迪等多个知名品牌。1985 年，强生进入中国市场，成立了第一家合资企业。强生在发展过程中一直秉承着"回馈社会"的理念。长期以来，强生在中国大陆的营销活动都是充满了人性的关怀和爱的力量，在中国消费者心目中树立了妈妈般温柔呵护的品牌形象。强生对目标消费者方方面面的呵护与关怀，使它成了中国母婴用品市场中知名度最高的品牌。

（一）基于人性关怀的强生品牌个性

随着社会的发展，迫于生活的压力，女性在家庭中除了需要扮演好作为妻子和母亲的角色，还需要坚守自己的工作岗位，按时完成工作任务。在工作与家庭的双重压力下，中国的现代女性每天承受着很大的压力。这也使得许多年轻女性在成为母亲后没有足够的时间陪伴孩子，甚至缺少照顾婴幼儿的经验。针对这样的社会现状，强生一直在不断调整自己的营销方向。

在中国大陆市场上，强生的营销活动主要是以母婴产品为主，目标对象也一直十分清晰——年轻妈妈。基于对中国社会的传统观念和文化的了解洞察，近年来，强生一直把营销的重心放在情感诉求上，通过深入了解目标消费者在养育孩子过程中出现的问题和困惑，基于人性的关怀对目标对象进行营销传播。强生从一个母亲的角度出发，策划举办了"晚安妈妈"、"周末妈妈"等一些充满温暖、亲情的营销活动，直击目标消费者的内心深处。

在互联网时代，强生不再仅仅关注营销动作最终带来的销售增长，开始更多关心消费者的内心需求，注重营销活动最终能实现的社会意义。这样的转变使得强生在目标消费群体中的品牌形象得到了显著提升，一说到母婴用品，绝大多数消费者第一个就会联想到强生。强生所塑造的品牌形象获得了消费者的青睐，形成品牌偏爱性。近年来，强生在数字营销方面的主角一直都是母亲与新生儿，通过对母子亲情的细腻把控，波动母亲们的心弦。强生营销活动的方式也开始多元化，传统媒体上的广告宣传已经成为过去式，强生开始向互联网上的各种新媒体进军。近期的强生的各类营销动作都采取 O2O 的模式，在线上网站开展活动，并且利用社会化媒体（如微博、微信等）吸引公众关注的目光，并且由线上导向线下，呼吁消费者采取实际行动来达成营销目标。

2012 年，强生婴儿开启"背奶妈妈"系列营销活动，旨在为中国的备受生活压力的背奶妈妈提供一个舒适温馨的哺乳室。"背奶妈妈"是国内特有的一个名词，指的是在生育后因工作原因不能在家照顾孩子做全职妈妈的母亲们。她们必须需要利用工作的空余时间为自己的孩子存储母乳，带回家供孩子第二天使用。由于一般的工作单位并没有专门为这样的背奶妈妈准备的哺乳室，这些妈妈们必须在无人的角落、卫生间、储物室等杂乱的房间为自己的孩子存储母乳，还随时可能被进来的同事看见，造成十分尴尬的情况。在了解到中国大陆存在"背奶妈妈"这样的群体,强生婴儿发起了为"背奶妈妈"创造良好哺乳空间的倡议，并且通过一系列线上、线下的实际行动来向社会发起呼吁。

（二）病毒视频传播，引发共鸣

强生拍摄了以几个不同"背奶妈妈"为主角的宣传视频。视频主要讲述了不同的"背奶妈妈"们在工作的空余因没有哺乳室而碰到的尴尬情况，通过这样的内容唤起具有相同经历的妈妈们的共鸣。视频的后半段，强生婴儿告诉了这些妈妈们怎么去化解这样的尴尬，那就是加入强生婴儿"背奶妈妈"的阵营。这段视频主要在一些企业大楼的电梯间的电视上和各大视频网站播出。通过这样的形式唤起同类人群的注意，号召她们加入这个大家庭。

（三）"背奶妈妈帮"

强生婴儿在新浪微博的平台上开设"@强生婴儿新妈帮"，有同样困惑的妈妈们可以通过微博的平台加入到群体中。这个微博中已有 20 多万的"背奶妈妈"团结在一起，在这个平台上相互沟通交流，强生婴儿也通过这个平台聚集了自己的目标社群。在微博上向广大网民呼吁关注"背奶妈妈"这个特殊的弱势群体。并且强生婴儿在微博平台上开设了免费申请"临时哺乳室"告示贴的通道。进入申请页面的用户在表示对"背奶妈妈"的支持后，即可在网站上申请领取一个可以重复使用的告示贴（图 13-2）。"背奶妈妈"们可以在为孩子存储母乳时将告示贴贴在房间的门口，告诉人们房间正在被哺乳期的妈妈使用，避免同事、陌生人的突然闯入，避免尴尬情况的发生。就是这样一个小小的告示牌，就能够在一定程度上解决"背奶妈妈"的窘境。

同时,强生婴儿鼓励广大"背奶妈妈"将自己的故事和经历分享到新浪微博或

图13-2　强生婴儿背奶妈妈临时哺乳室贴

（图片来源：摇篮网http://try.yaolan.com/brt）

其他社交化媒体平台上，分享后不仅能让更多的人关注到这个群体，并且还有机会获得强生婴儿精心准备的小礼品。

（四）激发社会群体爱心大行动

强生婴儿做的不仅仅是为这样的妈妈群体创造临时的便利。在社交网络平台上，强生婴儿开始呼吁广大普通网友与参与到"背奶妈妈"的活动当中，号召网友在网站地图上分享具有专门哺乳室地点的资讯。这样，当这些"背奶妈妈"出门时，或是在公共场合，通过手机就能快速找到最近的哺乳室。

强生婴儿通过呼吁、申请、分享的三部曲，在为期一个月的活动期间，网络视频共计播放超过 180 万次，在新浪微博平台上与"背奶妈妈"相关的话题达到 200 多万条，网络地图上的哺乳室地点分享资讯达到 2000 多个，100 多万网友在活动页面表示支持，在整个社会化媒体平台上的影响力高达 2 亿人次。通过线上和线下两方面的活动，强生婴儿使"背奶妈妈"这个特殊的弱势群体被大众所关注、了解，采取实际行动为改善"背奶妈妈"们的境况作出了贡献。

本次活动不仅为"背奶妈妈"们赢得了社会大众的关注，并且得到了包括中国女性公益组织在内的社会各界的积极响应。传统媒体和各种社会公益组织也开始关注这个群体，许多企业也意识到自己对这类女性员工的疏漏，纷纷表示支持并且为新妈妈们开设专门的哺乳室。2012 年，"背奶妈妈"的活动只是强生婴儿为了这一特殊的群体开启的首次尝试。随后强生婴儿一直对这一群体表示持续关注，推出了"百万妈妈喂爱行动"，"母爱 7 平方"等多个以"背奶妈妈"为主角的公益营销活动，均取得了良好的反响。强生婴儿"背奶妈妈"的营销案例不仅受到消费者的广泛好评，而且在业界也受到专业人士的肯定，荣获 2013 年艾菲奖全场大奖和全球社交媒体类金奖。

第三节　案例点评

消费者聚集形成的数字社群在互联网平台上的影响力与日俱增，成为推动市场发展的最大驱动力。本章中，小米手机以其独到的"粉丝经济学"成为社群营销的成功案例之一。强生"背奶妈妈"则是基于对目标群体人性化的关怀，开展了一系列营销传播活动，激活目标群体，产生了较大的社会影响。

一、把握人性，基于消费者需求构建品牌社群

美国学者查克·布莱默曾提出"营销和广告的最高目的是掌握人类的本性，

然后利用这种理解与人们互动并吸引消费者"。❶ 特别是在互联网平台上的消费者社群中，对于目标群体需求的洞察更是不可或缺的。本章案例中，小米手机从产品设计与研发、产品流通与销售、售后反馈以及企业内部运营等各个方面邀请消费者全程参与，洞察到了人们乐于参与以及对感兴趣的事物愿意表达观点的心理，最大程度上给予消费者决定权，积累了上千万忠实的"米粉"。强生结合产品的特点，基于对"背奶妈妈"这个特殊群体人性的洞察，将"回馈社会"的理念贯穿营销传播活动的全过程，以公益化的活动塑造强生的品牌形象，激活目标群体。这两个案例都表明了，企业主与营销人只有在深刻洞察与把握人性的基础上，基于消费者更深层次的需求才能实现品牌社群的构建。

互联网时代，消费者的定位得到水平化的提升，企业对于品牌的塑造不能仅仅局限于从自身的角度出发，而是应当创造消费者喜爱的品牌。企业在运营与营销传播时，需要对目标消费者的需求进行精准把握，除了了解目标群体在物质层面的需求之外，还需要深入洞察目标群体在心理层面上的需求。基于对消费者人性的洞察，吸引目标消费者聚集起来，形成品牌社群，真正成为企业的"粉丝"。

二、善用社会化媒体，激活目标群体

本章中的两个案例均选择了社会化媒体作为其数字营销传播的主战场。小米选择论坛、微博等一系列当下热门的媒体平台搭建了专属于小米的社会化媒体矩阵来激活消费者。强生"背奶妈妈"的活动也选择采用社会化媒体来吸引公众的关注，取得了较大的社会影响力。随着社会化媒体的不断发展，消费者的媒介接触与使用习惯发生了巨大的变化。目前，社会化媒体已经成为企业主和营销人在进行数字营销传播时考虑的第一"战场"，合理利用社会化媒体进行社群营销已成为营销传播活动成功的关键因素。

传统媒体环境下，消费者与企业之间、消费者与消费者之间的互动交流很少且实效性差，消费者的"心声"难以被企业发现。进入新媒体时代，社会化媒体的发展以及向现实生活中的衍生使得消费者在日常生活中越来越依赖社交媒体，消费者的行为习惯以及心理都产生改变。另一方面，社会化媒体的低门槛、实时性、交互性的特点给企业主与营销人提供了一个绝佳的平台去与消费者沟通，塑造品牌社群。在数字营销传播中，通常不只选择某一个社会化媒体平台进行营销，而是针对目标群体的特点与媒介接触习惯，选择一系列社会化媒体平台进行整合式的营销传播。在进行选择的过程中，企业主与营销人需要基于产品或品牌的自身特点，结合消费者的行为习惯，选择到达消费者心智路

---

❶　（美）查克·布莱默. 互联网营销的本质：点亮社群[M]. 曾虎翼译. 北京：东方出版社，2010，113.

径最短的社会化媒体。比如，微博属于弱关系的社会化媒体，适合面向泛大众及一般粉丝进行营销；微信属于强关系的社会化媒体，适合对具有一定忠诚度的消费者进行深度、私密的营销传播活动；论坛的用户多是具有一定专业基础的深度粉丝，适合传播专业性强、具有可读性的内容等。深入洞察目标群体的需求，合理选择社会化媒体并加以妥善运用，最大程度上发挥社会化媒体的平台功能，搭建属于企业自己的品牌社群，激活目标消息群体。

三、塑造参与感，用"心"经营品牌社群

进行社群营销的一个关键就是塑造目标消费者的参与感。本章中的两个案例，小米和强生都是在对目标群体深入洞察的基础上，在群体中塑造消费者的参与感，让消费者感到自己真正参与到品牌的塑造之中。小米对消费者开放产品从生产到销售的全过程，邀请消费者参与到小米的品牌塑造之中，对消费者表达出的意见给予高度的重视和及时反馈，不断增强消费者与品牌之间的黏性。强生则是从目标群体的角度出发，所有营销传播活动都是基于表达目标群体的诉求，并且号召目标群体从线上和线下两个层面参与到活动之中，引起了巨大的反响。

企业在面对品牌社群中的消费者进行社会化媒体营销时，需要有意识地塑造目标消费者的参与感，营销人和运营人员必须在深入洞察目标群体需求的基础上，发挥自身的创造力，通过创意引爆目标群体，吸引消费者注意力。同时，营销人和运营人员需要根据不同的社会化媒体平台设计合适的参与方式，以易获得、易参与的渠道为主，最大程度上降低目标群体的参与成本，提高消费者的参与主动性。在内容设计上也要尽量贴近目标群体的实际情况，结合网络热点借势营销，设计消费者能够进行简单二次加工与创造并且愿意分享传播的主题。同时，在塑造参与感的过程中，要向消费者潜移默化地灌输品牌的价值和理念，不断加强品牌与消费者之间的互动，增强彼此之间的黏性。

由众多消费者组成的数字社群已经成为互联网上最具影响力的主体，这种影响力也逐渐延伸至线下的真实生活中，消费者本身成为这个时代最大的驱动力。借助社会化媒体，产品或品牌成为社群成员之间最重要的情感纽带。企业主与营销人必须不断挖掘目标群体成员的内心需求，不断调整产品或服务以满足用户。另一方面，在经营社群方面下功夫，加强社群成员之间、品牌与社群之间的交流互动，实现社群营销。在消费者驱动的数字营销传播时代，社群营销的本质就是基于消费者洞察基础的营销。

第十四章　新品牌观下的数字营销传播

第一节　专业导航

一、品牌与消费者之间新型的关系模式

大众传播信息时期，媒介资源稀缺，普通大众很少有"发声"的机会，传播者拥有绝对的主导权，品牌信息单方向传给消费者而鲜有反馈渠道，传播者和接受者处在一种不对等的状态。自主信息传播时代带来的"去中心化"以及社会化媒体的盛行消除了传统大众媒介的传播权威，消费者拥有了在传播链顶端与品牌互动共享的权力，消费者和品牌同时扮演着信息创造者和信息接收者的角色，实现了品牌与消费者，消费者与消费者之间的顶端交流。

自主信息传播时代的到来，颠覆了原有的直线线性的信息传播方式，取而代之的则是多向互动传播关系模式。这意味着消费者已经从"被动"地位真正走向了"主动"地位。在这样的情况下，品牌与消费者之间的关系也发生了一系列的变革。大众传播信息时代品牌与消费者的关系是建立在垂直线性的关系之上，而互联网改变了品牌和消费者之间的关系，由"垂直"变为"交互"，两者之间是平等的合作关系，品牌与消费者进入到一个全新的交互网状的关系模式时代，并共同构筑一种新的商业生态。在这种新的商业生态中，"平等""互动"和"参与"取代了以往单调的"传"与"受"的关系。

品牌与消费者之间的"交互网状"关系既包括品牌与消费者之间的交互关系，也包括消费者彼此之间的交互关系。在品牌与消费者之间交互关系的层面上，相对于大众信息传播时代主要有四个方面的改变：首先，品牌和消费者之间的传受关系，经历了从被动接收到平等交流的演变。在大众信息传播时代，企业塑造正面的品牌形象，然后把这个形象强制灌输给消费者，消费者处于传播链的下游，和品牌形象传播者的地位极度失衡。自主信息传播时代赋予了消费者与企业平等交流的权力，让他们在品牌构建之初就拥有与企业平等交流的地位。其次，消费者成为建构品牌的主体之一，品牌和消费者的关系由品牌进行消费者调查分析的垂直线性的模式，转变为消费者自发创作、分享以及在社会化媒体上踊跃发表意见的模式,品牌和消费者之间出现了多极的交互影响。再次，

互联网时代的到来，让信息从一对多的单向传播变成多对多的多向传播，传播的核心与焦点从"信息"转向了"人"。最后，品牌不再以"符号"而是以"形象"与消费者进行互动，促进消费者感知从而建立利益或情感方面的心理连接。"客户不是一次交易的对象而是关系伙伴，透过双方关系的管理，达到促进交易机会、持续购买的效益，维系客户忠诚和提升企业利润。"❶通过心理连接，品牌和消费者之间建立起交互网状的关系。

在消费者彼此之间形成的交互关系的层面上，自主信息传播时代消费行为已经由原来的"知晓—购买—忠诚"模式转化为"忠诚消费者—口碑分享与扩散—普通消费者"模式，社会化网络中强大的口碑场往往会对消费者的购买决策造成决定性的影响。一方面，消费者依靠口碑甄别品牌的优劣，另一方面，品牌也可以利用口碑更快地建立品牌忠诚度。消费者的自由流动增加了交互密度和融入弹性，消费者在各类社会化媒体之间驻足并发表意见，形成多个节点聚合其他消费者进而共同丰富话题，这些错综复杂却又简单直接的链接催生了消费者的创作灵感，提供了品牌与消费者交往的无限可能。

二、从"垂直设计"到"交互设计"品牌建构

品牌是一个内涵丰富的、综合的概念。品牌以各种各样的形式存在已经几个世纪了，随着实践的丰富和发展，品牌也在不断地演绎新的内涵。然而，互联网的出现，尤其是自媒体的兴起以及大数据、云计算的运用，颠覆了既有的现实，也颠覆了"品牌的制度化"，品牌进入"新常态"和"新制度化"的时代。

"品牌的精髓在于它代表着你的商业思维中的某些品质，某种你和大家都坚信不疑的、根本上的品质。"❷互联网时代，品牌的确代表着商业思维中的品质性的东西。互联网的商业思维与传统商业思维一个根本性的区别在于它是"交互思维"，而非"垂直思维"，而品牌也就从"垂直设计"进入到"交互设计"，品牌进入到"新常态"的时代。

社会化媒体的深入发展给人们提供了在社交网络中互动的机会，原来由企业、传统媒体所构成的垂直信息渠道难以满足如今的消费者需求，转向水平信息渠道、向社群内部寻求建议成为消费者更加青睐的方式。在品牌"新常态"时代，企业不再是品牌的唯一构建者，品牌正在被广大的消费者通过分享产品体验、网络搜索和对话交流而重新定义，"交互设计"的品牌建构方式颠覆了以往的"垂直设计"方式。在交互中，消费者同品牌建立起全面而广泛的关系，形成了自主信息传播时代的品牌"新制度化"建构。

品牌"交互设计"式的建构存在两个关键层面。在品牌设计层面，消费者

---

❶ 王永贵. 客户关系管理[M]. 北京：清华大学出版社，2007:48.

❷ （美）查克·布莱默. 互联网营销的本质—点亮社群[M]. 曾虎翼译. 北京：东方出版社，2010:64.

直接参与产品和品牌设计，通过参与和体验，消费者对品牌的看法融入品牌个性，品牌体现消费者群体个性和价值取向。消费者承担信息的生产者、传播者和接收者的三重角色，消费者以对品牌的理解为基础对信息进行选择、生产和传播，然后被其他消费者接收。

在品牌传播层面，消费者构成品牌社群，评价和推荐是消费者社群运动的主要形式，通过社会化媒体平台传播，形成了品牌长期、统一且稳定的形象。同时，消费者有选择性地建立起与品牌之间的关系，一旦产生品牌认同，消费者便从品牌形象创造者进化为品牌形象维护者，站在捍卫品牌立场的前线，发挥维护品牌形象的正向作用力。

三、新品牌观下品牌与消费者"交互"的路径

随着数字技术的发展，品牌进入到"新常态"的时代。新品牌观强调与消费者"交互"来实现品牌的构建。品牌与消费者的"交互"首先要了解消费者的真实需求。随着技术的发展，大数据不失为一种精准定位消费需求的方法。大数据技术要解决的，不是数据本身显示出的因果关系，而是在对大量非结构化数据进行系统研究的基础上，寻找大数据背后的规律，最终利用这个规律来创造全新的商业价值。所谓的规律便是消费者的行为轨迹的规律，从而洞察出其真实的需求，进而实现品牌价值再造。大数据使得消费者在真实世界中的行为得到了前所未有的详细记录，这些记录为营销者进行消费者分析提供了丰富的数据，通过对数据的交换、整合、分析来解释消费者的行为轨迹，从而更加精准地预测出消费者的真实需求，进而使得品牌可以更有的放矢地与消费者沟通，更准确地传递品牌的意蕴。

品牌与消费者进行"交互"需要品牌能够源源不断地提供消费者以新鲜感，从而保持对消费者的吸引力。新媒体环境下，信息高速传播，加速了各种流程的运转，消费者每天接受的信息数量达到了前所未有的高度，同一类信息的反复刺激容易使消费者产生麻木甚至反感的情绪，这就需要品牌能够源源不断提供消费者以新鲜感，从而保持对消费者的吸引力，无法保持消费者吸引力的品牌往往逐渐地被淘汰。新媒体环境下，品牌给消费者不断带来新鲜感不仅需要品牌形象、产品和服务的创新，也需要营销方式的创新。产品、服务、营销方式的创新很大程度依赖于先进的技术。Tech+data+idea（技术＋数据＋创意）将成为推动未来营销前行的关键词。

品牌与消费者进行"交互"需要品牌与消费者超程沟通，让消费者参与品牌构建，实现品牌共创。企业和消费者通过超程沟通实现品牌共创并非简单的形式化的互动，而是在所有的环节里，包括产品设计环节、产品改进环节、营销环节，把消费者拉进来，让消费者参与进来，听听消费者的想法，并且尊重他们的想法，快速做出反应，从而实现品牌的构建。品牌的超程沟通能够超越

一般意义上的传播而成就品牌。

品牌与消费者进行"交互"需要品牌通过多种渠道与消费者沟通。现在很难找到一个大一统的媒体平台或者类型可以帮助品牌解决所有投放和覆盖的问题。一个人，一个公众号，一个应用等都可以成为媒体，品牌需要通过多种媒体渠道与消费者进行互动沟通。

品牌与消费者的"交互"是品牌与一群拥有共同品牌价值价值观的消费者进行"交互"。新媒体时代，我们正在变成一个相互连接的、可自由出入的"公共社群"。在社交媒体的今天，人们通常会将他们喜爱的品牌视为他们身份和生活的一部分。在新媒体环境下，品牌需要让品牌社群成为一个以价值服务为核心驱动的互动型影响力平台。品牌与消费者进行"交互"意味着建立一个聚集品牌共同价值观的社群，打造一个基于提供线上线下服务，建立归属感和黏性的品牌体验社区。

第二节　经典案例

一、案例 31　西门子家电"晾衣洗衣那点事儿"

西门子股份公司是一家德国跨国企业，总部位于德国慕尼黑，由维尔纳·冯·西门子创立于 1847 年。西门子在电机和电子领域是全球业界的先驱。西门子家电是西门子品牌的一个分支，西门子家电自创立以来，一直把高效节能作为首要任务之一，在设计、生产、销售以及售后服务的各个环节中通过持续的技术创新，为消费者不断提供节能环保的绿色家电产品。现如今，西门子家电充分利用数字营销手段，与消费者互动，与消费者一起共同实现品牌的构建。

（一）多平台联动推广品牌

为了解决人们在生活中遇到的洗衣晾衣难题，西门子家电联合多个互联网社交平台开展了一场以"晾衣那点事儿"为主题的整合营销品牌传播活动，目的在于向人们宣传和展示一种全新的洗衣、晾衣的方式，从而实现西门子家电的品牌认知和推广。品牌活动主要包括主流媒体话题营销与互动、专家解读、民众调研、产品评测与试用、手机端话题与互动、奇葩干衣方式趣味视频等，西门子家电通过这些各种不同的方式和渠道与消费者进行交互，从而增强了消费者对西门子家电品牌的认知和了解，进而实现了西门子家电的品牌推广。

（二）迷你官网延伸品牌服务

西门子家电在官方迷你网站上展示了人们生活中遇到的洗衣晾衣难题，并提出了解决方案（图14-1）。进入官网首页就会看到天气环境、衣物护理和都市生活三大板块（图14-1）。在"天气环境"板块，西门子家电以动漫的形式描述了在雾霾天气、阴雨潮湿、冰雪寒冷这三种恶劣的天气中洗衣晾衣的困扰，并分别有针对性地推出了不同款的洗衣产品，例如，在雾霾天，相应地推出了"西门子热拓自洁干洗机"来应对雾霾天气的洗衣、晾衣问题。在"衣物护理"板块，以动漫的形式描述了人们在生活中遇到的种种衣服护理问题，西门子家电针对这些问题推出了相应的功能的洗衣机来解决这些问题，在"都市生活"板块，漫画中分别描述了在都市生活中的三种困境：一是空间太小，无法晾晒衣服，二是工作繁忙，来不及晾晒衣服，三是夫妻两人为了晾晒衣服而争吵。为了很好地处理这些情况，西门子推出了一款冷凝式洗衣干衣机。西门子家电迷你官网以幽默风趣的漫画方式展示出西门子家电致力于解决消费者在生活中难以解决的、尚未察觉的或是默默忍受的晾衣难题，从而让西门子家电品牌服务得以完善和延伸。

图14-1 西门子家电——晾衣那点事儿

（图片来源：西门子家电官方迷你网站.http：//2014dryer.siemens-home.cn）

（三）协同知名网站激发品牌参与

西门子家电为了推广品牌活动，与知名家电网站天极网进行了合作。在天极网站页面上，分别讲述了高级白领、全职太太、留学生等代表人物在洗衣晾衣过程中遇到的问题，从而让消费者产生共鸣。另外，西门子还通过实物奖励的方式激发网友参与到有关西门子家电的"洗衣晾衣难"的品牌调查活动之中。

同时，西门子还和网易一起合作，让消费者更多地参与到西门子家电的品牌活动中。在网易专题论坛上，西门子家电开展"吐槽晾衣难"的品牌活动，通过实物奖励的方式激励网友参与其中，另外，品牌活动的下方有qq空间、微信以及微博等社交平台的链接，可以把品牌活动进一步分享给身边的朋友，进一步扩大品牌活动的传播，从而激发更多的人参与到西门子家电品牌的活动之中。另外，网易专题页面上还发起了干衣状况调查、晾衣城市难调查，这就为以后的品牌研发和推广提供依据和基础。同时，网易专题页也提供了有关洗衣晾衣问题的专家解读和专业评测，让网友们在参与品牌活动的同时也提高洗衣晾衣的知识储备。不仅如此，西门子家电还运用了网易新闻的客户端进行品牌活动的推广。西门子家电借助网易新闻app这个平台开展了"干衣大作战"品牌活动，让网友通过问答游戏的形式来了解晾晒衣服的知识，为更偏爱移动端的消费者提供参与品牌活动的机会。

（四）趣味十足的豆瓣"吐槽"成就品牌传播

西门子家电在豆瓣平台来开展"一起来吐槽晾衣服那点事"的活动，打开豆瓣上的西门子家电的链接，就可以看到一件被风吹拂的3D衣服悬挂在蓝天上，不仅给人以强烈的视觉冲击，而且形象生动地表达了活动主题。衣服的旁边有一个"我要吐槽"的按钮，消费者只要点击"我要吐槽"按钮，就会看到在蓝色天空中增添了三张摇曳的动态照片，三张照片上显示出的主题分别是"雾霾篇"、"都市篇"、"保养篇"，消费者可以选取自己想要吐槽的板块进行吐槽，提交后也可分享到微博、微信、人人网等社交平台，进行二次的品牌活动传播。另外，豆瓣小站上不仅有吐槽晾衣难的互动，还有各类洗衣、晾衣的小组话题，吸引大量的豆友纷纷来关注，从而进一步扩大了西门子家电的品牌传播。

（五）搞笑视频引发品牌病毒式传播

西门子家电和时下最热门的视频网站优酷合作，共同推广西门子家电的品牌活动。西门子家电在优酷上推出了《晾衣那点事儿》的趣味视频，视频中展现了各路大神的干衣必杀技，包括"雪姨的阳台晾衣法"，"原始人的室内晾衣法"，"谢尔顿的机箱烘干法"……各种人物使出浑身解数也无法解决晾衣难题，而人们只有依靠西门子家电才能解决这些难题。这个视频极大地激发了网友们的热情，掀起了网友们对晾衣话题的热议，同时让网友们纷纷转载分享。这个视频给消费者带来了娱乐的同时，也使得消费者对西门子品牌有了更深的了解。总而言之，西门子家电通过有趣、搞笑的视频与消费者产生互动，在互动中有效地实现了品牌的病毒式传播，进而使得品牌的知名度和影响力得以扩大。

西门子家电联合多个数字媒体平台开展品牌活动，与消费者进行互动，从而实现品牌的传播和推广。西门子家电不仅利用专门迷你网站来开展"洗衣晾衣难"的品牌活动，还同时与知名网站、优酷等多个平台来配合推进品牌活动。因此，品牌活动在短时间内就产生巨大的影响，成功实现了品牌的推广与传播。

二、案例32 耐克"打出名堂"

耐克最初是由州立大学田径队选手菲尔·奈特奥勒岗和他的导师比尔·鲍尔曼于1972年共同创立的。耐克logo是一个是一个小钩子，像一个对号一样。这个 logo 造型简洁有力，急如闪电，象征着希腊胜利女神翅膀的羽毛，代表着速度，同时也代表着动感和轻柔，一看就让人想到使用耐克体育用品后所产生的速度和爆发力。耐克为世界多个足球会及国家足球队提供球衣套件，耐克一直将激励全世界的每一位运动员并为其献上最好的产品视为光荣的任务。随着互联网的发展，耐克也与时俱进，运用互联网思维，用数字媒介与消费者进行互动，与消费者一起共同实现了耐克品牌的传播和再造。

（一）篮球真人秀激发品牌参与

耐克的消费者有一个共同的特点：热爱运动、崇敬英雄人物，追星意识强烈，希望受人重视和尊重，思维活跃，想象力丰富并执着于自己的梦想。针对这些消费者的这一特征，耐克相继与一些大名鼎鼎、受人喜爱的体育明星签约，如 C 罗（克里斯蒂亚诺·罗纳尔多）、德罗巴（迪迪埃·德罗巴）、小罗（罗纳尔迪尼奥）、托雷斯（费尔南多·托雷斯）、法布雷加斯（弗朗西斯科·法布雷加斯）、伊布（兹拉坦·伊布拉西莫维奇）、罗比尼奥（罗布森·德·索萨·罗比尼奥）、阿圭罗（塞尔吉奥·阿圭罗）等，并拍摄了许多想象力十足的广告，如 2010 年南非世界杯的宣传片《踢出传奇》。耐克这次的品牌活动的目标消费者也不例外，他们是一群热爱篮球运动、思维活跃、崇拜篮球明星、有着自己的梦想的青年，耐克深知这些篮球爱好者的特点和需求。于是，耐克于 2014 年 6 月 30 日正式启动 2014 "打出名堂" 篮球市场品牌活动（图 14-2）。这个品牌活动主要是面向大中华区所有对篮球有一腔热血的年轻人，无论参与者的技术如何，哪怕是 "菜鸟"，只要对篮球充满激情与渴望，都可以参与到其中，活动流程主要包括海选、晋级、决战等几个环节。另外，耐克主办方把年轻球员蜕变、成长的过程进行全程记录，力图打造出大中华区第一个社交网络篮球真人秀。耐克此次品牌活动激发了很多篮球爱好者参与其中，从而实现了耐克品牌的传播与推广。

（二）明星云集助力品牌传播

耐克的 "打出名堂" 品牌活动通过 nike.com 或者腾讯耐克篮球官方微信（NikeBasketball）平台进行招募。参与者需在活动限期内上传一段 30 秒以内的横版视频，视频内容必须表达出本人对篮球的热爱。在海选环节，耐克特邀了王非、易建联和张钧甯担任专业评委团，在参赛者中选出 30 名入围球员。另外，在海选环节，耐克还邀请勒布朗·詹姆斯造访北京、广州、香港、台北、高雄五个城市，帮助选手们提升球技，实现自我的蜕变。在晋级环节中，科比·布莱恩特成为继勒布朗·詹姆斯之后的下一位导师。科比·布莱恩在上海停留五天，为选手带来为期五天的全方位挑战和训练，并选拔出 10 名最终进入决战的选手。在决战环节，获胜选手将会前往耐克在巴塞罗那举办的耐克国际篮球嘉年华。另外，耐克还邀请了黑人陈建州担任了耐克 "打出名堂" 品牌活动的主持人，他不仅和各个参赛选手们进行交流、沟通，还带领广大观众体验到激动人心的篮球赛事。众多明星云集为耐克"打出名堂"的品牌活动助力，共同实现耐克品牌的传播与推广。

图14-2　耐克"打出名堂"海报

（图片来源：舜网http：//bbs.e23.cn/forum.php?mod=viewthread & ordertype=1 &tid=177024064）

（三）多个平台联动推广品牌

耐克篮球"打出名堂"品牌活动是大中华区第一个社交网络篮球真人秀节目，它在多个视频平台进行了播出，如腾讯视频、Yahoo（台湾）、Fanpiece（香港）等；从2014年7月15日开始至2014年8月21日，每周上线一期节目，总共六期。六期分别为征招、詹皇降临、草根崛起、师从科比、并肩作战、终极决战。而Nike.com作为唯一官方网站独家发布了关于"打出名堂"幕后花絮等特别内容。另外，篮球爱好者还可以通过耐克的官方微信平台关注品牌活动的最新动态、观看"打出名堂"系列视频。

耐克开办了微信公众平台来配合品牌活动的开展与推广。耐克官方微信活动平台设有三大板块：极速堂、技巧训练、球员问答。极速堂板块包括：科比瞬杀之道、科比瞬杀装备、欧文极速之道、欧文极速装备。这个板块让篮球爱好者有机会向世界级篮球明星学习打篮球的技巧，同时也可以看到篮球明星使用的装备，从而巧妙地推出耐克品牌的系列产品。在技巧训练板块中包括：投篮、运球、传球和防守。其中含有连续9周的耐克与前国家男篮主教练王非联手打造的专业篮球训练课程。篮球爱好者可以每周观看2~3个的训练视频，模仿示范动作，参考训练要点，演练运球、移动、上篮等基本功，不断提升篮球技能，突破自我和实现蜕变。球员问答板块主要包括：选择球员、选择技术、现在提问。在"选择球员"中可供选择的明星球员有七位，位于首位的是科比·布莱恩特，其他六位分别是勒布朗·詹姆斯、凯文·杜兰特、阿玛雷·斯塔德迈尔、德隆·威廉姆斯、克里斯·波什、凯里·欧文、泰·劳森。点开某个篮球明星的名字，就会出现关于该篮球明星回答出的多个问题，比如点开科比·布莱恩特的名字，就会有科比·布莱恩特对于"提升耐力最好的训练方法是什么？"这个问题的解答。而这些问题的搜集都来自于网友们在"现在提问"板块提出的问题。在"选择技术"中，篮球爱好者可以自由选择查看各个篮球明星们的篮球技能和经验分享。种种的板块设置让篮球明星和消费者进行了很好的对接和互动，从而让消费者增强了对耐克品牌的好感，进而提升了耐克在消费者心中的品牌形象。

（四）社交平台推广品牌产品

耐克篮球官网微信平台推送了第一手的耐克篮球装备信息。包括两款性能卓越的篮球鞋——KD7和NikeHyperdunk2014。与此同时，耐克官网及耐克篮球官方微信将第一时间发布一系列"打出名堂"限量版产品，潜移默化地推广出品牌产品，从而实现耐克品牌的销售。

耐克的"打出名堂"品牌活动不仅邀请了世界级的球星指导参赛者，而且还邀请了诸多明星担当评委助阵，强大的明星阵容让品牌活动在短时间内就迅速传播开来，激发越来越多的人参与到品牌活动之中。品牌活动开始后，耐克以微信公众平台为品牌活动主阵地，为消费者提供与世界级篮球明星接触的机会，同时，耐克还通过腾讯视频等多个视频网站实时播放活动的进展，通过让消费者观看比赛来实现耐克品牌的传播和推广。

第三节 案例点评

随着互联网的出现，品牌进入"新常态"和"新制度化"的时代。西门子家电和耐克充分利用数字媒介与消费者进行交互沟通，共同完成品牌的构建。

一、探知消费者需求，激发消费者参与创造品牌信息

品牌要和消费者进行"交互"必须预先知道消费者的需求点，才能有的放矢地与消费者进行沟通。大数据使得消费者的行为轨迹得到记录，让企业探知消费者的真实需求变得更加容易、精准。在运用大数据的基础上，把握消费者的需求，并以此为中心，激发消费者参与创造品牌信息，启动"交互设计"式的品牌建构。

西门子"洗衣晾衣那些事儿"的活动真正反映了消费者在真实生活中洗衣、晾衣的苦恼，迎合消费者内心吐槽的需求，很多消费者自然而然地参与到洗衣

晾衣的吐槽活动中。这样的话题抓住了消费者对方便洗衣、晾衣的需求，因此引发了消费者品牌信息自主创造的行为。耐克通过对消费者的长期持续性的数据调研，洞察出这群热爱运动、思维活跃、富有激情的消费者急需一个勇敢做自己、释放自我的平台，因此开展了"打出名堂"的营销活动，为他们提供这样一个平台。这项活动契合了这部分消费者的需求，因此同样引发了共鸣，使得他们主动参与并创造信息。

消费者参与品牌信息共创时散发出的创造力正成为企业的宝贵资源。越来越多的企业开发消费者创造力资源，消费者创造力能够带来产品差异化，使得新产品在独特性、质量、成本、技术等方面优于竞争对手，最终提高产品开发绩效。在参与品牌信息共创的过程中，对产品的使用经验或潜在需求期望可以激发消费者的创造力，当然在整个过程中，企业的引导同样不可缺少。通过专业的企业员工对消费者的表达加以引导，在消费者表达某一方面的需求时，驱动其进行由浅入深，由"非专业"至"专业"的转变，从而从中筛选出有价值的信息。此外，品牌无法控制消费者，但可以激发消费者创造契合品牌发展的内容。品牌创造的具有强关联性和流动性的内容可以有效刺激消费者的生产。强关联性是指内容与品牌战略和目标消费群体紧密相关，使消费者接触到的关于品牌的任何信息都与品牌整体战略方向一致。强流动性是指内容适合在各类媒体中流动，易于扩散和传播，这类强流动性的内容往往引人入胜，具有迅速规模化扩散的潜力。通过一个主题，强关联性和流动性的内容将消费者和品牌联系在一起。

二、科技驱动创意，提升消费者的品牌体验

随着科技的发展，科技对于创意和营销的驱动作用越来越明显，它正在改变着品牌传递创意的方式以及与消费者的沟通方式。

西门子家电的活动之所以能够取得成功，其中最重要的原因在于西门子此次活动运用先进的技术进行活动的创意。西门子家电利用先进 3D 空间技术进行营销方式的创新，不仅提升了消费者体验，而且有助于企业与消费者有效的交互沟通，进而实现品牌的推广和发展。同样的，耐克借助于微信平台的相关新媒体技术，与消费者进行很好的互动，增强了消费者对耐克的认知和好感，进而实现品牌的销售和发展。西门子和耐克依靠技术的营销活动，都优化了消费者体验，在此基础上，可以想象消费者将做出积极的反馈，从而促进品牌迭代。

消费者了解产品、与品牌建立关系、与品牌和其他消费者进行互动和交流、体验反馈，这是消费者体验品牌的一个完整过程。消费者在体验和参与中，形成了对品牌和产品的直接印象，并将自己对产品的预期期望反馈给产品设计人员，从而使产品的最终呈现结果与自身预期更为相符。通过消费和体验，消费者成为熟知品牌且富有经验的专家，并把这种体验反馈给品牌和其他消费者，

成为品牌迭代过程中不容忽视的意见参考。在推动品牌迭代之外，消费者体验同时更易带来品牌认同感。消费者参与品牌建构能够避免垂直设计时产品的不确定性对消费者的影响，让消费者对品牌产生信任和依赖。品牌迭代的目的，是为了更好地满足消费者的需求，消费者体验对品牌迭代的推动作用力也日益彰显。

三、多渠道助力品牌与消费者沟通互动

随着社会经济的发展和科技的进步，一个人、一个媒体平台、一个公众号，很难帮助品牌解决所有的投放和覆盖问题，因此，品牌需要通过多种渠道与消费者进行互动沟通，实现品牌的传播推广以及构建。

西门子家电以社会化媒体为核心充分运用和整合各类媒介平台，与消费者进行互动沟通，在线上现在形成热议话题，从而使得西门子家电的品牌活动迅速扩散开来；耐克运用线上和线下的多个渠道和方式与消费者进行交互沟通，从而实现耐克的品牌传播。多样化的媒体和渠道让品牌营销信息最大范围地触及消费者，为他们与品牌的沟通互动提供便利，进而发挥他们的积极作用，从而减少了营销活动中的阻力。

自主信息传播时代，消费者通过交互运动融入品牌的创建之中，主导了品牌形象的塑造和品牌价值的诠释，建立起了更加牢固的品牌和消费者关系。消费者与品牌的沟通互动有利于彼此建立稳定的关系，关系一旦建立成功，便成为品牌难以撼动的资产，不仅如此，这种关系还能够促进消费者在品牌形象维护层面上的正向作用力。

多渠道为品牌与消费者之间的互动沟通以及在未来建立稳定的关系打下基础，当消费者与品牌建立关系后，如果品牌为消费者带来良好的体验，则能够进一步巩固彼此之间的关系，并且提高消费者对品牌的忠诚度。除此之外，消费者还能够借助这些渠道进行分享活动，为品牌带来潜在客户。当消费者与品牌站在同一战线的时候，意味着品牌能够依靠消费者的力量进行营销活动，并且在与消费者的沟通互动中进一步了解消费者的想法和需求，从而构建品牌。

四、消费者社群行为传播品牌形象

品牌与消费者的"交互"是品牌与一群拥有共同品牌价值价值观的消费者进行"交互"。在新媒体环境下，每一个网友在网络上都有特定的社交关系圈，在这个关系圈里，网友之间的互动是相互的、平等的，消费者自发传播的消息对于关系圈里其他的网友而言是可信赖的"现身说法"，比名人和媒体的说法可信度高。每一个普通消费者的口碑对于品牌在网络上口碑倾向都起着积土成山的作用，一传十十传百，最终产生实质性的影响。西门子的消费者因为对"洗衣晾衣难"的吐槽聚集在一起，耐克的消费者因共同执着于篮球梦想而聚集在

一起，形成具有价值观的社群，社群营销的模式早已被许多企业实践，在未来它必将受到更多的重视。

克莱·舍基（Clay Shirky）在《未来是湿的：无组织的组织力量》中陈述了形成社群的三个梯级：第一，共享。共享平台实现个体最大限度的参与自由，并给群体生活造成最低限度的复杂因素，将不同的消费者进行了有效的区隔，兴趣相同的消费者聚集在了一起。第二，合作。合作创造出群体身份，通过社会化媒体对话就是一个简单的合作形式。个体在集体行动里的张力通过进一步的协同合作得以体现。第三，集体行动。参与的个体通过信息的分享达到目标一致性，同时通过共同的创造在组织里取得集体身份的认同，并与组织里的他人形成了责任共同体。❶一旦社群形成，成员间互相的信任度远远高于消费者对媒体的信任度，不论是正面或负面的口碑，在社群里的传播都会达到事半功倍的效果。评价和推荐是消费者社群运动的基本形态，丰富的表达形成了强大的"口碑场"，消费者之间的互相影响尤其凸显。消费者的评价和推荐通过社会化媒体平台传播，形成了品牌长期、统一且稳定的形象，它并不由品牌的某次营销活动产生，而是长期的消费者社群运动的结果。

---

❶　（美）克莱·舍基. 未来是湿的：无组织的组织力量[M]. 北京：中国人民大学出版社，2009:58-59.

后记

互联网的出现，尤其是自媒体的兴起以及大数据、云计算的运用，颠覆了既有的现实，也颠覆了传统媒体时代营销传播的"常态"，营销传播进入"新常态"时代，即数字营销传播时代。在数字营销传播时代，互联网思维成为企业制胜的关键秘诀。互联网的商业思维与传统商业思维一个根本性的区别在于它是"交互思维"，而非"垂直思维"，数字营销传播就是一种"交互传播"。

也许很多事情就是机缘巧合。近几年以来，我和我的团队一直在收集数字营销传播的案例，并建立了本科生和研究生教学使用的案例库。2014年3月30日，武汉大学新闻与传播学院张金海教授和姚曦教授牵头与中国建筑工业出版社洽谈，合作出版中国第一套数字营销传播系列教材。我有幸承担《数字营销传播经典案例教程》一书的编写任务，并盛情邀请华中农业大学的钱广贵副教授和我一起担纲此任。

我和广贵副教授都是张金海先生的博士，我们是师兄弟关系，这本教材既是我们共同努力的见证，也是我们友谊的结晶，感谢广贵师弟精诚、默契的合作。本教材的大纲由我提出，广贵师弟和我们的六位研究生一起参与讨论，最后交由武汉大学人文社会科学"70后"学术发展计划"发展广告学与中国案例研究"团队成员一起讨论后修改定稿。中国建筑工业出版社的李编辑对大纲提出了宝贵的建议。感谢所有参与教材大纲讨论和修改的老师和同学们。还要感谢参与教材编写的诸位先生和女士，他们是：第一章，程明、李晓雪（武汉大学）；第二章，钱广贵（华中农业大学）；第三章，桓薇（武汉大学）；第四、五章，魏彰倩（武汉大学）；第六、七章，钱广贵、羊脂玉（华中农业大学）；第八、九章，杨晨依（武汉大学）；第十、十一章，钱广贵、辜泓（华中农业大学）；第十二、十三章，李晓雪（武汉大学）；第十四章，桓薇，感谢他们积极地参与和辛勤地付出，也感受到他们在讨论和写作过程中的成长与进步。全书初稿完成后，又反复修改了几次，参与书稿修改的成员有李晓雪、魏彰倩、夏子杰、秦子茜和杨娟，最后由程明与钱广贵修改定稿。

一本好的教材是需要不断"打磨的"。我们一直在努力着。

祈盼专家、学者和读者的批评和帮助。

程　明